MAURO BALADI

GUIA DE FILMES

VOLUME 4

HORROR & FICÇÃO CIENTÍFICA

Edições Guinefort

1ª Edição, Rio de Janeiro, 2018

Capa: O gabinete do Dr. Caligari (Robert Wiene, 1920)

AN AMERICAN WEREWOLF IN LONDON

DIRETOR: John Landis

PAÍS: Estados Unidos

COMPANHIA PRODUTORA: Lycanthrope Films Limited

ANO DE PRODUÇÃO: 1981

DURAÇÃO: 97'

IDIOMA ORIGINAL: Inglês

PRODUÇÃO: George Folsey Jr.

ARGUMENTO: John Landis

ROTEIRO: John Landis

FOTOGRAFIA: Robert Paynter [cor]

MONTAGEM: Malcolm Campbell

MÚSICA: Elmer Bernstein

ELENCO: David Naughton, Jenny Agutter, Griffin Dunne, John Woodvine, Brian Glover, Lila Kaye, David Schofield, Paul Kember, Frank Oz, Don McKillop, Joe Belcher, Rik Mayall, Sean Baker, Paddy Ryan, Anne-Marie Davies, Colin Fernandes, Albert Moses, Michele Brisigotti, Mark Fisher, Gordon Sterne, Paula Jacobs, Claudine Bowyer, Johanna Crayden, Nina Carter, Geoffrey Burridge, Brenda Cavendish, Christopher Scoular, Mary Tempest, Cynthia Powell, Sydney Bromley, Frank Singui-neau, Will Leighton, Michael Carter, Elizabeth Bradley, Rufus Deakin, Lesley Ward, George Hilsdon, Gerry Lewis, Dennis Fra-ser, Alan Ford, Peter Ellis, Denise Stephens, Christine Hargrea-ves, Linzi Drew, Lucienne Morgan, Gypsy Dave Cooper, Susan

Spencer, Bob Babenia, Ken Sicklen, John Salthouse, John Altman, Keith Hodiak, John Owens, Roger Rowland

GÊNERO: Horror com elementos de comédia

SINOPSE: Enquanto passeiam a pé pelo interior da Inglaterra, David e seu amigo Jack são atacados por uma estranha criatura. Jack morre e David fica bastante ferido, sendo transferido para um hospital de Londres. Ao se recuperar, ele passa a ser perseguido pelo fantasma de Jack, que o avisa de que ele foi mordido por um lobisomem e logo se transformará na criatura, precisando morrer para libertar todas as vítimas da maldição. David não acredita nas visões e é liberado, indo viver com uma enfermeira que se apaixonou por ele. Porém, o rapaz de fato se transforma e começa a fazer vítimas pela cidade.

COMENTÁRIOS: Um pequeno clássico moderno, atualizando a tradicional história do lobisomem e abordando-a com notável bom humor. De fato, a trama mistura a narrativa de horror convencional com uma porção de escatologia moderna e também de sátira (como as aparições de Jack). Sabendo dosar seus elementos com grande habilidade, o filme consegue um resultado surpreendente. Mas o mais notável são os seus efeitos de maquiagem, antes da explosão facilitária da computação gráfica.

AVALIAÇÃO: ***

ANACONDA

Anaconda

DIRETOR: Luis Llosa

PAÍS: Estados Unidos

COMPANHIA PRODUTORA: Columbia Pictures / CL – Cinema Line Films Corporation

ANO DE PRODUÇÃO: 1997

DURAÇÃO: 90'

IDIOMA ORIGINAL: Inglês

PRODUÇÃO: Verna Harrah, Leonard Rabinowitz, Carole Little, Beau Marks

ROTEIRO: Hans Bauer, Jim Cash, Jack Epps Jr.

FOTOGRAFIA: Bill Butler [cor]

MONTAGEM: Michael R. Miller

MÚSICA: Randy Edelman

ELENCO: Jennifer Lopez, Ice Cube, Jon Voight, Eric Stoltz, Jonathan Hyde, Owen Wilson, Kari Wuhrer, Vincent Castellanos, Danny Trejo

GÊNERO: Aventura de horror

SINOPSE: Buscando consolidar sua carreira, a cineasta cucaracha Terri Flores resolve organizar uma expedição às profundezas da Amazônia, a fim de realizar um documentário sobre uma tribo de índios nunca contactada pelo homem branco. Terri e sua equipe seguem de barco para a floresta e, no caminho, socorrem o caçador Paul Sarone, cujo barco havia encalhado. Com a promessa de ajudar Terri a localizar os índios, Sarone consegue permanecer na expedição, mas seus planos são muito diferentes: ganhando sua vida como fornecedor de cobras para instituições científicas, ele sonha em capturar uma das gigantescas jibóias que vivem nos confins da floresta. Fazendo com que Steve, o assistente de Terri, seja envenenado por um inseto, Sarone se torna guia e conduz a expedição para o habitat das ferozes jibóias, que não vão ser muito hospitaleiras com os seus visitantes.

COMENTÁRIOS: Retardada aventura sobre aberrações da vida animal, utilizando nada menos que as pacíficas jibóias (ou anacondas), mostradas como monstros com um poder quase sobrenatural. Esta malfadada produção com locações em Manaus —

feita quase que exclusivamente com os velhos clichês do horror B
— peca por uma total falta de discernimento, apelando para a falta
de inteligência de seus prováveis espectadores. Porém, o detalhe
mais horrorífico é mesmo a presença do veterano Jon Voight,
numa decadência digna das mais velhas múmias de Hollywood.

AVALIAÇÃO: *

ANACONDAS: THE HUNT FOR THE BLOOD ORCHID

ANACONDA 2

DIRETOR: Dwight Little

PAÍS: Estados Unidos

COMPANHIA PRODUTORA: Middle Fork

ANO DE PRODUÇÃO: 2004

DURAÇÃO: 97'

IDIOMA ORIGINAL: Inglês

PRODUÇÃO: Verna Harrah

ARGUMENTO: Hans Bauer, Jim Cash, Jack Epps Jr.

ROTEIRO: John Claflin, Daniel Zelman, Michael Miner, Ed
Neumeier

FOTOGRAFIA: Stephen F. Windon [cor]

MONTAGEM: Marcus D'Arcy, Mark Warner

MÚSICA: Nerida Tyson-Chew

ELENCO: Johnny Messner, KaDee Strickland, Matthew Marsden, Eugene Byrd, Salli Richardson-Whitfield, Nicholas Gonzalez, Karl Yune, Denis Arndt, Morris Chestnut, Andy Ander-

son, Nicholas Hope, Peter Curtin, Khoa Do, Aireti, Andre Tandjung

GÊNERO: Horror e aventura

SINOPSE: Grupo de aventureiros vai para Bornéu, em busca de orquídeas raras que podem prolongar indefinidamente a vida humana. Porém, sua viagem de barco será complicada pelas cheias da região e, principalmente, pela presença de um grupo de imensas jiboias assassinas.

COMENTÁRIOS: O único elo de ligação entre esta continuação e o filme original, realizado em 1997, são as jiboias (ou anacondas).

AVALIAÇÃO: **

THE ANDROMEDA STRAIN

O enigma de Andrômeda

DIRETOR: Robert Wise

PAÍS: Estados Unidos

COMPANHIA PRODUTORA: Universal Pictures

ANO DE PRODUÇÃO: 1970

DURAÇÃO: 130'

IDIOMA ORIGINAL: Inglês

PRODUÇÃO: Robert Wise

ARGUMENTO: Michael Crichton

ROTEIRO: Nelson Gidding

FOTOGRAFIA: Richard H. Kline [cor]

MONTAGEM: Stuart Gilmore, John W. Holmes

MÚSICA: Gil Mellé

ELENCO: Arthur Hill, David Wayne, James Olson, Kate Reid, Paula Kelly, George Mitchell, Ramon Bieri, Peter Hobbs, Kermit Murdock, Richard O'Brien, Eric Christmas, Mark Jenkins, Peter Helm, Joe DiReda, Carl Reindel, Ken Swofford, Frances Reid, Richard Bull, John Carter

GÊNERO: Drama de ficção científica

SINOPSE: Ao cair de volta em nosso planeta, após uma viagem de exploração espacial, um satélite é responsável pela morte de todos os habitantes de uma pequena cidade norte-americana. Logo, um grupo de cientistas é enviado para o local, recolhendo o satélite e os dois únicos sobreviventes (um bebê e um bebum). Todos são levados para um ultra-sofisticado laboratório subterrâneo secreto, onde o caso será analisado. As pesquisas revelam que o responsável pela catástrofe é um estranho microorganismo espacial, que penetra na circulação por meio da respiração e coagula todo o sangue de suas vítimas. Como se não bastasse, o organismo alimenta-se de qualquer tipo de energia e reproduz-se com incrível rapidez. Os cientistas, então, lutam contra o tempo para encontrar uma maneira de evitar que a humanidade seja aniquilada.

COMENTÁRIOS: Uma releitura bastante original da velha paranoia norte-americana da invasão alienígena. Apoiando-se neste clichê, o filme insere como elemento novo o fato dessa invasão ser realizada por um microorganismo dotado de poderes extraordinários, mas plausíveis. Concentrando quase toda a ação na investigação dos cientistas, o roteiro consegue prender a atenção do espectador, antecipando temas modernos como vírus assassinos e guerra bacteriológica.

AVALIAÇÃO: ***

Coração satânico

DIRETOR: Alan Parker

PAÍS: Estados Unidos

COMPANHIA PRODUTORA: Winkast-Union

ANO DE PRODUÇÃO: 1987

DURAÇÃO: 113'

IDIOMA ORIGINAL: Inglês

PRODUÇÃO: Alan Marshall, Elliott Kastner (executivos: Mario Kassar, Andrew Vajna)

ARGUMENTO: William Hjortsberg

ROTEIRO: Alan Parker

FOTOGRAFIA: Michael Seresin [cor]

MONTAGEM: Gerry Hambling

MÚSICA: Trevor Jones

ELENCO: Mickey Rourke, Robert De Niro, Lisa Bonet, Charlotte Rampling, Stocker Fontelieu, Brownie McGhee, Michael Higgins, Elizabeth Whitcraft, Eliott Keener, Charles Gordone, Dann Florek, Kathleen Wilhoite, George Buck, Judith Drake, Gerald L. Orange, Peggy Severe, Pruitt Taylor Vince, David Petitjean, Rick Washburn, Neil Newlon, Oakley Dalton, Yvonne Bywaters, Loys T. Bergeron, Joshua Frank, Karmen Harris, Nicole Burdette, Kendall Lupe, Percy Martin, Viola Dunbar, Murray Bandel, Jarrett Narcisse, Ernest Watson, Rickie Monie, Sugar Blue, Pinetop Perkins, Deacon John Moore, Richard Payne, W. Alonzo Stewart, Lillian Boutte, Joel Adam, Darrel Beasley, Stephen Beasley, Jerome Reddick, Louis Freddie Kohlman, Stephen Kenyatta Simon, Curtis Pierre, Kufaru Aaron Mouton, Roselyn Lionheart, Marilyn Banks, Lula Elzy, Francesca J.

Ridge, Hope Clarke, Oscar Best, Sarita Allen, Noel Jones, Vare-rie Jackson, Greer Goff, Arlena Rolant, Karen Davis, Shirleta Jo-nes, Mark Taylor

GÊNERO: Drama de mistério e horror

SINOPSE: Nova Iorque, 1955: Harry Angel – um detetive particular dos mais fuleiros – é contratado pelo misterioso Louis Cyphre, que deseja saber do paradeiro do cantor Johnny Favorite, de quem é credor. Convocado para lutar na 2ª Guerra, Johnny fôra ferido em combate e tivera que ser internado em uma clínica, logo após voltar aos Estados Unidos, e depois desaparecera sem deixar vestígios. Harry aceita o serviço e começa a busca pela clínica, descobrindo que Johnny fôra retirado de lá clandestinamente, logo após a internação. Continuando sua investigação, Harry procura os antigos parceiros e as amantes do cantor, descobrindo que ele tinha profundas ligações com a magia negra. Angel decide, então, partir para a Louisiana, onde vive uma antiga namorada de Johnny, a ocultista Margaret. Porém, todas as testemunhas que o detetive interroga vão sendo mortas e Angel se apavora, só continuando no caso quando Cypher lhe promete uma gorda gorjeta.

COMENTÁRIOS: Excelente mistura de criminal noir e horror satânico, combinados na medida certa. O filme se vale de um bom elenco e de um roteiro criativo, além do clima lúgubre criado pelo diretor. Trata-se de um espetáculo cativante, que consegue tornar suportável até a canastrice explícita de Mickey Rourke. Baseado na novela *Falling angel*.

AVALIAÇÃO: ***

VIAGEM AO PLANETA PROIBIDO

DIRETOR: Ib Melchior

PAÍS: Estados Unidos

COMPANHIA PRODUTORA: Sino Productions

ANO DE PRODUÇÃO: 1959

DURAÇÃO: 83'

IDIOMA ORIGINAL: Inglês

PRODUÇÃO: Sid Pink [Sidney Pink], Norman Maurer

ARGUMENTO: Sid Pink [Sidney Pink]

ROTEIRO: Ib Melchior, Sid Pink [Sidney Pink]

FOTOGRAFIA: Stanley Cortez [cor]

MONTAGEM: Ivan J. Hoffman

MÚSICA: Paul Dunlap

ELENCO: Gerald Mohr, Nora Hayden, Les Tremayne, Jack Kruschen, Paul Hahn, J. Edward McKinley, Tom Daly, Don Lamond, Edward Innes, Gordon Barnes, Jack Haddock, Brandy Bryan, Joan Fitzpatrick, Duke Norton, Wm. Remick [William Remick], Fred Ross, David DeHaven, Arline Hunter, Aleane Hamilton

GÊNERO: Ficção científica

SINOPSE: Em algum lugar do futuro, a NASA resgata uma nave espacial que tinha ido a Marte e encontra apenas dois dos seus quatro tripulantes: a bióloga Iris e o coronel Thomas (que comandava a missão). Porém, Thomas está contaminado pelo que parece ser um estranho fungo, permanecendo inconsciente em um estado grave. Como é a única sobrevivente em boas condições, Iris conta então tudo o que aconteceu nessa fantástica viagem.

COMENTÁRIOS: Produção de baixíssimo orçamento, realizada em poucos dias pelo estreante Ib Melchior. Apesar das suas precariedades e deficiências, é um filme simpático e com elementos interessantes.

AVALIAÇÃO: ***

ANGRY VIDEO GAME NERD – THE MOVIE

DIRETOR: Kevin Finn, James Rolfe

PAÍS: Estados Unidos

COMPANHIA PRODUTORA: Cinemassacre / Skinny Ugly Pilgrim

ANO DE PRODUÇÃO: 2014

DURAÇÃO: 115'

IDIOMA ORIGINAL: Inglês

PRODUÇÃO: Sean Keegan

ARGUMENTO: Kevin Finn, James Rolfe

ROTEIRO: Kevin Finn, James Rolfe

FOTOGRAFIA: Jason Brewer [cor]

MONTAGEM: Paul Fontaine, Michael Licisyn (final editor: James Rolfe)

MÚSICA: Bear McCreary

ELENCO: James Rolfe, Sarah Glendening, Stephen Mendel, Helena Barrett, Time Winters, Eddie Pepitone, Bobby Reed, Jeremy Suarez, Jake Johnson, André Meadows, Gustaf Lingmark,

Jessica Rockwell, Mara Hall, Isaac Sherman, Noah Sherman, Sasan Amirgholizadeh, Les Mahony, Tommy S. Manfredi, Aaron White, Ryan Peck, Peter Horn, John Lee Brody, Mike Noetzel, Matt Brewer, Alfonso Rodriguez, Will Vega, Justin Shertick, David Dastmalchian, Frank Balzer, Kevin Finn, Sierra Russell, Amy Vorpahl, André Hyland, Sean Keegan, Irene Paine, Keegan Paine, Suzie Grand Pré, Hollis Sherman-Pepe, Savannah Thomas, Nathan Barnatt, Kyle Justin, Mike Matei, Pat Contri, Brett Swanson, Howard Scott Warshaw, Mig Feliciano, Jon Brown, Mike Franciotti, Billy R. Smith, Alice Toohey, Sean Toohey, Anthony Evans, Tim Ryan, Robbie Rist (voz), Josh Harraway, Jesse Gep, Jovan Rameau, Mary Scholz, Michael Hampton, Thaine H. Allison Jr., Robert Savage, Whitney Moore, Matthew Simone, Whitney Simone, Simon Moloney, François Vieux, John Depasquale, Joe Morrotto, Doug Walker, Lloyd Kaufman, Tommy Lebeau, Victor Williamson

GÊNERO: Comédia satírica de ficção científica

SINOPSE: Uma empresa de vídeo games se dispõe a lançar uma continuação do jogo que foi considerado o pior de todos os tempos, "ET", versão do célebre filme de Steven Spielberg que ajudou a falir a gigante Atari. Para conseguir transformar o jogo em um sucesso de vendas, a marqueteira da empresa, Mandi, se dispõe a conseguir o auxílio de Nerd, um jovem que faz sucesso no Youtube criticando jogos antigos (que acabam despertando o interesse de seus muitos seguidores). Porém, Mandi ignora que Nerd tem um trauma com relação a "ET", já que ganhou o jogo quando era criança e nunca conseguiu zerá-lo. Com isso, Nerd se recusa a comentar o jogo em seu canal, o que provoca uma constante cobrança de seus fãs. Acreditando que a popularidade de "ET" se deve ao fato de que existe uma lenda de que a Atari enterrou milhões de cartuchos do jogo no deserto de Nevada, Nerd se dispõe a provar que tudo isso é falso, aceitando uma proposta de Mandi para fazer escavações no deserto. Porém, em sua busca, o rapaz acabará encontrando problemas na famosa "Área 51", onde um militar maluco esconde um segredo guardado desde os anos 40.

COMENTÁRIOS: O diretor e protagonista Rolfe leva para o cinema a sua série do Youtube, *Angry Video Game Nerd*, na qual mistura humor com comentários sobre videogames. A história – que pretende satirizar o mundo dos games e também o dos nerds – até que consegue ser criativa, e certamente satisfará os fãs de Rolfe, mas nunca chega a ser realmente engraçada.

AVALIAÇÃO: ***

Os olhos da cidade são meus

DIRETOR: Bigas Luna

PAÍS: Espanha

COMPANHIA PRODUTORA: Samba P. C. / Luna Films

ANO DE PRODUÇÃO: 1986

DURAÇÃO: 88'

IDIOMA ORIGINAL: Inglês

PRODUÇÃO: Pepon Coromina

ROTEIRO: Bigas Luna (diálogos: Michael Berlin)

FOTOGRAFIA: Josep Maria Civit [cor]

MONTAGEM: Tom Sabin

MÚSICA: J. M. Pagan [José Manuel Pagán]

ELENCO: Zelda Rubinstein, Michael Lerner, Talia Paul, Angel Jove, Clara Pastor, Isabel García Lorca, Nat Baker, Edward Ledden, Gustavo Gili, Antonio Regueiro, Joaquín Ribas, Janet Porter, Patrice Manget, Merche Gascón, Jose Maria Chucarro,

Antonella Murgia, Josephine Borchaca, Georgie Pinkley, Francesc Rabella, Diane Pinkley, Benito Pocino, Víctor Guillén, Evelyn Rosenka, Michael Chandler, Vicente Gil, Michael Heat, Pedro Vidal, Robert Long, Jaume Ros, Miguel Montfort, Jordi Estivill, Alberto Merelles, Javier Moya, John Garcia, Kit Kincannon, Tatiana Thauven, Joy Blackburn, Marc Maloney, Jasmine Parker, Jean Paul Soto, Javier Durán, Marc Auba, Randall Stewart, Eva Heald, Rose Sherpac, Emi Matias, Elisa Crehuet, Mingo Rafols, Maribel Martínez, Gustavo Guarino, Frank Craven, Mario Fernández, May Vives, Craig Hill, Anita Shemanski, Fiacre O'Rafferty, Maria Ricard, John Shelly, Ricardo Azulay, Joe Wolberg, Steven Brown, Fabia Matas, Mark Parker, Philip Rodgers, Joan Lloveras, Ignacio García, José Luis Amposta, Eric Pier, Claus Braum, Jorge Ferrer, Jorge Torras, Pep Cuxart, Tito Álvarez, John Heald, Dinky, Angelika Thibiant, Elvira Salles, Tatiana Gari, Margarita Borchaca, Julia Carrasco, María Guerín, Gilbert Price, Edward Turnill, Sandra Battcheri, Wendy Bird, Robert Berkley, Josep Vilaplana, Tony Corbet, Ernestina Sabarich, Jean Azulay, Macarini, Doris Rochtles, Walter Chapper, George Cowdry, Luciano Federico, Jaume Costa, Eric Azulay, Deborah Parson, Samantha Hellman, Heike Schwartc, Mireia Vives, Mcmo Parker, Maria Verges, Constanti Canal, Rafael Salinas, Julia Marti, Jophine Verges, Veronica Verges, Ernesto Castaña, Jose Espinosa, Joaquin Nogurio, Mailena Blumet, Pep Rosas, Ana Salas, Ana Maria Manuel, Lucrecia Naong, David Vicente, Sandra Sanchez, Javier Fabregas, Maritxel Sitja, Miguel Salarich, Jose Maria Tella, Juana de la Cruz, Elena Sant Marti, Yvonne Molla, Pedro Caballerias, Michael Tuning, Milagros Uria, Rosa Maria Garcia, Nuria Sitja, Maria Bohigas, Beatriz Alaban, Julia Carrasco, Bill Parker, Audrey Lopez, Margot Linares, Mr. Norman, Mrs. Norman, Katherine Zelbasdeacoa, May Alger, Tim Criton, Ana MacGlacken, Alvaro Garcia, Mani Azarian, Cristina Farre, Gemma Bergoño, Cristina Cordoba, Betty Bigas, Maria Herce, Ana Herce, Paloma Selles, Norman Gahl, Maria Luisa Olivera

GÊNERO: Drama de horror

SINOPSE: Homem esquisitão que está perdendo a visão é dominado por sua velha mãe nanica, que o hipnotiza para que ele se
transforme em um *serial killer* que arranca os olhos de suas vítimas.

COMENTÁRIOS: Um bom começo, que logo se revela uma
imensa frustração, funcionando como uma excelente cura para a
insônia.

AVALIAÇÃO: **

APARTMENT 143

(Cf. Emergo)

ARMAGEDDON

ARMAGEDDON

DIRETOR: Michael Bay

PAÍS: Estados Unidos

COMPANHIA PRODUTORA: Jerry Bruckheimer Films / Valhalla Motion Pictures

ANO DE PRODUÇÃO: 1998

DURAÇÃO: 151'

IDIOMA ORIGINAL: Inglês

PRODUÇÃO: Jerry Bruckheimer, Gale Anne Hurd, Michael
Bay

ARGUMENTO: Tony Gilroy, Shane Salerno (or: Robert Roy

Pool, Jonathan Hensleigh)

ROTEIRO: Jonathan Hensleigh, J. J. Abrams

FOTOGRAFIA: John Schwartzman [cor]

MONTAGEM: Mark Goldblatt, Chris Lebenzon, Glen Scantlebury

MÚSICA: Trevor Rabin

ELENCO: Bruce Willis, Billy Bob Thornton, Liv Tyler, Ben Affleck, Will Patton, Peter Stormare, Keith David, Owen Wilson, William Fichtner, Jessica Steen, Jason Isaacs, Ken Campbell, Grayson McCouch, Clark Brolly, Marshall Teague, Chris Ellis, Eddie Griffin, John Mahon, Steve Buscemi, Michael Clarke Duncan, Anthony Guidera, Greg Collins, J. Patrick McCormack, Ian Quinn, Christopher J. Worret, Adam C. Smith, Grace Zabriskie, K. C. Leomiti, Deborah Nishimura, Albert Wong, Jim Ishida, Stanley Anderson, James Harper, Ellen Cleghorne, Udo Kier, John Aylward, Mark Curry, Seiko Matsuda, Harry Humphries, Dyllan Christopher, Judith Hoag, Sage Allen, Steven Ford, Christian Clemenson, Andy Ryan, Duke Valenti, Michael 'Bear' Taliferro, Billy Devlin, Kathleen Matthews, J. C. Hayward, Andrew Glassman, Shawnee Smith, Dwight Hicks, Odile Broulard, Vic Manni, Jim Maniaci, Layla Roberts, Joe Allen, Bodhi Elfman, Alexander Johnson, Kathy Neff, Victor Vinson, Joseph Patrick Kelly, Peter White, Rudy Mettia, Frank van Keeken, Frederick Weller, Jeff Austin, Googy Gress, Matt Malloy, H. Richard Greene, Brian Brophy, Peter Murnik, Brian Hayes Currie, Andrew Heckler, Andy Milder, Michael Kaplan, Patrick Richwood, Brian Mulligan, John H. Johnson, Charles Stewart, Scarlet Forge, Michael Tuck, Patrick Lander, Anne Varèze, Fritz Mashimo, Dina Morrone, Ruben Olague, Wolfgang Muser, James Fitzpatrick, cão Franky, Charlton Heston (voz)

GÊNERO: Mistura de ficção científica e filme-catástrofe

SINOPSE: Cientistas descobrem que o planeta Terra será atingido por um gigantesco asteroide, que extinguirá todas as suas formas de vida (tal como ocorreu há dezenas de milhões de anos, no tempo dos dinossauros). A única solução encontrada para tentar preservar este mundico é enviar um grupo de homens ao próprio asteroide, a fim de abrir um buraco profundo onde será depositada uma bomba nuclear, para destrui-lo ou modificar o seu curso. Como restam poucos dias para a catástrofe, um esquadrão de experientes petroleiros é treinado para a missão e parte para o espaço.

COMENTÁRIOS: Este enorme desperdício de astros e de dinheiro não é nada diferente de tudo aquilo que já vimos inúmeras vezes, com personagens caricatos e um monte de tramas paralelas que servem apenas para criar uma pífia dose de empatia no espectador.

AVALIAÇÃO: **

ASESINOS DE OTROS MUNDOS / SANTO CONTRA LOS ASESINOS DE OTROS MUNDOS

DIRETOR: Ruben Galindo

PAÍS: México

COMPANHIA PRODUTORA: Filmadora Chapultepec

ANO DE PRODUÇÃO: 1971

DURAÇÃO: 83'

IDIOMA ORIGINAL: Espanhol

PRODUÇÃO: Pedro Galindo Aguilar

ARGUMENTO: Ramon Obon, Ruben Galindo

ROTEIRO: Ramon Obon

FOTOGRAFIA: Raul Martinez Solares [cor]

MONTAGEM: Jorge Bustos

MÚSICA: Jesus Zarzosa

ELENCO: Santo el Enmascarado de Plata, Juan Gallardo, Sasha Montenegro, Carlos Agosti, Marco Antonio Campos, Patricia Borges, Carlos Suarez M., Gerardo Zepeda R., Sonia Fuentes, Cesar Valentino, Carlos Guarneros

GÊNERO: Ação e ficção científica

SINOPSE: Uma meleca gigante extraterrestre está matando pessoas e a polícia mexicana não tem a menor ideia do que está acontecendo. Assim, a única saída é buscar a ajuda do Santo, um lutador profissional que, nas suas horas vagas, salva a humanidade de qualquer espécie de perigo. Logo, um homem misterioso surge na TV pedindo 10 milhões de dólares para parar com a matança (o que não daria, nos dias de hoje, para pagar nem um mês de salário do Neymar). Como as autoridades terrenas não aceitam, surgem novas vítimas e o resgate é pago. Porém, o Santo vai junto com o dinheiro e, após ser capturado e participar de algumas lutas, consegue derrotar seu inimigo. Antes de morrer, o homem misterioso conta ao Santo que as mortes foram causadas por um organismo vindo da Lua, que cresce indefinidamente em contato com a atmosfera terrestre, enquanto suga os fluidos vitais dos seres humanos. Para tentar conter a criatura, o Santo precisa encontrar o cientista que a descobriu, mas ele foi sequestrado por outro gangster que também deseja usar o monstro para ficar rico e poderoso.

COMENTÁRIOS: Mais uma típica aventura do Santo, misturando bandidos comuns com seres sobrehumanos, numa salada temperada com muita pancadaria e pouquíssimo roteiro.

AVALIAÇÃO: **

THE ASTOUNDING SHE-MONSTER

DIRETOR: Ronnie Ashcroft

PAÍS: Estados Unidos

COMPANHIA PRODUTORA: Hollywood International Pictures

ANO DE PRODUÇÃO: 1957

DURAÇÃO: 62'

IDIOMA ORIGINAL: Inglês

PRODUÇÃO: Ronnie Ashcroft

ARGUMENTO: Frank Hall

ROTEIRO: Frank Hall

FOTOGRAFIA: William C. Thompson [p&b]

MONTAGEM: Ronnie Ashcroft (?)

MÚSICA: Guenther Kauer

ELENCO: Robert Clarke, Kenne Duncan, Marilyn Harvey, Jeanne Tatum, Shirley Kilpatrick, Ewing Brown

GÊNERO: Horror e ficção científica

SINOPSE: Dois gângsteres e uma velha bêbada sequestram uma socialite e a levam para uma remota região montanhosa, enquanto aguardam o pagamento do resgate. Quando o carro em que eles viajam sofre um acidente, os bandidos se refugiam na cabana de um geólogo, que pesquisa os recursos minerais da região. Porém, o que todos ignoram é que bem perto dali acaba de aterrisar uma nave alienígena de outro planeta, que traz como passageira uma estranha mulher, que parece indestrutível e tem terríveis poderes radioativos.

COMENTÁRIOS: Produção extremamente barata e extremamente incompetente, com poucos efeitos, uma história pífia e praticamente nenhuma ação. Primeiro longa de Ronnie Ashcroft, um cineasta que não deixou saudade.

AVALIAÇÃO: *

ASYLUM

ASILO SINISTRO

DIRETOR: Roy Ward Baker

PAÍS: Inglaterra

COMPANHIA PRODUTORA: Amicus Productions

ANO DE PRODUÇÃO: 1972

DURAÇÃO: 92'

IDIOMA ORIGINAL: Inglês

PRODUÇÃO: Max J. Rosenberg, Milton Subotsky

ARGUMENTO: Robert Bloch

ROTEIRO: Robert Bloch

FOTOGRAFIA: Denys Coop [cor]

MONTAGEM: Peter Tanner

MÚSICA: Douglas Gamley

ELENCO: Peter Cushing, Britt Ekland, Herbert Lom, Patrick Magee, Barry Morse, Barbara Parkins, Robert Powell, Charlotte Rampling, Sylvia Syms, Richard Todd, James Villiers, Geoffrey Bayldon, Ann Firbank, Megs Jenkins, John Franklyn-Robbins, Sylvia Marriott, Daniel Jones, Frank Forsyth, Tony Wall

GÊNERO: Horror

SINOPSE: Em quatro episódios, que são as histórias de quatro

pacientes de um asilo para loucos incuráveis: 1) FROZEN FEAR
– Homem assassina sua esposa rica para ficar com a amante, mas
a falecida não se conforma e quer se vingar dos adúlteros; 2) THE
WEIRD TAILOR – Alfaiate em sérias dificuldades financeiras
recebe a encomenda de um terno bizarro, que deve ser costurado
segundo complicados rituais. Ao entregar sua encomenda, ele
descobre que se trata de uma roupa mágica, com poderes tene-
brosos; 3) LUCY COMES TO STAY – Garota com problemas
psicológicos volta para casa, após passar uma temporada em um
sanatório. Porém, ela não estava muito curada e sua dupla personalidade volta a atacar...; 4) MANNIKINS OF HORROR –
Um interno do asilo, fabricante de bonecos, está obcecado pela
ideia de transferir sua alma para uma de suas criações, a fim de
vingar-se do diretor da instituição.

COMENTÁRIOS: Um clássico, com uma reunião de boas histórias de Robert Bloch.

AVALIAÇÃO: ***

EL ATAQUE DE LOS MUERTOS SIN OJOS

O RETORNO DOS MORTOS-VIVOS

DIRETOR: Amando de Ossorio

PAÍS: Espanha

COMPANHIA PRODUTORA: Ancla Century Films

ANO DE PRODUÇÃO: 1973

DURAÇÃO: 91'

IDIOMA ORIGINAL: Español

ARGUMENTO: Amando de Ossorio

ROTEIRO: Amando de Ossorio

FOTOGRAFIA: Miguel F. Mila [cor]

MONTAGEM: José Antonio Rojo

MÚSICA: Anton Garcia Abril

ELENCO: Tony Kendall, Fernando Sancho, Esperanza Roy, Frank Braña, José Canalejas, Loretta Tovar, Ramon Lillo, Lone Flening, Maria Nuria, José Thelman, Juan Cazalilla, Betsabe Ruiz, Marisol Delgado, Luis Bardoo, Paco Sanz, Ramon Centenero, Cristino Almodovar

GÊNERO: Horror

SINOPSE: Uma pequena aldeia portuguesa se prepara para uma tradicional festa, que comemora o aniversário da queima de um grupo de cavaleiros templários diabólicos, em meados da Idade Média lusitana (que durou até o século 19). Porém, como o evento completa 500 anos, os templários também desejam participar da festança e resolvem ressuscitar, partindo para a vingança, enquanto um grupo de cidadãos tenta se salvar do massacre.

COMENTÁRIOS: O aspecto mais bizarro deste filme, onde praticamente não acontece nada, é a personagem da "mocinha", uma senhora bastante desgastada pelos rigores cronológicos, mas que conscguc scr objeto de desejo dos três protagonistas. Segunda parte da tetralogia dos zumbis templários cegos, uma das sagas mais tediosas e sonolentas da história do cinema.

AVALIAÇÃO: **

EL ATAQUE DEL PENE MUTANTE DEL ESPACIO / ATTACK OF THE MUTANT DICK FROM OUTER SPACE

DIRETOR: Dani Moreno

PAÍS: Espanha

COMPANHIA PRODUTORA: Chaparra Entertainment

ANO DE PRODUÇÃO: 2007

DURAÇÃO: 25'

IDIOMA ORIGINAL: Espanhol

PRODUÇÃO: Dani Moreno

ARGUMENTO: David Abellan

ROTEIRO: Dani Moreno, David Abellan

FOTOGRAFIA: Dani Moreno [cor]

MONTAGEM: Jairo Moreno

MÚSICA: Jairo Moreno

ELENCO: David Abellan, Sol Charlotte [Sol Moreno], Toni Vicente, Randy Coreman [Dani Moreno], Maria Lavarta, Sergio Garcia, Montse Chicon, Alberto Martinez, Jordi Romero, Xavi Llopart, Sergio Moreno, David Gonzalez, Roger Escola

GÊNERO: Comédia de horror e ficção científica

SINOPSE: Uma equipe de cientistas europeus vai para o espaço, a fim de investigar a cura de uma doença dermatológica por meio dos raios gama. Porém, afetado pelos raios, enquanto se masturbava no banheiro da nave, um dos cientistas se transforma em um pênis gigante, que volta à Terra e inicia uma matança, enquanto é caçado por um destemido militar.

COMENTÁRIOS: Hilariante paródia dos *trash movies* norte-americanos, que consegue fazer verdadeiros milagres com os seus modestos recursos.

AVALIAÇÃO: ****

Atração satânica

DIRETOR: Fauzi Mansur

PAÍS: Brasil

COMPANHIA PRODUTORA: J. D'Avila Produções Cinematográficas

ANO DE PRODUÇÃO: 1989

DURAÇÃO: 103'

IDIOMA ORIGINAL: Inglês

PRODUÇÃO: J. D'Ávila

ARGUMENTO: Felipe Grecco, Fauzi Mansur

ROTEIRO: Felipe Grecco, Fauzi Mansur

FOTOGRAFIA: Antonio Meliande [cor]

MONTAGEM: Eder Mazzini

MÚSICA: Júlio Medaglia

ELENCO: Ênio Gonçalves, Gabriela Toscano, André Loureiro, Cláudia Alencar, Cláudio Curi, Antoine Rovis, Emília Maser, Serafim Gonzales, Olair Coan, Cyro Del Nero, Daliléia Ayala, Vera Zimmerman, Carina Palatnik, Paulo Domingues, Heitor Gaiotti, Júnior Sampaio, Luiz Bastos, Alceste Madela, Mara Faustino, Edla Pedroso, Belie Leal, Tânia Beghnin, Valda Meira, Jaqueline Neguelmnan, Sandra Campos, Renato Malheiros, Eduardo Panizza, Fernando Guedes, Léo Silva, Carlos Eduardo, Gilberto Genesi, Andréa Sideri, Diego Tucat, Ingred Graça, "Grupo de Dança Afro"

GÊNERO: Drama de horror trash

SINOPSE: Em uma pequena cidade turística litorânea, a radialista Fernanda tem um programa no qual narra histórias de terror, protagonizadas por um satânico *serial killer* que mata belas mulheres para conseguir o sangue com o qual pretende ressuscitar sua irmã. Porém, quando suas histórias começam a se reproduzir na realidade, Fernanda passa a ser suspeita de cumplicidade nos crimes e ainda é perseguida pelas forças do mal, que querem alguma coisa com ela.

COMENTÁRIOS: Produção realizada para o mercado internacional, com dublagem em inglês na versão intitulada "Satanic attraction".

AVALIAÇÃO: **

ATROCIOUS

O MISTERIOSO ASSASSINATO DE UMA FAMÍLIA

DIRETOR: Fernando Barreda Luna

PAÍS: México / Espanha

COMPANHIA PRODUTORA: Nabu Films / Silencio Rodamos

ANO DE PRODUÇÃO: 2010

DURAÇÃO: 82'/75'

IDIOMA ORIGINAL: Espanhol

PRODUÇÃO: Jessica Villegas Lattuada, David Sanz

ARGUMENTO: Fernando Barreda Luna

ROTEIRO: Fernando Barreda Luna

FOTOGRAFIA: Ferran Castera [cor]

MONTAGEM: Fernando Barreda Luna, Alberto Resendiz

MÚSICA: Octavio Flores, Jorge Jaime [Pikis]

ELENCO: Cristian Valencia, Clara Moraleda, Chus Pereiro, Sergi Martin, Xavi Doz, José Masegosa, Rafael Amaya (voz), Sammy Gad Gonzalez, Ferran Castera, Anne Sanz, Carlos Blanco, Rebecca Gil, Efrem Pinto, Silvia Arnau, Carlkos Gaya, Vanesa Ruiz, Hector Perez, Luis Lorenzo

GÊNERO: Drama de horror

SINOPSE: Empresário espanhol resolve levar sua mulher e seus três filhos para uma temporada na casa de campo da família, que estava desocupada há muitos anos. Seus filhos mais velhos, Cristian e July, são apaixonados por cinema e resolvem aproveitar a viagem para realizar um documentário sobre uma lenda da região, usando como cenário um grande labirinto situado nos fundos da casa. Porém, quando o empresário é obrigado a voltar para Madri, coisas estranhas começam a acontecer na casa e, principalmente, no labirinto.

COMENTÁRIOS: Utilizando a "câmera nervosa subjetiva", estilo popularizado pelo clássico "A bruxa de Blair", esta modesta produção, rodada na Catalunha, consegue excelentes resultados, estabelecendo um clima opressivo e inquietante.

AVALIAÇÃO: ***

ATTACK FROM SPACE / STARMAN

DIRETOR: Teruo Ishii, Akira Mitsuwa, Koreyoshi Akasaka

PAÍS: Japão

COMPANHIA PRODUTORA: Shintoho

ANO DE PRODUÇÃO: 1965

DURAÇÃO: 76'

IDIOMA ORIGINAL: Inglês

ROTEIRO: Ichiro Miyagawa

FOTOGRAFIA: Takashi Watanabe [p&b]

MÚSICA: Chumei Watanabe

ELENCO: Ken Utsui, Sachihiro Ohsawa, Junko Ikeuchi, Minako Yamada, Shoji Nakayama, Kan Hayashi, Minoru Takada, Utako Mitsuya, Chisako Tahara, Reiko Seto, Akira Tamura, Tomohiko Ohtani, Fumiko Miyata, Johji Ohhara, Kami Ashita, Terumi Hoshi, Shinsuke Mikimoto

GÊNERO: Ficção científica

SINOPSE: Os safírios, um perverso povo alienígena ambicioso e sem escrúpulos, preparam uma guerra nuclear contra a Terra, a fim de dominarem o nosso pobre planeta e ficarem com todos os nossos recursos naturais. Porém, outro povo igualmente poderoso, mas de índole pacífica, que habita o planeta Esmeralda, quer impedir que essa guerra aconteça, já que ela pode causar danos a todo o universo. Para ajudar a Terra, os alienígenas bonzinhos entregam um poderoso engenho ao herói Starman, que parte para salvar a humanidade. Como sua principal tarefa, ele tenta proteger o trabalho de um grande cientista, que está construindo uma nave espacial em seu laboratório secreto, em uma pequena ilha da costa japonesa. Porém, os safírios sequestram os filhos do cientista, ameaçando a nossa única esperança de vitória.

COMENTÁRIOS: Este telefilme é apresentado na versão norte-americana, distribuída pela Walter Manley Enterprises. A produção é muito pobre e a história não sai do mais puro clichê, embora seja repleta daqueles "defeitos" especiais que tornaram o cinema japonês de ficção científica tão cultuado.

AVALIAÇÃO: **

ATTACK OF THE BEAST CREATURES

DIRETOR: Michael Stanley

PAÍS: Estados Unidos

COMPANHIA PRODUTORA: Obelisk Motion Pictures

ANO DE PRODUÇÃO: 1983-1985

DURAÇÃO: 82'

IDIOMA ORIGINAL: Inglês

PRODUÇÃO: Michael Stanley, William R. Szlinsky

ARGUMENTO: Robert A. Hutton

ROTEIRO: Robert A. Hutton

FOTOGRAFIA: Robert A. Hutton [cor]

MONTAGEM: Robert A. Hutton, Michael Stanley

MÚSICA: John P. Mozzi (adicional: Sean H. Lezotte)

ELENCO: Robert Nolfi, Julia Rust, Robert Lengyel, Lisa Pak, Frank Murgalo, John Vichiola, Kay Bailey, Frans Kal, Robert T. Firgelewski, Ronald A. Haupler Sr., Robert A. Hutton, Joanne Stanley

GÊNERO: Drama de horror

SINOPSE: Um grupo de náufragos à deriva vai parar em uma ilha desconhecida. Porém, o que parecia uma esperança de salvação vai se tornar uma séria ameaça, já que a tal ilha é habitada por um estranho povo de mopnstros pigmeus altamente carnívoros.

COMENTÁRIOS: Filme C que consegue a proeza de unir um roteiro abominável com uma trupe de atores extraordinariamente incompetentes. Trata-se de uma tentativa bem-sucedida de realizar um dos piores filmes de todos os tempos.

AVALIAÇÃO: *

ATTACK OF THE CRAB MONSTERS

DIRETOR: Roger Corman

PAÍS: Estados Unidos

COMPANHIA PRODUTORA: Allied Artists Pictures

ANO DE PRODUÇÃO: 1957

DURAÇÃO: 63'

IDIOMA ORIGINAL: Inglês

PRODUÇÃO: Roger Corman

ROTEIRO: Charles Griffith

FOTOGRAFIA: Floyd Crosby [p&b]

MONTAGEM: Charles Gross Jr.

MÚSICA: Ronald Stein

ELENCO: Richard Garland, Pamela Duncan, Russell Johnson, Leslie Bradley, Mel Welles, Richard Cutting, Beech Dickerson, Tony Miller, Ed Nelson, Maitland Stuart, Charles B. Griffith, Robin Riley, Doug Roberts

GÊNERO: Horror e ficção científica

SINOPSE: Equipe de pesquisadores e militares chega a uma ilha deserta, em uma região que foi contaminada pela radioatividade, a fim de investigar o misterioso desaparecimento de outra equipe. Porém, eles logo vão descobrir que a ilha não é tão deserta quanto deveria, já que é habitada por caranguejos gigantes e inteligentes que estão cheios de vontade de devorar seres humanos com sal e pimenta.

COMENTÁRIOS: Um dos melhores trabalhos da primeira fase

da carreira de Roger Corman. Apesar do baixo orçamento e da curta duração, o filme tem uma história relativamente original e alguns efeitos aceitáveis (para um filme B de orçamento ínfimo).

AVALIAÇÃO: ***

A MULHER DE 15 METROS

DIRETOR: Christopher Guest

PAÍS: Estados Unidos

COMPANHIA PRODUTORA: HBO Pictures / Warner Bros. Television / Bartleby

ANO DE PRODUÇÃO: 1993

DURAÇÃO: 90'

IDIOMA ORIGINAL: Inglês

PRODUÇÃO: Debra Hill (coprodutores: Chuck Binder, Daryl Hannah)

ARGUMENTO: Mark Hanna

ROTEIRO: Joseph Dougherty

FOTOGRAFIA: Russell Carpenter [cor]

MONTAGEM: Harry Keramidas

MÚSICA: Nicholas Pike

ELENCO: Daryl Hannah, Daniel Baldwin, William Windom, Christi Conaway, Paul Benedict, O'Neal Compton, Victoria Haas, Frances Fisher, Lewis Arquette, Kye Benson, Xander Berkeley, Linda Bisesti, Hamilton Camp, Ben Cleaveland, Richard Edson, George Gerdes, Dru Mouser, Stephen Rowe, Edmund L. Shaff, Hilary Shepard, Hank Stratton, Berta Waagfjord, Barry

Watson, Scott Williamson, Maud Winchester

GÊNERO: Comédia de ficção científica

SINOPSE: Nancy é uma mulher completamente anulada e re-
primida por seu pai – um milionário desonesto e ambicioso – e por
seu marido infiel. Porém, depois de ser sequestrada por um disco
voador, ela começa a crescer desmesuradamente até atingir
quinze metros de altura. Com uma auto-estima deste tamanho,
Nancy muda o seu temperamento e passa a reagir contra os abu-
sos de que é vítima.

COMENTÁRIOS: Paródia de "O ataque da mulher de quinze
metros", clássico B de 1958. Porém, o filme – realizado para a TV
– não tem graça e nem conteúdo, contando apenas com a beleza
massiva de Daryl Hannah.

AVALIAÇÃO: **

ATTACK OF THE GIANT LEECHES

O ATAQUE DAS SANGUESSUGAS GIGANTES

DIRETOR: Bernard L. Kowalski

PAÍS: Estados Unidos

COMPANHIA PRODUTORA: Balboa Productions

ANO DE PRODUÇÃO: 1958

DURAÇÃO: 62'

IDIOMA ORIGINAL: Inglês

PRODUÇÃO: Gene Corman (executivo: Roger Corman)

ARGUMENTO: Leo Gordon

ROTEIRO: Leo Gordon

FOTOGRAFIA: John M. Nickolaus Jr. [p&b]

MONTAGEM: Carlo Lodato

MÚSICA: Alexander Laszlo

ELENCO: Ken Clark, Yvette Vickers, Jan Shepard, Michael Emmet, Tyler McVey, Bruno VeSota, Gene Roth, Daniel White, George Cisar

GÊNERO: Horror

SINOPSE: Sanguessugas gigantes atacam em um pântano dos cafundós norte-americanos, sequestrando seres humanos para servirem de pasto ao seu apetite insaciável.

COMENTÁRIOS: Trash movie com produção executiva de Roger Corman, uma história fraca e morosa e efeitos especiais para lá de risíveis.

AVALIAÇÃO: *

ATTACK OF THE KILLER TOMATOES!

O ATAQUE DOS TOMATES ASSASSINOS

DIRETOR: John De Bello

PAÍS: Estados Unidos

COMPANHIA PRODUTORA: Four Square Productions

ANO DE PRODUÇÃO: 1977

DURAÇÃO: 87'

IDIOMA ORIGINAL: Inglês

PRODUÇÃO: J. Stephen Peace [Steve Peace], John De Bello

ROTEIRO: Costa Dillon, John De Bello, Steve Peace

FOTOGRAFIA: John K. Culley [cor]

MONTAGEM: John De Bello

MÚSICA: Paul Sundfor, Gordon Goodwin (tema: John De Bello)

ELENCO: David Miller, George Wilson, Sharon Taylor, 'Rock' Peace, Eric Christmas, Al Sklar, Ernie Meyers [Ernie Myers], Ron Shapiro, Jerry Anderson, Robert Matzenauer, Don Birch, Tom Coleman, Art Koustik, Jack Nolen, Paul Oya, John Qualls, Alan Scharf, Gary Smith, Byron Teegarden, Doug Vernon, Dean Grell, Jack Riley, Cindy Charles, Joe Price, Gordon Ross, D. Wayne Cyphert, Efemia Dillon, Rebecca Birch, Nigel Barber, John De Bello, Paul Abbot, Wayne Wynne, Chad Demmon, Ellen Drexler, Burt Miller, Richard Curtis, Hal Chidnoff, David Hall, Benita Barton, Steve Cates, Brian Cantwell, Linda Hannibal, James De Bello, Richard Buresh, Dan Walsh, cão Hutch, Greg Berger, Riba Nolan, C. J. 'Clark' Dillon, Mike Niederman, Jim Hess, D. J. Sullivan

GÊNERO: Comédia satírica de ficção científica

SINOPSE: Tomates gigantes superpoderosos atacam a América, levando pânico à população. Para deter a ameaça, já que até mesmo as forças militares nada conseguem contra os supertomates, o governo americano monta um grupo de elite, chefiado por um atrapalhado agente secreto.

COMENTÁRIOS: Apesar do seu relativo sucesso (virou cult e teve três continuações), o filme não é realmente engraçado, sofrendo principalmente pelo elenco sem carisma.

AVALIAÇÃO: ***

ATTACK OF THE MUSHROOM PEOPLE

(Cf. Matango)

ATTACK OF THE MUTANT DICK FROM OUTER SPACE

(Cf. El ataque del pene mutante del espacio)

AUTOPSY

AUTÓPSIA

DIRETOR: Adam Gierasch

PAÍS: Estados Unidos

COMPANHIA PRODUTORA: Parallelzide Studios / Lion Share

ANO DE PRODUÇÃO: 2008

DURAÇÃO: 84'

IDIOMA ORIGINAL: Inglês

PRODUÇÃO: Bruce P. McNall, Steven C. Markoff, Warren Zide, Jessica Horowitz

ROTEIRO: Jace Anderson, Adam Gierasch, E. L. Katz

FOTOGRAFIA: Anthony B. Richmond [cor]

MONTAGEM: Andrew Cohen

MÚSICA: Joseph Bishara

ELENCO: Robert Patrick, Jessica Lowndes, Jenette Goldstein, Michael Bowen, Robert Lasardo, Ross Kohn, Ashley Schneider, Arkady Golubovich, Ross McCall, Greg Brazzel, Elijah Hardy, Kevin M. White, Tatyana Kanavka, Jeff Deist, Eric F. Adams, Janine Venable

GÊNERO: Horror

SINOPSE: Andando de carro em plena madrugada, por uma estrada remota, alguns jovens quimicamente alterados atropelam acidentalmente um homem e ainda ficam feridos. Para satisfação de todos, logo surge uma providencial ambulância e eles são socorridos e levados para um hospital quase deserto, que fica bem pertinho dali. Porém, como sempre existe um porém, os jovens ignoram que o hospital abandonado serve como base de operações para os experimentos macabros de um médico louco, que faz de tudo para salvar sua esposa gravemente enferma.

COMENTÁRIOS: Mais uma história de cientista louco, com a inserção de alguns elementos da série *Hostel*.

AVALIAÇÃO: ***

AVALON: BEYOND THE ABYSS

AVALON: ALÉM DO ABISMO

DIRETOR: Philip Sgriccia

PAÍS: Estados Unidos

COMPANHIA PRODUTORA: Viacom Productions

ANO DE PRODUÇÃO: 1999

DURAÇÃO: 89'

IDIOMA ORIGINAL: Inglês

PRODUÇÃO: Paul Cajero, Cathy Dwyer

ARGUMENTO: Chris Ruppenthal

ROTEIRO: Chris Ruppenthal

FOTOGRAFIA: Gordon Lonsdale [cor]

MONTAGEM: Joe Shugart, Philip Sgriccia

MÚSICA: Scott Roewe

ELENCO: Parker Stevenson, Mehgan Heaney-Grier, Billy Rieck, Shelli Lether, Krista Allen, Matt Battaglia, Lewis Smith, Samantha Smith, Rosa Blasi, Sherman Augustus, Leigh Hetherington, Merlin de Martinis, Jeff Campbell, Louie Rivera

GÊNERO: Ficção científica

SINOPSE: John Alden é um oceanógrafo que deixou a marinha americana para dedicar-se a pesquisas científicas, com o seu minisubmarino Avalon. Porém, quando uma ilha do Pacífico desaparece numa inexplicável explosão e uma maré vermelha devasta a vida marinha, John e sua equipe são chamados pelo governo para investigar o caso. A situação torna-se crítica quando se descobre que a maré vermelha está liberando um gás mortal, mas John recusa-se a abandonar seu trabalho, já que a costa americana parece ser o próximo alvo do desastre. Com o desenvolvimento das pesquisas, surge a hipótese de que tudo seja uma manifestação de uma entidade que os maias denominavam "Hapikern", um deus irado com a raça humana.

COMENTÁRIOS: Medíocre telefilme que copia — de maneira pobre e sem imaginação — a trama de "The abyss", de James Cameron. Quando a história foge dos clichês, é para mergulhar numa descabelada perspectiva religiosa, pessimamente desenvolvida.

AVALIAÇÃO: **

AVP – ALIEN VS. PREDATOR

ALIEN VS. PREDADOR

DIRETOR: Paul W. S. Anderson

PAÍS: Inglaterra / República Tcheca / Canadá / Alemanha

COMPANHIA PRODUTORA: Davis Entertainment Company / Brandywine Productions (coprodução: Lonlink / Stillking

/ Kut Productions / Babelsberg)

ANO DE PRODUÇÃO: 2004

DURAÇÃO: 101'/109'

IDIOMA ORIGINAL: Inglês

PRODUÇÃO: John Davis, Gordon Carroll, David Giler, Walter Hill (coprodução: Chris Symes)

ARGUMENTO: Paul W. S. Anderson, Dan O'Bannon, Ronald Shusett (or: Dan O'Bannon, Ronald Shusett, Jim Thomas, John Thomas)

ROTEIRO: Paul W. S. Anderson

FOTOGRAFIA: David Johnson [cor]

MONTAGEM: Alexander Berner

MÚSICA: Harald Kloser

ELENCO: Sanaa Lathan, Raoul Bova, Lance Henriksen, Ewen Bremner, Colin Salmon, Tommy Flanagan, Carsten Norgaard, Tom Woodruff Jr., Ian Whyte, Joseph Rye, Agathe de La Boulaye, Sam Troughton, Petr Jakl, Pavel Bezdek, Kieran Bew, Carsten Voigt, Jan Filipensky, Adrian Bouchet, Andy Lucas, Liz May Brice, Glenn Conroy, Eoin McCarthy, Karima Adebibe

GÊNERO: Horror e ficção científica

SINOPSE: Charles Weyland, um gênio científico milionário e gravemente doente, decide investigar uma estranha pirâmide subterrânea, descoberta por seus satélites em plena Antártica. Ele organiza uma expedição, sem saber que a tal pirâmide é um templo dedicado aos predadores alienígenas, que periodicamente vêm caçar em nosso planeta. Como as presas dos caçadores são os monstros alien, muitas surpresas nada agradáveis aguardam a equipe de investigadores.

COMENTÁRIOS: Horror que promove o encontro de duas séries (apesar de "O predador" ter tido, até então, apenas uma continuação). Apesar do evidente oportunismo, o filme não deixa de ser simpático, embora a ação pudesse ser mais bem dividida e algumas situações merecessem um melhor desenvolvimento.

AVALIAÇÃO: ***

BABU: A VINGANÇA MALDITA

BABU: A VINGANÇA MALDITA

DIRETOR: César A. [César Nero], Norbert Novotny

PAÍS: Brasil

COMPANHIA PRODUTORA: Cesar Nero Pictures

ANO DE PRODUÇÃO: 1997

DURAÇÃO: 85'

IDIOMA ORIGINAL: Português

PRODUÇÃO: César Nero

ROTEIRO: César Nero (?)

FOTOGRAFIA: Norbert Novotny [cor]

MONTAGEM: César Nero (?), Norbert Novotny (?)

MÚSICA: "Crematory Band", August Sellaro

ELENCO: Helen Wiese, Marcelo Moss, Daniel Garateguy, Robert Rocher, Claud Sant'Anne, Alex Castle, Vincent Navy, Flavy Pagliato, Wanda Navy, Soraya Olyver, Mauryce Richard, Alex Ramil, Patty Paul, Coffin Joe [José Mojica Marins]

GÊNERO: Drama de horror satânico

SINOPSE: Para melhorar a sua situação financeira, Pedro decide alugar sua casa e passar a morar em uma edícula. Desconfiando das atividades de seu novo inquilino, o jovem Babu, ele o flagra durante um ritual satânico, justamente quando Babu ia imolar uma jovem ao capeta. Pedro acaba assassinando o rapaz e, sem ter como explicar os fatos à polícia – já que a moça que seria sacrificada foge –, enterra o cadáver no quintal da casa. Porém, como fiel servo de Satã, Babu ganha como prêmio o direito de ressuscitar para vingar-se de seu assassino, o que pode colocar em risco os novos moradores da casa.

COMENTÁRIOS: O aspecto mais interessante desta produção semiamadora paulista – além, obviamente, da participação do Zé do Caixão – é a dublagem, de uma artificialidade que chega a incomodar o espectador. De resto, a habitual imitação dos filmes B norte-americanos e europeus, com muito menos recursos de todos os tipos.

AVALIAÇÃO: **

BAD MOON

Lua negra

DIRETOR: Eric Red

PAÍS: Estados Unidos

COMPANHIA PRODUTORA: Morgan Creek

ANO DE PRODUÇÃO: 1996

DURAÇÃO: 80'

IDIOMA ORIGINAL: Inglês

PRODUÇÃO: James G. Robinson, Jacobus Rose

ARGUMENTO: Wayne Smith

ROTEIRO: Eric Red

FOTOGRAFIA: Jan Kiesser [cor]

MONTAGEM: C. Timothy O'Meara

MÚSICA: Daniel Licht

ELENCO: Mariel Hemingway, Michael Paré, Mason Gamble, Ken Pogue, Hrothgar Mathews, Johanna Marlowe Lebovitz, Gavin Buhr, Julia Montgomery Brown, cão Primo

GÊNERO: Horror licantrópico

SINOPSE: Enquanto realiza uma expedição num remoto ponto da Ásia, o fotógrafo Ted é atacado por uma estranha criatura, que o fere e mata sua namorada, antes de ser fuzilada pelo rapaz. Porém, a criatura era um lobisomem e Ted passa a ser vítima da doença (contraída através de um ferimento). De volta aos Estados Unidos, ele tenta fazer de tudo para se curar, mas a medicina ainda não pode fazer nada pelo seu caso, já que nem ao menos consegue curar a calvície, a espinhela caída ou um resfriado comum. Para piorar a situação, ao contrário do que diz a lenda, ele se transforma todos os dias, sem depender da fase lunar. Após assassinar algumas pessoas, Ted tenta recuperar-se buscando a companhia de sua irmã Janet e de seu pequeno sobrinho Brett, que vivem numa cidadezinha do interior. Porém, a medida não adianta nada e, para complicar, ele se torna uma séria ameaça para os parentes, já que está ficando cada vez mais bestializado.

COMENTÁRIOS: Com um roteiro medíocre, sem nenhum suspense e com efeitos especiais para lá de fajutos, trata-se apenas de um *trash movie* mais pretensioso, onde o cachorro é o melhor ator.

AVALIAÇÃO: *

NÁUSEA TOTAL / TRASH – NÁUSEA TOTAL

DIRETOR: Peter Jackson

PAÍS: Nova Zelândia

COMPANHIA PRODUTORA: WingNut Films

ANO DE PRODUÇÃO: 1987

DURAÇÃO: 91'

IDIOMA ORIGINAL: Inglês

PRODUÇÃO: Peter Jackson

ARGUMENTO: Peter Jackson

ROTEIRO: Peter Jackson

FOTOGRAFIA: Peter Jackson [cor]

MONTAGEM: Peter Jackson, Jamie Selkirk

MÚSICA: Michelle Scullion

ELENCO: Terry Potter, Pete O'Herne, Craig Smith, Mike Minett, Peter Jackson, Doug Wren, Dean Lawrie, Peter Vere-Jones (voz), Ken Hammon, Robin Griggs, Michael Gooch, Peter Gooch, Laurie Yarrall, Shane Yarrall, Philip Lamey, Costa Botes, Graham Butcher, Bob Haliburton, Andrew McKay, Clive Haywood, John McTavish, John Nelson, Graham Nesbitt, Steven Smith, John Logan Jr., Matt Noonan, Cameron Chittock, Ray Battersby, Mike Appleby, Peter Appleby, Mike Kane, Robert Johnston, Scott Bradshaw, Mark Lamey, Giles Forrest, Grant Taylor, Carol Taylor, Dean Taylor, Kim Taylor, Dave Hamilton, Jock Fyfe, Tony Hiles, John Ruby, Kerry Underhill, Robin Watene, Garry Brown, Mark Jackson, Peter Henderson, Janine Riely, Margaret Byford

GÊNERO: Comédia escatológica de horror e ficção científica

SINOPSE: Uma pequena cidade da Nova Zelândia é invadida por alienígenas, que matam todos os habitantes e assumem as suas formas. Porém, longe de ser uma invasão "convencional", os ETs são funcionários de uma grande empresa de fast food inter-galáctico, que vieram à Terra para procurar novos sabores de car-nes para oferecer aos seus clientes gourmets. Para não alarmar a população, o governo envia uma unidade especial secreta para combater os ETs, que estão prestes a voltar para o espaço le-vando a sua preciosa carga de carne e miolos humanos. No en-tanto, os agentes se arriscam para salvar um ser humano que foi aprisionado pelos alienígenas e que está a ponto de ser transfor-mado em uma sopa para o seu banquete de despedida.

COMENTÁRIOS: Primeiro longa de Peter Jackson, com uma abordagem deliberadamente trash. O filme se vale especialmente do seu conteúdo escatológico para fazer humor, já que os recursos da produção são bastante limitados.

AVALIAÇÃO: ***

BAKTERION / PANIC

PÂNICO

DIRETOR: Anthony Richmond [Tonino Ricci]

PAÍS: Itália / Espanha

COMPANHIA PRODUTORA: European Film Distribuzione / Nuova Galassia Film / Arco Film

ANO DE PRODUÇÃO: 1982

DURAÇÃO: 90'

IDIOMA ORIGINAL: Italiano / Inglês (dub)

PRODUÇÃO: Marcello Romeo

ARGUMENTO: Jaime Comas, Victor A. Catena

ROTEIRO: Jaime Comas, Victor A. Catena

FOTOGRAFIA: Giovanni Bergamini [cor]

MONTAGEM: Vincenzo Tomassi

MÚSICA: Marcello Giombini

ELENCO: David Warbeck, Janet Agren, Roberto Ricci, José R. Lifante, Miguel Herrera, Eugenio Benito, Ovidio Taito, José Maria Labernie, Ilaria Maria Bianchi, Fabian Conde, Vittorio Calò, Franco Ressel

GÊNERO: Horror e ficção científica

SINOPSE: Acidente em um laboratório no interior da Inglaterra – que realizava experiências secretas para o governo – faz com que o cientista responsável seja contaminado por um vírus e se transforme num monstro assassino com sede de sangue, que vai fazendo diversas vítimas. O governo envia o superagente especial Kirk para tratar do caso, mas o medo de que o vírus contamine mais pessoas faz com que as autoridades resolvam isolar a cidade e dizimar toda a população. Para salvar a situação, Kirk precisa encontrar o monstro e eliminá-lo, o que não será nada fácil – já que ele é quase indestrutível.

COMENTÁRIOS: Trash italoespanhol ambientado na Inglaterra. O filme é uma imensa bobagem, com efeitos especiais rudimentares e um roteiro que poderia ser escrito em um guardanapo de papel. A pobreza extrema da produção se reflete em vários aspectos, principalmente no fato de que o tal "monstro" seja perseguido apenas por três policiais, e que as "autoridades do governo" não façam o mais mínimo esforço para capturá-lo.

AVALIAÇÃO: **

BEHEMOTH, THE SEA MONSTER / THE GIANT BEHEMOTH

DIRETOR: Eugene Lourie

PAÍS: Inglaterra

COMPANHIA PRODUTORA: Artistes Alliance Limited

ANO DE PRODUÇÃO: 1958

DURAÇÃO: 80'

IDIOMA ORIGINAL: Inglês

PRODUÇÃO: David Diamond

ROTEIRO: Eugene Lourie

FOTOGRAFIA: Ken Hodges [p&b]

MONTAGEM: Lee Doig

MÚSICA: Edwin Astley

ELENCO: Gene Evans, Andre Morell, John Turner, Leigh Madison, Jack McGowran, Maurice Kaufmann, Henry Vidon, Leonard Sachs

GÊNERO: Horror e ficção científica

SINOPSE: Steve Karnes é um biólogo marinho que se preocupa com os eventuais efeitos nocivos da radiação emitida pelos constantes testes nucleares. Suas preocupações logo se revelam pertinentes com o aparecimento de milhares de peixes mortos nas praias da Cornualha, além da morte misteriosa de um velho pescador – queimado pela radiação. Com a ajuda de seu colega James Bickford, cientista que trabalha para o governo britânico, Steve descobre que um gigantesco dinossauro foi despertado das profundezas do oceano pelas bombas atômicas. O monstro, que além de ser imenso emite uma forte dose de radiação, ruma para

Londres e os cientistas e militares terão que fazer de tudo para que a cidade e sua população não sejam destruídas.

COMENTÁRIOS: Plágio britânico de "Godzilla", seguindo fielmente o modelo japonês e enfatizando os seus aspectos ecológicos. A história demora a deslanchar, mas vale a pena esperar, já que os efeitos especiais são bastante interessantes.

AVALIAÇÃO: ***

BEHIND THE MASK: THE RISE OF LESLIE VERNON

POR TRÁS DA MÁSCARA

DIRETOR: Scott Glosserman

PAÍS: Estados Unidos

COMPANHIA PRODUTORA: Anchor Bay / GlenEcho Entertainment / Code Entertainment

ANO DE PRODUÇÃO: 2006

DURAÇÃO: 92'

IDIOMA ORIGINAL: Inglês

PRODUÇÃO: Scott Glosserman, David J. Stieve

ARGUMENTO: David J. Stieve, Scott Glosserman

ROTEIRO: David J. Stieve, Scott Glosserman

FOTOGRAFIA: Jaron Presant [cor]

MONTAGEM: Sean Presant

MÚSICA: Gordy Haab

ELENCO: Nathan Baesel, Angela Goethals, Ben Pace, Britain Spellings, Bridgett Newton, Kate Lang Johnson, Scott Wilson,

Zelda Rubinstein, Robert Englund, Hart Turner, Krissy Carlson, Travis Zariwny, Teo Gomez, Matt Bolt, Jenafer Brown, Kane Hodder, Mia Butler, Morgan Kitzmiller, Hannah Rader

GÊNERO: Comédia de terror

SINOPSE: Uma equipe de TV registra todo o processo de preparação de Leslie – que se apresenta como um psicopata assassino pretensamente ressuscitado – para realizar um massacre de jovens, seguindo o modelo popularizado por Jason Voorhees, Freddy Kruger e Michael Myers.

COMENTÁRIOS: O filme – que se desenvolve na forma de um falso documentário – brinca com os clichês do gênero *slasher*, mostrando os "truques" que seus célebres personagens utilizam no seu ofício de matar adolescentes descerebrados.

AVALIAÇÃO: ***

BLACK DEMONS

(Cf. Demoni 3)

BLUE DEMON VS. EL PODER SATANICO

BLUE DEMON CONTRA O PODER SATÂNICO

DIRETOR: Chano Urueta

PAÍS: México

COMPANHIA PRODUTORA: Filmica Vergara

ANO DE PRODUÇÃO: 1966

DURAÇÃO: 78'

IDIOMA ORIGINAL: Espanhol

PRODUÇÃO: Luis Enrique Vergara Cabrera

ARGUMENTO: Rafael Garcia Travesi, Fernando Oses

ROTEIRO: Rafael Garcia Travesi (dialogos: Guillermo Mateos)

FOTOGRAFIA: Alex Phillips Jr. [p&b]

MONTAGEM: José Juan Munguia

MÚSICA: Jorge Perez Herrera

ELENCO: Blue Demon, Martha Elena Cervantes, Jaime Fernandez, Queta Garay, Glenda Castro, Fernando Oses, Mario Orea, Lobo Negro, Margarito Luna, El Nazi, Emilio Garibay, Carlos Suarez, Santo el Enmascarado de Plata

GÊNERO: Drama de horror e ação com lutadores mascarados

SINOPSE: Preso e condenado à morte, Gustavo Fernandez – um psicopata assassino sádico que é compadre de Satanás – elabora um plano para fugir. Utilizando seus poderes paranormais, ele se hipnotiza e entra em estado catatônico, a fim de ser dado como morto e poder escapar do necrotério. Porém, ele não contava com a pressa do médico da prisão, que considera a morte natural e ordena que enterrem imediatamente o pretenso defunto. Assim, Gustavo fica sepultado por 50 anos, até que alguns saqueadores de túmulos o libertam. Ansioso para tirar o seu atraso, o louco logo começa a sequestrar belas mulheres, que ele domina pela hipnose e que são cremadas vivas após saciarem os seus desejos depravados. No entanto, para má sorte de Gustavo, uma de suas vítimas é um dos primos do lutador Blue Demon, que é assassinado ao tentar evitar que a sua noiva seja sequestrada. Blue jura vingar seu parente e começa a investigar o caso, logo caindo na pista do tarado.

COMENTÁRIOS: Mais uma das aventuras de Blue Demon, um dos três grandes *wrestlers* do cinema mexicano (juntamente com Mil Máscaras e o Santo, que faz aqui uma participação especial).

O filme surpreende com uma história bastante pesada, bem distante das tramas infantiloides que dominam este subgênero. No entanto, qualquer possível qualidade desaparece diante de um roteiro desastroso, cheio de situações absurdas e mal desenvolvidas. Como maior exemplo, o fato de Blue Demon começar a suspeitar de Gustavo sem ter a mais remota base para isso, já que o criminoso louco pretensamente morreu há meio século. Também pesa contra o filme a pouca presença efetiva de Blue Demon, que — com exceção das lutas propriamente ditas — só atua realmente nos minutos finais, até a conclusão fraca e abrupta.

AVALIAÇÃO: **

BODY BAGS

TRILOGIA DO TERROR

DIRETOR: John Carpenter [1, 2], Tobe Hooper [3]

PAÍS: Estados Unidos

COMPANHIA PRODUTORA: 187 Corp.

ANO DE PRODUÇÃO: 1993

DURAÇÃO: 91'

IDIOMA ORIGINAL: Inglês

PRODUÇÃO: Sandy King, Dan Angel

ARGUMENTO: Billy Brown, Dan Angel

ROTEIRO: Billy Brown, Dan Angel

FOTOGRAFIA: Gary Kibbe [cor]

MONTAGEM: Edward A. Warschilka

MÚSICA: John Carpenter, Jim Lang

ELENCO: John Carpenter, Tom Arnold, Tobe Hooper, Robert

Carradine, Alex Datcher, Peter Jason, Molly Cheek, Wes Craven, Sam Raimi, David Naughton, Buck Flower, Lucy Boyrer, Roger Rooks, Stacy Keach, David Warner, Sheena Easton, Dan Blom, Attila, Kim Alexis, Greg Nicotero, Deborah Harry, Mark Hamill, Twiggy, John Agar, Roger Corman, Charles Napier, Eddie Velez, Betty Muramoto, Bebe Drake-Massey, Sean McClory, Robert L. Bush, Gregory H. Alpert

GÊNERO: Horror

SINOPSE: Em três episódios: [1] THE GAS STATION: A jovem Anne prepara-se para a sua primeira noite como atendente em um posto de gasolina self-service, numa estrada bastante deserta. Como se não bastasse, a região está sendo assolada por um maníaco homicida, que pode resolver visitar a moça para trocar o óleo; [2] HAIR: Richard é um homem de meia-idade, subitamente atacado pelo pavor de ficar careca (já que seus cabelos estão desertando da "frente de batalha" em grande quantidade). Após apelar para os métodos convencionais, Richard resolve ir até a clínica do dr. Lock, que promete uma cura miraculosa para a calvície. De fato, Richard logo reconquista uma vasta cabeleira, embora tenha que pagar um preço bastante alto pelo tratamento; [3] EYE: Jogador de beisebol em ascensão profissional sofre um acidente automobilístico, perdendo um de seus olhos. Em desespero, já que isso acabará com sua carreira, ele concorda em servir de cobaia para um novo método de transplante de olhos, elaborado por um cientista. O transplante é um sucesso, mas o atleta começa a sofrer de fortes dores de cabeça, além de ter macabras alucinações.

COMENTÁRIOS: O ponto alto deste simpático telefilme – piloto de uma série não realizada – são as participações especiais de alguns dos maiores diretores do cinema de horror de Hollywood.

AVALIAÇÃO: ***

THE BODY DISAPPEARS

DIRETOR: D. Ross Lederman

PAÍS: Estados Unidos

COMPANHIA PRODUTORA: Warner Bros.

ANO DE PRODUÇÃO: 1941

DURAÇÃO: 72'

IDIOMA ORIGINAL: Inglês

PRODUÇÃO: Ben Stoloff

ARGUMENTO: Scott Darling, Erna Lazarus

ROTEIRO: Scott Darling, Erna Lazarus

FOTOGRAFIA: Allen G. Siegler [p&b]

MONTAGEM: Frederick Richards

MÚSICA: Howard Jackson

ELENCO: Jeffrey Lynn, Jane Wyman, Edward Everett Horton, Herbert Anderson, Marguerite Chapman, Craig Stevens, David Bruce, Willie Best, Ivan Simpson, Michael Ames, DeWolf Hopper, Natalie Schafer, Charles Halton, Sidney Bracy, Wade Boteler

GÊNERO: Comédia romântica de ficção científica

SINOPSE: Peter DeHaven é um playboy milionário que resolve se casar. Porém, durante a sua despedida de solteiro, ele bebe demais (até para os seus próprios padrões) e apaga. Como seus amigos também estão bêbados, eles resolvem pregar uma peça em Peter, carregando o rapaz para um necrotério das proximidades. Porém, justamente nessa noite, um cientista um tanto matusquela, o professor Shotesbury, resolve roubar um cadáver para testar sua fórmula de ressuscitar corpos mortos. Obviamente, a cobaia escolhida é Peter, que ainda está apagado. No entanto, a fórmula de Shotesbury exerce um estranho efeito ao ser aplicada em um corpo vivo, tornando Peter invisível. Ao acordar da bebedeira, o rapaz percebe o que aconteceu e fica apavorado, principalmente depois de saber que as autoridades registraram o seu desaparecimento e que suspeitam que ele tenha sido assassinado por um rival.

COMENTÁRIOS: Simpaticíssima comédia utilizando temas habituais dos filmes de horror (como "O homem invisível" e "Frankenstein"). Com um elenco de bom nível (com destaque para o sempre eficiente Edward Everett Horton), o filme consegue atingir plenamente o seu objetivo de divertir sem dar muito trabalho ao cérebro.

AVALIAÇÃO: ***

BODY MELT

Corrosão – Ameaça em seu corpo

DIRETOR: Philip Brophy

PAÍS: Austrália

COMPANHIA PRODUTORA: Dumb Films

ANO DE PRODUÇÃO: 1993

DURAÇÃO: 81'

IDIOMA ORIGINAL: Inglês

PRODUÇÃO: Rod Bishop, Daniel Scharf

ARGUMENTO: Philip Brophy

ROTEIRO: Philip Brophy, Rod Bishop

FOTOGRAFIA: Ray Argall [cor]

MONTAGEM: Bill Murphy

MÚSICA: Philip Brophy

ELENCO: Gerard Kennedy, Andrew Daddo, Ian Smith, Regina Gaigalas, Vince Gil, Neil Foley, Anthea Davis, Matt Newton, Lesley Baker, Amy Grove-Rogers, Adrian Wright, Jillian Murray, Ben Geurens, Amanda Douge, Brett Climo, Lisa McCune, Nick Polites, Maurie Annese, William McInnes, Suzi Dougherty, Bill Young, Tommy Dysart, Stig Wemyss, Matthew Green, Philip Green, Russell Allan, Lance Anderson, Robert Simper, Parthena, Matt McLean, Barry Whitnell, Roberto Micale, Lucinda Cowden, Graham Dow, Tiffany Lamb, Gaby Porras, Chris Whitmore, Greg Tingate, Rosemary Margan

GÊNERO: Horror em tom de comédia satírica

SINOPSE: Cientistas relativamente inescrupulosos e totalmente fictícios inventam uma super vitamina e utilizam como cobaias os pacientes de um médico da moda e os frequentadores de um luxuoso spa. Porém, o remédio apresenta efeitos colaterais um tanto violentos, podendo levar o usuário a – literalmente – se dissolver.

COMENTÁRIOS: Uma boa ideia e uma má execução garantem momentos de tédio e desprazer.

AVALIAÇÃO: **

BODY OF THE PREY

DIRETOR: Edward D. Wood Jr. (?)

PAÍS: Estados Unidos / Japão

COMPANHIA PRODUTORA: Toei

ANO DE PRODUÇÃO: 1970

DURAÇÃO: 94'

IDIOMA ORIGINAL: Inglês

PRODUÇÃO: Norman Thomson

FOTOGRAFIA: Arnold Dibble [cor]

ELENCO: James Craig, Tota Kondo, Lawrence O'Neill, Al Ricketts, Atsuko Rome, Edward M. Shannon, John Stanley, James Yagi

GÊNERO: Horror e ficção científica

SINOPSE: O dr. Bragan, importante cientista da NASA, está à beira de um ataque de nervos e resolve tirar férias no Japão, que é bem pertinho e tem muito yakisoba. Porém, para não ficar sem ter o que fazer, já que gosta de descansar carregando pedra, ele decide realizar algumas experiências com uma planta carnívora que encontrou por acaso, dando bobeira em algum matagal. Cada vez mais biruta, ele consegue criar um monstro-planta, que logo vai começar a dizimar os vizinhos deste gênio da ciência.

COMENTÁRIOS: Mistura de "Frankenstein" com "A pequena loja dos horrores", este filme bastante pobre tem uma história um tanto nebulosa. Atribuído ao mestre Ed Wood (que, ao menos, deve ter se envolvido na sua produção), o filme costuma ser apresentado com os créditos de uma outra produção ("The revenge of Doctor X") totalmente diferente, o que causa bastante confusão.

AVALIAÇÃO: **

BODYCOUNT

(Cf. Camping del terrore)

BURN, WITCH, BURN

(Cf. Night of the eagle)

O SEGREDO DA CABANA

DIRETOR: Drew Goddard

PAÍS: Estados Unidos

COMPANHIA PRODUTORA: Mutant Enemy

ANO DE PRODUÇÃO: 2011

DURAÇÃO: 95'

IDIOMA ORIGINAL: Inglês

PRODUÇÃO: Joss Whedon (coprodutor: John Swallow)

ARGUMENTO: Joss Whedon, Drew Goddard

ROTEIRO: Joss Whedon, Drew Goddard

FOTOGRAFIA: Peter Deming [cor]

MONTAGEM: Lisa Lassek

MÚSICA: David Julyan (supervisão: Dana Sano)

ELENCO: Kristen Connolly, Chris Hemsworth, Anna Hutchison, Fran Kranz, Jesse Williams, Richard Jenkins, Bradley Whitford, Brian White, Amy Acker, Sigourney Weaver, Tim DeZarn, Tom Lenk, Dan Payne, Jodelle Ferland, Dan Shea, Maya Massar, Matt Drake, Nels Lennarson, Rukiya Bernard, Peter Kelamis, Adrian Holmes, Chelah Horsdal, Terry Chen, Heather Doerksen, Patrick Sabongui, Phillip Mitchell, Naomi Dane, Ellie Harvie, Patrick Gilmore, Brad Dryborough, Emili Kawashima, Aya Furukawa, Maria Go, Serena Akane Chi, Abbey Imai, Marina Ishibashi, Miku Katsuura, Alicia Takase Lui, Jodi Tabuchi, Sara Taira, Alyssandra Yamamoto, Richard Cetrone, Phoebe Galvan, Simon Pidgeon, Matt Phillips, Lori Stewart, Gregory Zach

GÊNERO: Horror

SINOPSE: Cinco amigos – duas garotas e três rapazes – vão passar o fim de semana em uma cabana remota, que foi comprada recentemente pelo primo de um deles. Tudo parece indicar que o fim de semana será bastante animado, mas não propriamente da maneira como nossos jovens esperavam. Na verdade, eles estão sendo rigorosamente monitorados por uma equipe de especialistas em alta tecnologia, já que tudo – incluindo a viagem – é parte de um plano tenebroso para utilizar o quinteto em um antigo e imprescindível ritual. Ao visitarem o porão da cabana, os jovens encontram um velho diário, de uma das antigas moradoras, cuja leitura desperta uma família de zumbis, dando início a uma escalada de dor e morte.

COMENTÁRIOS: O filme, vagamente inspirado na mitologia lovecraftiana, começa como um típico terror para adolescentes, na linha de "Evil dead", mas logo envereda para uma espécie de antologia de clichês, parodiando diversos sucessos do gênero. É justamente esse caráter um tanto humorístico, sempre presente no horror norte-americano, que compromete o resultado final.

AVALIAÇÃO: ***

DAS CABINET DES DR. CALIGARI

O GABINETE DO DR. CALIGARI

DIRETOR: Robert Wiene

PAÍS: Alemanha

COMPANHIA PRODUTORA: Decla Film-Gesellschaft

ANO DE PRODUÇÃO: 1919

DURAÇÃO: 76'

IDIOMA ORIGINAL: Mudo

ARGUMENTO: Carl Mayer, Hans Janowitz

ROTEIRO: Carl Mayer, Hans Janowitz

FOTOGRAFIA: Willly Hameister [p&b]

ELENCO: Werner Krauss, Conrad Veidt, Friedrich Fehér, Lil Dagover, Hans Heinz von Twardowski, Rudolph Lettinger

GÊNERO: Drama de horror

SINOPSE: Jovem que vive em uma pequena aldeia alemã recebe um choque ao saber que o seu maior amigo foi barbaramente assassinado, sendo vítima de um homicida que está agindo na região. Suas suspeitas recaem sobre Cesare, um sonâmbulo que está sendo exibido na feira local pelo misterioso dr. Caligari, já que Cesare havia predito a morte do seu amigo para aquele mesmo dia. Porém, quando um suspeito é preso pelos crimes, o rapaz se convence de que Cesare e Caligari são inocentes, até que o sanâmbulo tenta sequestrar sua noiva. Seguindo Caligari, que foge da polícia com a revelação da culpa de Cesare, o rapaz fará uma descoberta assombrosa.

COMENTÁRIOS: O clássico dos clássicos do expressionismo alemão, combinando todos os elementos que singularizaram esse gênero. Além da ambicntação romântica, em uma aldeia alemã do século 19, o filme se vale de um trabalho cenográfico extremamente rico, com o abandono das linhas retas e a busca incessante das imagcns insólitas. A história, abordando a figura do sonâmbulo – vítima de uma espécie de hipnose crônica – é cheia de um horror latente, que coloca os personagens no limiar da loucura. A figura de Caligari, em suas múltiplas apresentações, tornou-se um símbolo da loucura do poder que se exerce apenas pelo prazer que ele proporciona, num puro exercício de sadismo. Em suma, um dos mais perfeitos e ricos exercícios da arte cinematográfica, que se inscreveu profundamente no imaginário humano.

AVALIAÇÃO: *****

EL CADÁVER DE ANNA FRITZ

O cadáver de Anna Fritz

DIRETOR: Hector Hernandez Vicens

PAÍS: Espanha

COMPANHIA PRODUTORA: A Contraluz Films / Benece Produccions / Corte y Confección de Películas / Playtime Movies / Silendum Films

ANO DE PRODUÇÃO: 2015

DURAÇÃO: 74'

IDIOMA ORIGINAL: Espanhol

ARGUMENTO: Isaac P. Creus, Hector Hernandez Vicens

ROTEIRO: Isaac P. Creus, Hector Hernandez Vicens

FOTOGRAFIA: Ricard Canyellas [cor]

MONTAGEM: Alberto Bernad

MÚSICA: Tolo Prats

ELENCO: Alba Ribas, Cristian Valencia, Albert Carbó, Bernat Saumell, Belén Fabra, Montse Miralles, Danel Aser, Henry Morales

GÊNERO: Drama de horror e suspense

SINOPSE: Em Barcelona, o jovem Iván é funcionário do necrotério de um grande hospital. Como muitos dos seus congêneres, ele costuma se entreter tirando fotos dos cadáveres e enviando-as para seus amigos Pau e Javi. Um dia, o mundo é abalado pela notícia da morte da jovem atriz espanhola Anna Fritz, uma das maiores estrelas do cinema mundial – que faleceu subitamente, durante uma festa. O cadáver de Anna vai parar justamente no necrotério de Iván, que se apressa a fotografar a estrela para impressionar seus amigos. Porém, quando Pau e Javi vão ao hospital, buscar Iván para irem a uma festa, o primeiro pede para ver o cadáver. Iván hesita, mas acaba cedendo e levando os dois – apesar do risco de perder seu emprego. Sob o efeito de drogas e impressionado com a beleza de Anna, mesmo morta, Pau decide estuprar o cadáver. Apesar da oposição dos outros dois, ele comete o ato de necrofilia e estimula seus amigos a fazerem o mesmo. Mais uma vez influenciado por Pau, Iván também vai transar com o cadáver. Porém, com o choque dos dois estupros, o corpo volta à vida – já que Anna estava apenas catatônica. No entanto, o que seria um fato incrível torna-se um drama para os rapazes, já que a ressurreição de Anna levará também à descoberta dos estupros, o que vai arruinar as suas vidas. Totalmente desequilibrado, Pau decide que o melhor a fazer é devolver novamente Anna – que ainda está quase totalmente paralisada – para o mundo dos mortos.

COMENTÁRIOS: Apesar do evidente mau gosto do tema, a ideia é bastante inteligente e a trama é bem desenvolvida, criando uma atmosfera de medo e suspense a partir de uma situação ao mesmo tempo bizarra e plausível.

AVALIAÇÃO: ***

THE CALL OF CTHULHU

DIRETOR: Andrew Leman

PAÍS: Estados Unidos

COMPANHIA PRODUTORA: HPLHS [The H. P. Lovecraft Historical Society] Motion Pictures

ANO DE PRODUÇÃO: 2005

DURAÇÃO: 47'

IDIOMA ORIGINAL: Mudo

PRODUÇÃO: Sean Branney, Andrew Leman

ARGUMENTO: H. P. Lovecraft

ROTEIRO: Sean Branney

FOTOGRAFIA: David Robertson [p&b]

MONTAGEM: David Robertson

MÚSICA: Troy Sterling Nies, Ben Holbrook, Nicholas Pavkovic, Chad Fifer

ELENCO: Matt Foyer, John Bolen, Ralph Lucas, Chad Fifer, Susan Zucker, Kalafatic Poole, John Klemantaski, Jason Owens, D. Grigsby Poland, David Mersault, Barry Lynch, Dan Novy, Daryl A. Ball, John Joly, Jason Peterson, Matthew Malcomson, Ed Ruffin, Erika Zucker, Rebecca Marcotte, Aidan Branney, Hannah Rose Jabaley, Ike 'E. Z.' Jabaley, Richard Lucas, Bruce Graham, Jennifer Knighton, Ramón Allen Jr., Erin Emmalee, Steven O'Connor, Carlos Linares, Clarence Henry Hunt, Chia Evers, Kirsten Hageleit, J. David King, Ryan Oliver, Jonathan Putnam, Aaron Vanek, Mona Weiss, Noah Wagner, Patrick O'Day, Matthew Q. Fahey, Chris Lackey, Josh Thoemke, Mike Dalager, Daniel Kirsner, David Pavao, Sean Branney, Andrew Leman, Vivica Prentice, Leslie Baldwin, Andra Carlson

GÊNERO: Drama de horror

SINOPSE: Internado em um hospício, um homem narra a seu médico os acontecimentos que o fizeram perder a razão. Ao examinar o espólio de seu tio-avô, um professor universitário, ele havia descoberto que o falecido – incitado por estranhos sonhos – realizava pesquisas secretas sobre um culto primitivo dedicado a alguns seres que teriam habitado nosso planeta muito antes do advento da humanidade. Tomado por uma curiosidade incontrolável, o rapaz decide dar continuidade às investigações de seu tio-avó, mergulhando em um mundo de horrores muito além da capacidade de assimilação da mente humana.

COMENTÁRIOS: Baseada no conto homônimo, esta é, sem dúvida, a melhor das versões cinematográficas da obra de Lovecraft. Porém, o recurso do cinema mudo não funciona muito bem, já que existe um excesso de cartelas e de texto (característica execrada pelos grandes representantes do cinema mudo da fase madura). Teria sido preferível utilizar uma narração em *off*, muito mais condizente com o espírito do autor. De resto, embora a pobreza da produção não seja empecilho para o desenvolvimento da narrativa, esta carece completamente de emoção (o que talvez se explique para ausência da narração, elemento fundamental na literatura lovecraftiana).

AVALIAÇÃO: ***

CALTIKI, IL MOSTRO IMMORTALE

CALTIKI, O MONSTRO IMORTAL

DIRETOR: Robert Hamton [Riccardo Freda]

PAÍS: Itália

COMPANHIA PRODUTORA: Galatea Film

ANO DE PRODUÇÃO: 1959

DURAÇÃO: 76'/73'

IDIOMA ORIGINAL: Italiano / Inglês (dub)

PRODUÇÃO: Bruno Vailati

ARGUMENTO: "antiga lenda popular mexicana"

ROTEIRO: Philip Just [Filippo Sanjust]

FOTOGRAFIA: Mario Bava [p&b]

MONTAGEM: Mario Serandrei

MÚSICA: Roberto Nicolosi

ELENCO: John Merivale, Didi Sullivan [Didi Perego], Gerard Haerter, G. R. Stuart [Giacomo Rossi Stuart], Victor Andrée [Vittorio André], Daniel Vargas [Daniele Vargas], Arthur Dominick [Arturo Dominici], Black Bernard [Nerio Bernardi], Rex Wood, Gay Pearl [Gail Pearl], Daniela Rocca

GÊNERO: Drama de horror

SINOPSE: Equipe de cientistas europeus está pesquisando a cidade sagrada de Tikao, na Guatemala, a fim de identificar as causas da fuga em massa da população maia, no ano de 607. Em uma caverna, liberada por uma erupção vulcânica, eles se deparam com um terrível monstro, divinizado pelos maias com o nome de Caltiki. O monstro mata um dos membros da expedição e fere outro, que é levado de volta à civilização para ser tratado. Examinando um dos fragmentos do monstro, que ficou grudado no corpo do ferido, o dr. Fielding, biólogo que fazia parte da expedição, descobre tratar-se de uma criatura unicelular com mais de 20 milhões de anos. Porém, ele logo vai descobrir também que Caltiki nutre-se de radiação e que um fenômeno astronômico causará brevemente um grande aumento da radioatividade na atmosfera terrestre.

COMENTÁRIOS: Esta rara investida italiana no mercado dos monstros pré-históricos foi iniciada por Freda e concluída anonimamente por Mario Bava (o que também já havia acontecido com "I vampiri", de 1956). A versão em inglês, além de ser um pouco maior, indica a montagem de Salvatore Billitteri.

AVALIAÇÃO: ***

CAMPFIRE TALES

CONTOS DA MEIA-NOITE

DIRETOR: David Semel, Martin Kunert, Matt Cooper

PAÍS: Estados Unidos

COMPANHIA PRODUTORA: The Vault / Kunert-Manes

ANO DE PRODUÇÃO: 1996

DURAÇÃO: 88'

IDIOMA ORIGINAL: Inglês

PRODUÇÃO: Eric Manes, Lori Miller, Larry Weinberg

ARGUMENTO: Martin Kunert, Eric Manes

ROTEIRO: Martin Kunert, Eric Manes, Matt Cooper

FOTOGRAFIA: John Peters [cor/p&b]

MONTAGEM: Luis Colina, Steve Nevius, Richard H. Fields

MÚSICA: Andrew Rose

ELENCO: Jay R. Ferguson, Christine Taylor, Christopher Kennedy Masterson, Kim Murphy, Ron Livingston, Jennifer MacDonald, Hawthorne James, Alex McKenna, Devon Odessa, Jonathan Fuller, Glenn Quinn, Jacinda Barrett, James Marsden, Amy Smart, Rick Lawrence, Suzanne Goddard, David Cooper, Eric Fleeks, Mike Terner, Matt Cooper, Stewart J. Zully, Paul Salamoff, Bill Zahn, Gary Jensen, Ben Jensen, Michael Dempsey, cão Odin, Denny Arnold

GÊNERO: Horror para adolescentes

SINOPSE: Em três episódios: Após sofrerem um acidente na estrada, quatro jovens ficam à espera de ajuda e, enquanto isso, divertem-se contando histórias de horror para assustar uns aos outros: [1] THE HONEYMOON: Casal em lua de mel aluga um trailer e parte para uma excursão erótico-turística pelos cafundós americanos. Chegando a um velho monumento, os dois percebem que já anoiteceu e resolvem pernoitar por ali mesmo. Porém, surge um estranho, advertindo-os para partirem imediatamente, já que há perigo no local. O rapaz resolve aceitar o conselho, mas logo adiante o carro para por falta de gasolina, deixando os dois expostos a uma ameaça desconhecida; [2] PEOPLE CAN LICK TOO: A menininha Amanda vive com seus pais, a irmã e o cachorro numa confortável casa burguesa. Seu passatempo preferido é conversar com outras meninas pela internet, enquanto finge estudar. Porém, uma das amigas virtuais de Amanda é, na verdade, um pedófilo psicopata, que fica sabendo que a menina passará a noite sozinha e resolve invadir sua casa para uma visitinha amistosa; [3] THE LOCKET: Fazendo uma viagem de moto pelo interior americano, um jovem tem um problema mecânico e para nas proximidades de uma velha fazenda. Percebendo que uma forte tempestade se aproxima, ele busca abrigo na casa, sendo recebido por uma bela jovem muda. O rapaz desfruta da hospitalidade da garota até que, durante a noite, seu sono é perturbado por gritos e muita confusão. Ele começa a ter visões e a moça lhe esclarece que se trata do fantasma de seu pai, que a descobrira com um namorado e o assassinara, suicidando-se logo depois.

COMENTÁRIOS: Nada que já não tenha sido mais ou menos visto em outros exemplares deste bem-sucedido filão.

AVALIAÇÃO: ***

CAMPING DEL TERRORE / BODYCOUNT

Contagem de cadáveres

DIRETOR: Ruggero Deodato

PAÍS: Itália

COMPANHIA PRODUTORA: Racing Pictures Production

ANO DE PRODUÇÃO: 1987

DURAÇÃO: 87'

IDIOMA ORIGINAL: Inglês

PRODUÇÃO: Alessandro Fracassi

ARGUMENTO: Alex Capone [Alessandro Capone]

ROTEIRO: Alex Capone [Alessandro Capone], David Parker Jr. [Dardano Sacchetti], Sheila Goldberg, Luca d'Alisera

FOTOGRAFIA: Emilio Loffredo [cor]

MONTAGEM: Eugenio Alabiso

MÚSICA: Claudio Simonetti

ELENCO: Bruce Penhall, Mimsy Farmer, David Hess, Luisa Maneri, Nicola Farron, Andrew Lederer, Stefano Madia, John Steiner, Nancy Brilli, Cynthia Thompson, Valentina Forte, Ivan Rassimov, Elena Pompei, Charles Napier

GÊNERO: Horror *slasher*

SINOPSE: Adolescentes em busca de aventura vão parar em um estranho acampamento de verão no meio de uma floresta soturna. Por um lamentável acaso, o local é assombrado por um feiticeiro indígena com sede de sangue, que logo irá saciá-la.

COMENTÁRIOS: Esta medíocre imitação da série "Sexta-feira 13" é uma incrível salada de clichês, cheia de agrotóxicos e sem nenhum tcmpcro.

AVALIAÇÃO: *

EL CANIBAL / DEVIL HUNTER

MANHUNTER, O SEQUESTRO

DIRETOR: Clifford Brown [Jesus Franco]

PAÍS: Espanha / França / Alemanha

COMPANHIA PRODUTORA: J. E. Films / Eurociné / Lisa Film

ANO DE PRODUÇÃO: 1980

DURAÇÃO: 102'

IDIOMA ORIGINAL: Espanhol

PRODUÇÃO: Julian Esteban

ARGUMENTO: Julius Valery [Julian Esteban]

ROTEIRO: Julius Valery [Julian Esteban], Clifford Brown [Jesus Franco]

FOTOGRAFIA: Juan Soler [cor]

MONTAGEM: Nicole Guettard

MÚSICA: Jesus Franco, Daniel J. White

ELENCO: Ursula Fellner [Ursula Buchfellner], Al Cliver, Robert Foster [Antonio Mayans], Antonio de Cabo, Gisela Hahn, Victoria Adams [Muriel Montossé], Werner Pochath, Leonardo Costa, Lynn Mess [Aline Mess], Claude Boisson, Tibi Costa, Óscar Cortina, Ana Paula

GÊNERO: Horror canibalesco

SINOPSE: Laura Crawford, uma bela e promissora estrela de cinema, é sequestrada enquanto visitava a América do Sul. Os sequestradores levam a moça para uma ilha remota, em plena selva, e exigem um resgate de 6 milhões de dólares. Como investiu muito na carreira da moça, seu produtor decide pagar, mas contrata o aventureiro Peter – um mercenário veterano do Vietnã – para levar o dinheiro e tentar trazê-lo de volta junto com a garota. Porém, não são apenas os sequestradores que ameaçam a segurança de Laura, já que a ilha na qual a moça está presa é o habitat de uma tribo de selvagens dominada por um sanguinário deus canibal, que adora comer lindas moças nos mais variados sentidos.

COMENTÁRIOS: Jesus Franco, o rei absoluto do *trash europeu*, investe aqui no grande filão da época: o filme de canibais, fazendo uma cópia um tanto empobrecida de "Cannibal holocaust" e similares.

AVALIAÇÃO: **

CANNIBAL FEROX

Canibal ferox

DIRETOR: Umberto Lenzi

PAÍS: Itália

COMPANHIA PRODUTORA: Dania Film / Medusa Distribuzione / National Cinematografica

ANO DE PRODUÇÃO: 1981

DURAÇÃO: 93'

IDIOMA ORIGINAL: Inglês

ARGUMENTO: Umberto Lenzi

ROTEIRO: Umberto Lenzi

FOTOGRAFIA: Giovanni Bergamini [cor]

MONTAGEM: Enzo Meniconi

MÚSICA: Budy, Maglione

ELENCO: John Morghen [Giovanni Lombardo Radice], Lorraine De Selle, Bryan Redford [Danilo Mattei], Zora Kerowa, Walter Lloyd [Walter Lucchini], Meg Fleming [Fiamma Maglione], Robert Kerman, John Bartha, Venantino Venantini, 'El Indio' Rincón

GÊNERO: Horror canibalesco

SINOPSE: Antropóloga norte-americana viaja para os ermos da selvagem e implacável Amazônia paraguaia, a fim de provar sua revolucionária tese de que o canibalismo nunca existiu realmente entre as tribos primitivas, que só comeriam umas às outras com fins reprodutivos.

COMENTÁRIOS: Trata-se de uma cópia bastante inferior de "Cannibal holocaust", com todos os clichês dos filmes italianos de canibalismo, incluindo muitas cenas de violência contra animais.

AVALIAÇÃO: *

CANNIBAL HOLOCAUST

HOLOCAUSTO CANIBAL

DIRETOR: Ruggero Deodato

PAÍS: Itália

COMPANHIA PRODUTORA: F. D. Cinematografica

ANO DE PRODUÇÃO: 1980

DURAÇÃO: 96'

IDIOMA ORIGINAL: Inglês

PRODUÇÃO: Franco Palaggi, Franco di Nunzio

ARGUMENTO: Gianfranco Clerici

ROTEIRO: Gianfranco Clerici

FOTOGRAFIA: Sergio d'Offizi [cor]

MONTAGEM: Vincenzo Tomassi

MÚSICA: Riz Ortolani

ELENCO: Robert Kerman, Francesca Ciardi, Perry Pirkanen, Luca Giorgio Barbareschi, Salvatore Basile, Ricardo Fuentes, Gabriel Yorke, Paolo Paoloni, Pio Di Savoia, Luigina Rocchi

GÊNERO: Horror canibalesco

SINOPSE: Antropólogo penetra na luxuriante Floresta Amazônica em busca de uma equipe de cinegrafistas que desapareceu sem deixar vestígios, enquanto filmava o cotidiano de uma primitiva tribo de índios canibais.

COMENTÁRIOS: Clássico absoluto do *exploitation*, com fartas doses de sadismo e morbidez, além de muitas cenas de violência contra animais (que são as vítimas preferenciais dos produtores de cinema sem escrúpulos).

AVALIAÇÃO: ***

LES CANNIBALES / MONDO CANNIBALE / WHITE CANNIBAL QUEEN

DIRETOR: Jess Franco [Jesus Franco]

PAÍS: França

COMPANHIA PRODUTORA: Eurociné / Magna Films

ANO DE PRODUÇÃO: 1980

DURAÇÃO: 87'

IDIOMA ORIGINAL: Inglês (dub)

PRODUÇÃO: Daniel Lesoeur, Marius Lesoeur, Franco Prosperi

ROTEIRO: H. L. Rostaine (adaptação: Jess Franco [Jesus Franco])

FOTOGRAFIA: L. Colombo [Luis Colombo] [cor]

MONTAGEM: Roland Grillon, Antonio Hermand

MÚSICA: Roberto Pregadio

ELENCO: Al Cliver, Sabrina Siani, Anouchka [Anouchka Lesoeur], Candy Coster [Lina Romay], Robert Forster [Antonio Mayans], Pamela Standford, Shirley Night, Olivier Mathot, Jérome Foulon, Jesus Franco

GÊNERO: Horror canibalesco

SINOPSE: Jeremy Taylor é um antropólogo norte-americano que está realizando uma viagem de estudos pela Amazônia, na companhia da sua esposa e da sua filhinha Lina. Quando seu barco é atacado por uma tribo de ferozes canibais, Jeremy é aprisionado e levado para a aldeia, enquanto sua esposa é devorada. Na aldeia, Jeremy também está prestes a ser comido, mas consegue escapar quando surge o chefe da tribo, que encontrou Lina e confundiu a menina com uma deusa branca. Sem um dos braços e bastante fraco, Jeremy desmaia e é resgatado por alguns caçadores, sendo levado de volta para os Estados Unidos. Em choque pela experiência que viveu, ele perde a memória e fica internado em uma casa de saúde. Porém, alguns anos depois, recuperado da amnésia, Taylor decide voltar à Amazônia, a fim de tentar resgatar sua filha.

COMENTÁRIOS: O filme sofre bastante pela escassez generalizada de recursos e por um certo descaso do diretor, que claramente não se preocupou em disfarçar as limitações da produção. Além de uma dublagem totalmente desastrosa e de um roteiro absurdo (onde não existe polícia ou qualquer outra autoridade pública que se preocupe com as atividades de uma tribo de canibais assassinos e raptores de criancinhas), ficamos impressionados com a mistureba que caracteriza a tal tribo canibal, onde quase todos são brancos e ninguém tem, a mínima aparência de índio. De qualquer modo, Franco tem, ao menos, o mérito de não apelar para as cenas de violência com animais, que costumam ser o maior atrativo desse subgênero.

AVALIAÇÃO: **

CAPULINA CONTRA LOS VAMPIROS

DIRETOR: René Cardona Sr. [René Cardona]

PAÍS: México

COMPANHIA PRODUTORA: Producciones Zacarias

ANO DE PRODUÇÃO: 1971

DURAÇÃO: 85'

IDIOMA ORIGINAL: Espanhol

PRODUÇÃO: Miguel Zacarias

ARGUMENTO: René Cardona Sr. [René Cardona]

ROTEIRO: Mario Vaena

FOTOGRAFIA: Raul Martinez Solares [cor]

MONTAGEM: Gloria Schoemann

MÚSICA: Sergio Guerrero

ELENCO: Gaspar Henaine [Capulina], Rossy Mendoza, Aurelio Perez, Carlos Agosti, Juan Gallardo, Armando Acosta, Guillermo Herndez Jr. [Guillermo Hernandez Jr.], Francisco Meneses, Violeta Corral, Sara Benitez, Maria Teresa Leon, Stephanie Lover, Maria Claudia Esquivel, Leonor Madera

GÊNERO: Comédia de terror infantojuvenil

SINOPSE: 150 anos depois da morte do conde Draca, um temível vampiro, sua fiel esposa Vampa tenta fazer de tudo para ressuscitá-lo. Para isso, a lança que o matou precisa ser arrancada do piso do castelo, o que parece ser um feito impossível. Em busca de mais um candidato a arrancar a lança, Vampa contrata Capulina, um bobalhão atrapalhado que consegue, apesar ou por causa disso, realizar a tarefa, descobrindo tarde demais que estava libertando o vampirão. Para consertar seu erro — e também para ganhar um grande tesouro — Capulina aceita ajudar o fantasma anão Carbonato, guardião do castelo, a combater os vampiros.

COMENTÁRIOS: Mais uma das quase inumeráveis produções

de baixíssimo orçamento do mestre Cardona, desta vez protago-
nizada por Capulina, um personagem de raízes populares que
mescla altas doses de malandragem com uma ingênua imbecilidade.

AVALIAÇÃO: ***

CARNIVAL OF SOULS

DIRETOR: Herk Harvey

PAÍS: Estados Unidos

COMPANHIA PRODUTORA: Harcourt Productions

ANO DE PRODUÇÃO: 1962

DURAÇÃO: 78'/91'

IDIOMA ORIGINAL: Inglês

PRODUÇÃO: Herk Harvey

ROTEIRO: John Clifford

FOTOGRAFIA: Maurice Prather [p&b]

MONTAGEM: Dan Palmquist, Bill de Jarnette

MÚSICA: Gene Moore

ELENCO: Candace Hilligoss, Frances Feist, Sidney Berger, Art
Ellison, Stan Levitt, Tom McGinnis, Forbes Caldwell, Dan
Palmquist, Bill de Jarnette, Steve Boozer, Pamela Ballard,
Larry Sneegas, Cari Conboy, Karen Pyles, T.C. Adams, Sharon
Scoville, Mary Ann Harris, Peter Schnitzler, Bill Sollner

GÊNERO: Drama de horror

SINOPSE: Mary, uma jovem organista, está passeando de automóvel com duas amigas quando uma delas, que está dirigindo,
resolve disputar uma corrida com um outro carro. Porém, o carro

das garotas leva a pior e despenca de uma ponte, afundando em um rio. Alertada, a polícia faz buscas, mas não consegue encontrar vestígios do carro, já que o rio é caudaloso e tem muita lama. Subitamente, Mary surge na margem, bastante traumatizada, mas sem maiores danos físicos. Pouco depois, já recuperada, ela se muda para outra cidade, a fim de trabalhar tocando em uma igreja. Porém, juntamente com a mudança, Mary passa a ser vítima de constantes alucinações, nas quais vê um homem de aparência diabólica. Ao mesmo tempo, ela é tomada por um estranho fascínio pelas ruínas de um velho parque de diversões na periferia da cidade.

COMENTÁRIOS: Um filme inteligente e bem realizado, prejudicado pelo visual demasiado caricato de seu "vilão".

AVALIAÇÃO: ***

CARNOSAUR II

CARNOSSAURO II

DIRETOR: Louis Morneau

PAÍS: Estados Unidos

COMPANHIA PRODUTORA: New Horizons / The Pacific Trust

ANO DE PRODUÇÃO: 1994

DURAÇÃO: 83'

IDIOMA ORIGINAL: Inglês

PRODUÇÃO: Mike Elliott

ROTEIRO: Michael Palmer

FOTOGRAFIA: John Aronson [cor]

MONTAGEM: Roderick Davis

MÚSICA: Ed Tomney

ELENCO: John Savage, Cliff DeYoung, Rick Dean, Ryan Thomas Johnson, Arabella Holzbog, Miguel A. Nunez Jr., Neith Hunter, Guy Boyd, Michael James McDonald, Christopher Darga, Don Stroud, Jason Adelman, William G. Clark, John Chandler, Christopher Murphy, Rodman Flender

GÊNERO: Horror

SINOPSE: Uma mina de urânio do governo norte-americano, explorada secretamente no meio de um imenso deserto, deixa subitamente de manter qualquer contato com o mundo exterior. Encarregado de esclarecer o caso, o oficial Tom McQuade contrata uma equipe de manutenção para ir até a mina resolver uma provável pane do sistema de computadores. Ao chegarem às instalações, McQuade e os técnicos descobrem que o local está completamente abandonado. Ao encontrarem manchas de sangue e um garoto em estado de choque, eles começam a desconfiar de que estão às voltas com algo muito mais sério do que simples problemas técnicos.

COMENTÁRIOS: Tediosa mistura de "Alien" com "Parque dos dinossauros", com produção executiva de Roger Corman e efeitos especiais dignos de uma filmagem de festinha de aniversário.

AVALIAÇÃO: *

CEMENTERIO DEL TERROR

CEMITÉRIO DO TERROR

DIRETOR: Ruben Galindo Jr.

PAÍS: México

COMPANHIA PRODUTORA: Dynamic Films / Producciones Torrente

ANO DE PRODUÇÃO: 1985

DURAÇÃO: 91'

IDIOMA ORIGINAL: Espanhol

PRODUÇÃO: Raul Galindo

ARGUMENTO: Ruben Galindo Jr.

ROTEIRO: Carlos Valdemar

FOTOGRAFIA: Rosalio Solano, Luis Medina [cor]

MONTAGEM: Carlos Savage

MÚSICA: Chucho Sarsoza

ELENCO: Hugo Stiglitz, Usi Velasco, Erika Buenfil, Edna Bolkan, María Rebeca, Cervando Manzetti, Eduardo Capetillo, René Cardona III, César Velasco, Andrés García Jr., César Adrian Sanchez, Jacqueline Castro, Raúl Meraz, Leo Villanueva, José Gómez Parcero, Mineko [Mineko Mori], Bety Robles, Lili Zoto, Leonardo Noriega, Marta Galindo, Isaac Chavira, José Gómez, Alfredo Ibáñez, Luis Godinez, Pablo Godinez, Virginia Garcia, Gabriela Garcia, Lorenza Garcia, Ricardo Serrano, Santiago Galindo, Alfonso Cervera, Francisco Adel, Adrián Vargas, Mauricio Chico

GÊNERO: Horror para adolescentes

SINOPSE: A polícia finalmente consegue matar o *serial killer* Devlon, que assassinou quase 20 pessoas. Porém, o dr. Cardan, psiquiatra que cuidou do falecido, não acha que a ameaça esteja terminada, pois acredita que Devlon é um servo de Satanás com poderes sobrenaturais. Como a polícia não dá a menor pelota para as suas considerações nada científicas, Cardan planeja agir por conta própria, falsificando uma autorização para incinerar o cadáver – e, com isso, impedindo qualquer possibilidade de uma ressurreição. Porém, como é noite de halloween, três estudantes de medicina têm a brilhante ideia de roubar um cadáver do necrotério a fim de assustarem suas namoradas. Obviamente, o cadáver roubado é o de Devlon. Usando um livro de feitiços que pertenceu ao próprio *serial killer*, e que estava dando sopa por aí, os jovens fazem uma invocação ao demônio em pleno cemitério e são obrigados a enfrentar consequências aterradoras.

COMENTÁRIOS: Imitação mexicana dos filmes de horror B de Hollywood. O filme até que começa bem, mas vai caindo mais que bêbado em ladeira.

AVALIAÇÃO: **

PORTÃO DO CEMITÉRIO

DIRETOR: Roy Knyrim

PAÍS: Estados Unidos

COMPANHIA PRODUTORA: Graveyard Filmworks

ANO: 2005

DURAÇÃO: 92'

IDIOMA ORIGINAL: Inglês

PRODUÇÃO: David E. Allen (coprodução: Brian Patrick O'Toole, Paul J. Salamoff)

ARGUMENTO: Pat Coburn, J. Victor Renaud

ROTEIRO: Brian Patrick O'Toole

FOTOGRAFIA: Steve Adcock [cor]

MONTAGEM: Christopher Roth

MÚSICA: Ben Cooper, Marcus Andexler

ELENCO: Peter Stickles, Aime Wolf, Nicole Duport, Kristin Novak, Ky Evans, John Thomas, Chris Finch, Damian Arthur Lea, Karol Garrison, Reggie Bannister, Bill Lloyd, G. Scott McDonald, Stephen Van Dorn, Howard Berger, Gregory Nicotero, Aristide Sumatra, Mercedes Morris, Eric Allen, Brad Carlson, Ralph Sicamore, Brook Chalmers, Ben Cooper

GÊNERO: Horror

SINOPSE: Ativistas da libertação animal um tanto debiloides invadem um laboratório de pesquisas e resgatam uma das cobaias, sem saber que estão lidando com um monstrengo ultraperigoso – um diabo-da-tasmânia geneticamente modificado, que ficou enorme e superpoderoso. Ao levar o bicho para ser solto no interior, onde poderá ser livre e feliz, o ingrato escapa e extermina seus salvadores, passando a fazer diversas vítimas nos arredores de um cemitério abandonado. Por coincidência, esse mesmo cemitério está sendo usado como cenário para um filme amador que está sendo realizado pelo filho do cientista responsável pela experiência genética. Este último, a fim de evitar que a polícia se envolva no caso, passa a caçar a sua própria criação.

COMENTÁRIOS: Mais uma história imbecil e repleta de situações-clichê sobre a falta de noção dos cientistas (e, no presente caso, daqueles que os combatem). Com um elenco tão limitado quanto o seu orçamento, nada faz muito sentido, principalmente o fato de alguém perder 92 minutos vendo isso.

AVALIAÇÃO: **

THE CHANGELING

O INTERMEDIÁRIO DO DIABO

DIRETOR: Peter Medak

PAÍS: Canadá

COMPANHIA PRODUTORA: Chessman Park Productions

ANO DE PRODUÇÃO: 1979

DURAÇÃO: 107'

IDIOMA ORIGINAL: Inglês

PRODUÇÃO: Joel B. Michaels, Garth H. Drabinsky

ARGUMENTO: Russell Hunter

ROTEIRO: William Gray, Diana Maddox

FOTOGRAFIA: John Coquillon [cor]

MONTAGEM: Lilla Pedersen (supervisão: Lou Lombardo)

MÚSICA: Ken Wannberg, Rick Wilkins

ELENCO: George C. Scott, Trish Van Devere, Melvyn Douglas, John Colicos, Barry Morse, Madeleine Thornton-Sherwood, Helen Burns, Eric Christmas, Frances Hyland, Ruth Springford, James B. Douglas, J. Kenneth Campbell, Roberta Maxwell, Bernard Behrens, Jean Marsh, C. M. Gampel, Voldi Way, Michelle Martin, Janne Mortil, Terence Kelly, Robert Monroe, Hagan Beggs, Anna Hagan, Antonia Rey, Sammy Smith, Paul Rothery, Bruce MacLeod, Fred Latremouille, David Peevers, Sera Johnstone, Adam Earle, Carl Boychuk, Bryan King, Susan Round, Nicki Steida, Randolph Blankinship, Travis Major

GÊNERO: Horror de casa mal-assombrada

SINOPSE: Após perder sua mulher e sua única filha em um acidente automobilístico, o músico John Russell resolve mudar de ares e aluga uma velha mansão interiorana. Na mansão, ele passa a ser vítima de estranhos fenômenos, que parecem estar ligados aos antigos proprietários do imóvel. Com a ajuda de Claire, a mulher que lhe alugou a casa, John começa a investigar e descobre que as manifestações são produzidas por um fantasma que viveu ali no início do século, e que pode estar em busca de vingança, mesmo contra quem não fez nada contra ele.

COMENTÁRIOS: Apesar dos evidentes clichês, o filme conta com uma história bastante interessante e com a presença de George C. Scott (um ator carismático, quando não exagera na dose).

AVALIAÇÃO: ***

EL CHARRO DE LAS CALAVERAS

DIRETOR: Alfredo Salazar

PAÍS: México

COMPANHIA PRODUTORA: Films de Mexico

ANO DE PRODUÇÃO: 1965

DURAÇÃO: 79'

IDIOMA ORIGINAL: Espanhol

PRODUÇÃO: Miguel Angel Barragan M.

ARGUMENTO: Alfredo Salazar

ROTEIRO: Alfredo Salazar

FOTOGRAFIA: Jorge Mejia [p&b]

MÚSICA: Gustavo Cesar Carrión

ELENCO: Dagoberto Rodriguez, David Silva, Alicia Caro, Pascual Garcia Peña, Laura Martinez, Rosario Montes, Carlos del Muro, Jose Luis Cabrera, Gabriel Agrasanchez, Alfonso Ortiz

GÊNERO: Horror e aventura para crianças

SINOPSE: O Charro de las Calaveras é um herói vingador mascarado que percorre os sertões mexicanos fazendo justiça com suas próprias mãos. Neste filme, ele luta contra um lobisomem, um vampiro e um cavaleiro sem cabeça, que estão dizimando os pobres camponeses.

COMENTÁRIOS: Mais um herói mascarado no mais puro estilo mexicano, chegando sempre atrasado nos momentos mais dramáticos e levando fartas doses de pancada de todos os bandidos (neste caso, monstros) que encontra pela frente. Toda a estrutura do filme faz pensar que se trata da adaptação de algum seriado de TV, com três histórias que se sucedem isoladamente, um elenco medíocre e uma produção de extrema pobreza (o que leva, por exemplo, os monstros a fazerem seus ataques "noturnos" à luz do dia).

AVALIAÇÃO: **

CHEERLEADER CAMP

Psicose para matar

DIRETOR: John Quinn

PAÍS: Estados Unidos / Japão

COMPANHIA PRODUTORA: Prism Entertainment / Daiei Company

ANO DE PRODUÇÃO: 1988

DURAÇÃO: 89'

IDIOMA ORIGINAL: Inglês

PRODUÇÃO: John Quinn, Jeff Prettyman

ARGUMENTO: David Lee Fein, R. L. O'Keefe

ROTEIRO: David Lee Fein, R. L. O'Keefe

FOTOGRAFIA: Bryan England [cor]

MONTAGEM: Jeffrey Reiner

MÚSICA: Murielle Hodler-Hamilton, Joel Hamilton

ELENCO: Betsy Russell, Leif Garrett, Lucinda Dickey, Lorie

Griffin, Buck Flower, Travis McKenna, Teri Weigel, Rebecca Ferratti, Vickie Benson, Jeff Prettyman, Krista Pflanzer, Craig Piligian, William Johnson, Kathryn Litton, Tom Habeeb, John Quinn, Chris Prettyman, Mike Knox, Frank Reinfield, Dave Delgado

GÊNERO: Horror para adolescentes

SINOPSE: Diversos grupos de estudantes secundaristas viajam para um remoto acampamento onde será realizado um grande concurso de animadoras de torcida. Na véspera do concurso, uma das favoritas se suicida e o fato é encoberto pela dona do acampamento, que está passando por dificuldades financeiras e não quer que nada perturbe o sucesso do seu evento. Porém, o suicídio pode não ter sido suicídio e, em plena disputa, outras mortes começam a acontecer.

COMENTÁRIOS: Mais um dos inesgotáveis filmes *slasher*, repleto dos mais fajutos clichês que já foram gastos em produções anteriores. Para não dizer que este filme, com efeitos fracos e final previsível, é um total desperdício, algumas das atrizes ("adolescentes" na faixa dos 25 anos) são bastante interessantes, com destaque para a deslumbrante Teri Weigel – que mais tarde tornou-se uma das mais célebres estrelas do cinema pornô.

AVALIAÇÃO: **

LA CHIESA / THE CHURCH

A CATEDRAL

DIRETOR: Michele Soavi

PAÍS: Itália

COMPANHIA PRODUTORA: ADC / Cecchi Gori Group / Tiger Cinematografica / Reteitalia

ANO DE PRODUÇÃO: 1988

DURAÇÃO: 102'

IDIOMA ORIGINAL: Italiano / Inglês (dub)

PRODUÇÃO: Dario Argento

ARGUMENTO: Dario Argento, Franco Ferrini

ROTEIRO: Dario Argento, Franco Ferrini, Michele Soavi

FOTOGRAFIA: Renato Tafuri [cor]

MONTAGEM: Franco Fraticelli

MÚSICA: Keith Emerson, "The Goblins"

ELENCO: Hugh Quarshie, Tomas Arana, Feodor Chaliapin, Barbara Cupisti, Antonella Vitale, Giovanne Lombardo Radice, Asia Argento, Roberto Caruso, Roberto Corbiletto, Alina de Simone, Olivia Cupisti, Gianfranco de Grassi, Claire Hardwick, Lars Jorgensen, John Karlsen, Katherine Bell Marjorie, Riccardo Minervini, Enrico Osterman, Micaela Pignatelli, Patrizia Punzo, John Richardson, Matteo Rocchietta

GÊNERO: Horror satânico

SINOPSE: Na Idade Média, os cavaleiros templários massacram um grupo de feiticeiros e enterram os seus corpos em um valão. Para isolar a maldade de suas vítimas, eles providenciam a construção, sobre este valão, de uma catedral. Muitos séculos depois, a catedral está sendo restaurada, ao mesmo tempo em que chega o seu novo bibliotecário. O rapaz logo se envolve com uma das restauradoras, que encontra, no subsolo da construção, um velho pergaminho. Pensando que o tal pergaminho possa esconder algum segredo valioso, o rapaz convence a garota a deixá-lo ficar com ele e guardar segredo sobre seu achado. Porém, as buscas do bibliotecário abrem caminho para a fuga das almas penadas, que logo tomam conta da igreja e começam a espalhar sua epidemia de maldade satânica.

COMENTÁRIOS: Produzido pelo mestre Dario Argento, este

filme tem um enredo bastante semelhante ao da série "Demons", dirigida por Lamberto Bava, com mais um caso de "contaminação" satânica. Além de um visual requintado e de um clima bastante soturno, o que mais se destaca nesta obra é a presença de Asia Argento, ainda adolescente e já encantadora.

AVALIAÇÃO: ***

CHIKYU BOEIGUN / THE MYSTERIANS

Os bárbaros invadem a Terra

DIRETOR: Ishiro Honda

PAÍS: Japão

COMPANHIA PRODUTORA: Toho

ANO DE PRODUÇÃO: 1957

DURAÇÃO: 89'

IDIOMA ORIGINAL: Japonês

PRODUÇÃO: Tomoyuki Tanaka

ARGUMENTO: Jojiro Okami

ROTEIRO: Takeshi Kimura

FOTOGRAFIA: Hajime Koizumi [cor]

MONTAGEM: Koichi Iwashita

MÚSICA: Akira Ifukube

ELENCO: Kenji Sahara, Yumi Shirakawa, Momoko Kochi, Akihiko Hirata, Takashi Shimura, Susumu Fujita, Hisaya Ito, Yoshio Kosugi, Fuyuki Murakami, Tetsu Nakamura, Yoshio Tsuchiya, Yutaka Sada, Ren Imaizumi, Takeo Oikawa, Tadao Nakamaru, George Furness, Harold Conway, Haruya Kato, Senkichi Omura, Shin Otomo, Akio Kusama, Shoichi Hirose,

Rinsaku Ogata, Heihachiro Okawa, Jiro Kumagai, Mitsuo Tsuda, Kamayuki Tsubono, Hideo Mihara, Yasuhiro Shigenobu, Katsumi Tezuka, Haruo Nakajima, Rikie Sanjo, Soji Ubukata, Hideo Unagami, Minosuke Yamada

GÊNERO: Ficção científica de monstros

SINOPSE: Região do interior do Japão é afetada por um violento incêndio e, logo depois, por um terremoto devastador. Ao investigarem o caso, as autoridades descobrem um gigantesco monstro que se revela o responsável por tudo e logo parte para novos malfeitos. Quando o monstro é eliminado, surge o povo de alienígenas que o tinha criado, os mysterons, convocando os maiores cientistas japoneses para uma conferência. Esclarecendo que seu planeta natal foi destruído por uma guerra nuclear, os mysterons exigem que o governo japonês lhes ceda um pequeno território e um grupo de mulheres — já que suas fêmeas, contaminadas pela radioatividade, só procriam monstros. Diante da postura agressiva dos mysterons, e indignados com o rapto de algumas mulheres, os líderes militares decidem resistir. Porém, para surpresa geral, descobre-se que um dos mais brilhantes cientistas nipônicos, que havia desaparecido durante a catástrofe, trabalha agora para os invasores.

COMENTÁRIOS: Nesta obra do mestre Honda, os monstros ficam em segundo plano, com a ação se concentrando em invasores alienígenas clonados diretamente dos filmes B norte-americanos.

AVALIAÇÃO: ***

CHILDREN OF THE CORN

FILHOS DO MAL / COLHEITA MALDITA

DIRETOR: Fritz Kiersch

PAÍS: Estados Unidos

COMPANHIA PRODUTORA: Gatlin

ANO DE PRODUÇÃO: 1984

DURAÇÃO: 93'

IDIOMA ORIGINAL: Inglês

PRODUÇÃO: Donald P. Borchers, Terrence Kirby

ARGUMENTO: Stephen King

ROTEIRO: George Goldsmith

FOTOGRAFIA: Raoul Lomas [cor]

MONTAGEM: Harry Keramidas

MÚSICA: Jonathan Elias

ELENCO: Peter Horton, Linda Hamilton, R. G. Armstrong, John Franklin, Courtney Gains, Robby Kiger, AnneMarie McEvoy, Julie Maddalena, Jonas Marlowe, John Philbin, Dan Snook, David Cowen, Suzy Southam, D. G. Johnson, Patrick Boylan, Elmer Soderstrom, Teresa Toigo, Mitch Carter

GÊNERO: Drama de horror

SINOPSE: Burton Stanton é um jovem médico que decide trabalhar no interior, embora isso não signifique que ele queira se tornar cirurgião. Ele viaja para o seu novo lar de carro, juntamente com sua mulher Vicki. Numa desértica estrada do Nebraska, Burton atropela uma criança e, ao examinar o corpo, percebe que o garoto fôra degolado. Perturbado com o acontecimento, ele procura ajuda na cidade mais próxima, a pequenina e isolada Gaitlin. Porém, o que Burton e Vicki ignoram é que Gaitlin está longe de ser uma cidadezinha bizarra comum: há alguns anos, o menino pregador Isaac conseguira formar um pequeno exército de crianças fanáticas, que dizimaram todos os adultos e passaram a viver como uma comunidade religiosa, venerando uma misteriosa e sanguinária entidade que habita os milharais das redondezas.

COMENTÁRIOS: Mais um dos inúmeros filmecos de horror baseados em obras de Stephen King (que, nos anos 80, foi um campeão de adaptações cinematográficas). Como em quase todas as suas obras (seguindo, de resto, o estilo do horror norte-americano), King coloca pessoas comuns em situações insólitas, diante de forças sobrenaturais. Sobrenatural, também, deve ser a paciência de quem quiser assistir esta produção tediosa, que teve algumas continuações.

AVALIAÇÃO: **

CHILDREN OF THE CORN II – THE FINAL SACRIFICE

COLHEITA MALDITA 2: OS FILHOS DO MAL

DIRETOR: David F. Price

PAÍS: Estados Unidos

COMPANHIA PRODUTORA: Fifth Avenue Entertainment / Stone Stanley Productions

ANO DE PRODUÇÃO: 1992

DURAÇÃO: 93'

IDIOMA ORIGINAL: Inglês

PRODUÇÃO: Scott A. Stone, David G. Stanley, Bill Froehlich

ARGUMENTO: Stephen King

ROTEIRO: A. L. Katz, Gilbert Adler

FOTOGRAFIA: Levie Isaacks [cor]

MONTAGEM: Barry Zetlin

MÚSICA: Daniel Licht

ELENCO: Terence Knox, Paul Scherrer, Ryan Bollman, Christie Clark, Rosalind Allen, Ned Romero, Ed Grady, John Bennes, Wallace Merck, Joe Inscoe, Kelly Bennett, Rob Treveiler, Leon Pridgen, Marty Terry, Teddy Travelstead, Sean Bridgers, Aubrey Dollar, Kristy Angell, David Hains, Bill Wagner, Bob Harvey, Matt Hunter, Eric Christenbury, Zack Clark, Michael Hall, Garrett LaCoss, Travis Langley, Michael Varner, Xeno Yuzna, Michelle Bowman, Amy Johnson, Aleasha Kivett, Mandy Newman, Christy Smith, Lelia Marlaine, Emily Mortorff, Morgan Mortorff, Jennifer Day, Holly Kidd, Talia Pierce, Mary Pollok, Tracie Stanley

GÊNERO: Horror

SINOPSE: Jornalista de um pasquim sensacionalista, em busca de algum furo, vai visitar a pequena cidade cuja população adulta foi dizimada por crianças fanáticas, lideradas por um Harry Potter do mal. Enquanto o jornalista faz suas investigações para descobrir o que realmente aconteceu, algumas crianças malignas que restaram do primeiro filme se reúnem para promover novos massacres.

COMENTÁRIOS: Péssima continuação de um péssimo filme de 1984. O enredo é uma mistura de clichês do filme anterior com outras situações ainda mais esdrúxulas e imbecis.

AVALIAÇÃO: *

CHILLERAMA

DIRETOR: Adam Rifkin, Tim Sullivan, Adam Green, Joe Lynch

PAÍS: Estados Unidos

COMPANHIA PRODUTORA: ArieScope Pictures

ANO DE PRODUÇÃO: 2011

DURAÇÃO: 115'

IDIOMA ORIGINAL: Inglês

PRODUÇÃO: Cory Neal, Andrew Mysko, Jason R. Miller

ARGUMENTO: Adam Rifkin, Tim Sullivan, Adam Green, Joe Lynch

ROTEIRO: Adam Rifkin, Tim Sullivan, Adam Green, Joe Lynch

FOTOGRAFIA: Will Barratt [cor/p&b]

MONTAGEM: Ed Marx, Gavin Heffernan, Matthew Brulotte

MÚSICA: Andy Garfield, Patrick Copeland, Bear McCreary

ELENCO: Adam Rifkin, Sarah Mutch, Owen Benjamin, Tania Raymonde, Miles Dougal, Eric Roberts, Lin Shaye, Ray Wise, Tracy Dawson, D. Monte, Dave Theune, Edward Brennan, Summer Altice, Alice Haig, Olivia Dudley, Nikki Ganz, Heather Rae Young, Amanda Brooks, Rich Koz, Kelly Divine, Ron Jeremy, Peter Schink, Bill Swindle, Jennifer Gonzalez, David Foy, Zachary Scott, Lynda Dempsey, cão Cucuy, Joon Ahl, Patrick Lujan, Stuart Barrett, Tricia Matz, Janie Boisclair, Shane McAvoy, Josh Ethier, Susana Molenda, Robert Greenberg, Kamil Pawlikowski, Bill Hatrick, Ashley Rosotti, Ashley Henricks, Gregory M. Roudebush, Angela Jones, Lori Siler, Tony Lavorgna, Eric Stuadinger, Waymond Lee, Desary Vailencour, Sean Paul Lockhart, Anton Troy, Gabrielle West, Adam Robitel, Thomas Colby, Chris Staviski, John F. McCormick, Ward Edmondson, Darren Billam, Pat Billam, Paul Ward, Jack McDowell, Tim Sullivan, Robert Vinton, Earl Roesel, Dave Marchant, Parrish Randall, Christopher Raff, Josh Brodis, Marc Hudson, Chelsey Fatula, Zach Phoenix, Chris Grandelli, Joel David Moore, Kristina Klebe, Florian Klein, Matthew Temple, Kane Hodder, James Kevin Ward, Silvia Moore, Melinda Cohen, Laura Ortiz, Cory Neal, Richard Riehle, Corey Jones, Kaili

Thorne, Brendan McCreary, Ward Roberts, AJ Bowen, Briana Mackay, Remy Mackay Lynch, Ed Ackerman, Jamey Anthony, Sterling Torrington, Sunny Lane, Phoebe Lamour, Michelle Maylene, A. L. Milehigh, Bear McCreary, Patrick Roche Sowa, Andrew Furtado, Faith Wasdin, Jason Miller, April Legeas, Darth von Champion, Yuliya Fomina, Fernando Phagabeefy

GÊNERO: Comédia satírica escatológica de horror e ficção científica

SINOPSE: Proprietário de um tradicional cinema drive-in promove um festival de filmes para marcar o fim de suas atividades, já que vendeu o terreno para uma construtora. No festival, são exibidos três filmes: [1] WADZILLA – Jovem executivo está enfrentando problemas com seu esperma e um urologista se propõe a ajudá-lo com um medicamento experimental, que reforça a fertilidade. O medicamento até que dá resultado, mas não exatamente aquele que o executivo poderia esperar – e querer; [2] I WAS A TEENAGE WEREBEAR – Adolescente um tanto esquisito alimenta algumas dúvidas quanto a sua sexualidade, até o dia em que é mordido por um colega igualmente esquisito e se transforma em um homem-urso; [3] THE DIARY OF ANNE FRANKENSTEIN – Na Alemanha da 2ª Guerra mundial, Adolf Hitler encontra as anotações do dr. Frankenstein e resolve construir um monstro que lhe dê a vitória na guerra. Porém, por equívoco, Hitler cria um monstro judeu, que não vai querer fazer nada por ele. Enquanto os filmes são exibidos, o público do drive-in é vítima de uma epidemia de zumbinismo.

COMENTÁRIOS: Comédia em episódios que homenageia os velhos filmes B realizados para os drive-ins. Apesar das boas intenções, o filme não consegue ser realmente engraçado, especialmente por causa da sua obsessão pela escatologia.

AVALIAÇÃO: **

CHOPPING MALL

DIRETOR: Jim Wynorski

PAÍS: Estados Unidos

COMPANHIA PRODUTORA: Concorde Pictures / Trinity Pictures

ANO DE PRODUÇÃO: 1986

DURAÇÃO: 95'/77'

IDIOMA ORIGINAL: Inglês

PRODUÇÃO: Julie Corman

ROTEIRO: Jim Wynorski, Steve Mitchell

FOTOGRAFIA: Tom Richmond [cor]

MONTAGEM: Leslie Rosenthal

MÚSICA: Chuck Cirino

ELENCO: Kelli Maroney, Tony O'Dell, John Terlesky, Russell Todd, Karrie Emerson, Barbara Crampton, Suzee Slater, Nick Segal, Mary Wonorov, Paul Bartel, Dick Miller, Gerrit Graham, Mel Welles, Angela Aames, Paul Coufos, Arthur Roberts, Ace Mask, Will Gill Jr., Lenny Juliano, Lawrence Guy, Morgan Douglas, Toni Naples, Robert Greenberg, Maurie Gallagher

GÊNERO: Horror para adolescentes

SINOPSE: Uma empresa de tecnologia vende para um shopping um sistema de segurança baseado no trabalho de três robôs quase indestrutíveis e armados com diversos recursos para neutralizar marginais. Nesse mesmo shopping, quatro casais de namorados – quase todos trabalhando no local – resolvem aproveitar o final do expediente para fazerem uma festinha íntima dentro de uma das lojas. Nessa mesma noite, uma violenta tempestade elétrica causa uma pane no sistema de controle dos robôs, que assassinam seus controladores e saem pelo shopping dispostos a eliminar qualquer um que esteja por ali.

COMENTÁRIOS: Um dos primeiros trabalhos do prolífico artesão Wynorski, este filme não passa de uma longa série de clichês que parecem já ter nascido velhos e desgastados. Apesar disso, é um trabalho tecnicamente decente e que pode entreter um espectador menos exigente.

AVALIAÇÃO: ***

CHRISTINA'S HOUSE

A CASA DA MORTE

DIRETOR: Gavin Wilding

PAÍS: Canadá

COMPANHIA PRODUTORA: Christina's House Productions

ANO DE PRODUÇÃO: 1999

DURAÇÃO: 97'

IDIOMA ORIGINAL: Inglês

PRODUÇÃO: Tracey Boyd

ARGUMENTO: Stuart Allison

ROTEIRO: Stuart Allison

FOTOGRAFIA: John Drake [cor]

MONTAGEM: Gavin Wilding

MÚSICA: Chris Ainscough

ELENCO: Brendan Fehr, Brad Rowe, Allison Lange, John Savage, Lorne Stewart, Crystal Buble, Jerry Wasserman, Chelsea

Hobbs, Sigrid M. Spade, Chilton Crane, Linden Banks, Zuzana Marlow, David Abbott

GÊNERO: Suspense e horror

SINOPSE: A jovem Christina vive em um velho casarão, juntamente com seu pai e seu irmão (já que sua mãe enlouqueceu e está internada em um asilo). Subitamente, Christina passa a desconfiar de estranhos barulhos que houve pela casa, suspeitando que pode estar sendo observada por alguém desconhecido. Aos poucos, ela começa a pensar que também pode estar enlouquecendo, até que uma de suas colegas aparece assassinada em frente à sua casa.

COMENTÁRIOS: Além da trama absurda, os personagens são pessimamente estruturados, a fim de que todos possam ser suspeitos dos crimes.

AVALIAÇÃO: **

CHRISTINE / JOHN CARPENTER'S CHRISTINE

CHRISTINE, O CARRO ASSASSINO

DIRETOR: John Carpenter

PAÍS: Estados Unidos

COMPANHIA PRODUTORA: Polar Film / Columbia-Delphi

ANO DE PRODUÇÃO: 1983

DURAÇÃO: 111'

IDIOMA ORIGINAL: Inglês

PRODUÇÃO: Richard Kobritz, Larry Franco

ARGUMENTO: Stephen King

ROTEIRO: Bill Phillips

FOTOGRAFIA: Donald M. Morgan [cor]

MONTAGEM: Marion Rothman

MÚSICA: John Carpenter, Alan Howarth

ELENCO: Keith Gordon, John Stockwell, Alexandra Paul, Robert Prosky, Harry Dean Stanton, Christine Belford, Roberts Blossom, William Ostrander, David Spielberg, Malcolm Danare, Steven Tash, Stuart Charno, Kelly Preston, Marc Poppel, Robert Darnell, Douglas Warhit, Richard Collier, Bruce French, Keri Montgomery, Jan Burrell, Charles Steak

GÊNERO: Horror automobilístico

SINOPSE: Arnie é um nerd frustrado que tem como único amigo Dennis, o bonitão da escola e ídolo do time de futebol. Um dia, Arnie apaixona-se por um arruinado Cadillac 1957, comprando-o e propondo-se a reformá-lo (apesar dos protestos de seus pais, que preferiam que ele fosse um pouco mais normal). Porém, Christine – o carro – é uma entidade diabólica, que vai assumindo paulatinamente o controle sobre Arnie e mudando a sua personalidade.

COMENTÁRIOS: Baseado numa história de Stephen King, este filme é muito mais uma homenagem à paixão norte-americana pelos carrões (também chamados de *muscle cars*) do que propriamente uma obra terrorífica.

AVALIAÇÃO: ***

THE CHRONICLES OF RIDDICK

A batalha de Riddick

DIRETOR: David Twohy

PAÍS: Estados Unidos

COMPANHIA PRODUTORA: Radar Pictures / One Race Films

ANO DE PRODUÇÃO: 2004

DURAÇÃO: 119'/134' (director's cut)

IDIOMA ORIGINAL: Inglês

PRODUÇÃO: Scott Kroopf, Vin Diesel

ARGUMENTO: David Twohy (or: Jim Wheat, Ken Wheat)

ROTEIRO: David Twohy

FOTOGRAFIA: Hugh Johnson [cor]

MONTAGEM: Martin Hunter, Dennis Virkler (director's cut: Tracy Adams, Martin Hunter)

MÚSICA: Graeme Revell

ELENCO: Vin Diesel, Thandie Newton, Karl Urban, Colm Feore, Linus Roache, Keith David, Yorick van Wageningen, Nick Chinlund, Alexa Davalos, Kristin Lehman, Roger R. Cross, Kim Hawthorne, Judi Dench, Mark Gibbon, Terry Chen, Christina Cox, Nigel Vonas, Shawn Reis, Fabian Gujral, Ty Olsson, Peter Williams, Darcy Laurie, John Mann, P. Adrien Dorval, Alexander Kalugin, Douglas H. Arthurs, Vitaliy Kravchenko, Ron Selmour, Raoul Ganeev, Mark Acheson, Shohan Felber, Ben Cotton, Alexis Llewellyn, Charles Zuckermann, Andy Thompson, Cedric de Souza, Ahmad Sharmrou, Stefano Colacitti, Mina Erian Mina, John Prowse, Lorena Gale, Christopher Heyerdahl, Rob Daly, Micasha Armstrong, Aaron Douglas, Colin Corrigan

GÊNERO: Drama de ação e ficção científica

SINOPSE: Perseguido por caçadores de recompensas, o guerreiro cego Riddick vai parar em um planeta que está sendo invadido por uma seita de cavaleiros espaciais, chefiada por um megalomaníaco que pretende dominar todo o universo. Ele se deixa prender, a fim de salvar uma protegida, mas esta é capturada pelos cavaleiros e Riddick tem de lutar contra todos para libertá-la.

COMENTÁRIOS: Segunda aventura do guerreiro cego Riddick, que surgiu no filme "Eclipse mortal" (1999). Apesar da previsível salada de clichês, o filme tem as suas qualidades, funcionando bem como filme de ação.

AVALIAÇÃO: ***

THE CHURCH

(Cf. La chiesa)

CIGARETTE BURNS

DIRETOR: John Carpenter

PAÍS: Estados Unidos

COMPANHIA PRODUTORA: IDT Entertainment / Nice Guy Productions / Industry Entertainment

ANO DE PRODUÇÃO: 2005

DURAÇÃO: 59'

IDIOMA ORIGINAL: Inglês

PRODUÇÃO: Tom Rowe, Lisa Richardson

ROTEIRO: Drew McWeeny, Scott Swan

FOTOGRAFIA: Attila Szalay [cor]

MONTAGEM: Patrick McMahon

MÚSICA: Cody Carpenter

ELENCO: Norman Reedus, Udo Kier, Gary Hetherington,

Chris Britton, Zara Taylor, Christopher Gauthier, Douglas H. Arthurs, Colin Foo, Gwynyth Walsh, Christopher Redman, Julius Chapple, Taras [Taras Kostyuk], Brad Kelly, Lynn Wahl, Brahm Taylor, Rikki Gagne, Crystal Mudry

GÊNERO: Drama de horror

SINOPSE: Corby, proprietário de um cinema e pesquisador especializado em encontrar filmes raros, é contratado por um colecionador milionário, que deseja obter uma cópia de "La fin absolute du monde" – película desaparecida que tem a fama de maldita, já que provocou um massacre durante a sua primeira exibição, em um festival. Enquanto realiza sua investigação, o pesquisador começa a ser perseguido por estranhas alucinações que envolvem principalmente sua namorada, uma viciada que se suicidou.

COMENTÁRIOS: Telefilme da série *Masters of Horror*. A característica desta série, presente neste filme, são as histórias inteligentes e as produções sofisticadas, realizadas pelos maiores cultores do gênero.

AVALIAÇÃO: ***

LA CITÉ FOUDROYÉE

DIRETOR: Luitz Morat

PAÍS: França

COMPANHIA PRODUTORA: Pathé-Baby

ANO DE PRODUÇÃO: 1924

DURAÇÃO: 72'/18'

IDIOMA ORIGINAL: Mudo

PRODUÇÃO: Luitz Morat

ARGUMENTO: Jean-Louis Bouquet

FOTOGRAFIA: Frank Daniau-Johnston [p&b]

ELENCO: Daniel Mendaille, Jane Maguenat, Armand Morins, Alexis Ghasne, Lucien Cazalis

GÊNERO: Ficção científica

SINOPSE: Sem conseguir apoio do governo para as suas experiências com a energia elétrica, o cientista Richard Gallée fica revoltado e decide se vingar. Desenvolvendo uma máquina capaz de atrair e direcionar raios, ele ameaça destruir Paris se não receber um polpudo resgate.

COMENTÁRIOS: Trata-se, aparentemente, de um fragmento de um longa-metragem de 72 minutos (embora a narrativa tenha coerência e pareça estar bastante completa). Um bom exemplo da ficção científica do cinema mudo, com uma história muito bem desenvolvida.

AVALIAÇÃO: ***

CLOVERFIELD

CLOVERFIELD – MONSTRO

DIRETOR: Matt Reeves

PAÍS: Estados Unidos

COMPANHIA PRODUTORA: Bad Robot

ANO DE PRODUÇÃO: 2007

DURAÇÃO: 85'

IDIOMA ORIGINAL: Inglês

PRODUÇÃO: J. J. Abrams, Bryan Burk

ARGUMENTO: Drew Goddard

ROTEIRO: Drew Goddard

FOTOGRAFIA: Michael Bonvillain [cor]

MONTAGEM: Kevin Stitt

MÚSICA: "diversos"

ELENCO: Lizzy Caplan, Jessica Lucas, T. J. Miller, Michael Stahl-David, Mike Vogel, Odette Yustman [Odette Annable], Anjul Nigam, Margot Farley, Theo Rossi, Brian Klugman, Kelvin Yu, Liza Lapira, Lili Mirojnick, Ben Feldman, Elena Caruso, Vakisha Coleman, Will Greenberg, Rob Kerkovich, Ryan Key, Hooman Khalili, Rasika Mathur, Baron Vaughn, Charlyne Yi, Roma Torre, Rick Overton, Martin Cohen, Jason Cerbone, Pavel Lychnikoff, Billy Brown, Scott Lawrence, Jeff DeSerrano, Tim Griffin, Chris Mulkey, Susse Budde, Jason Lombard, Jamie Martz

GÊNERO: Horror

SINOPSE: Rob é um jovem executivo novaiorquino que se prepara para ir viver no Japão, onde ocupará um importante cargo em sua empresa. Para festejar a viagem, seus amigos promovem uma grande festa em seu apartamento. Durante a festa, todos são surpreendidos pelo ataque de um gigantesco monstro de origem desconhecida, que começa a destruir Nova Iorque. A cidade é evacuada e Rob e alguns amigos partem. Porém, ao mesmo tempo em que Jason, o irmão de Rob, é morto em mais uma investida do monstro, o rapaz recebe uma ligação de Beth, uma garota por quem ele está apaixonado, que está ferida e precisando de ajuda. Desesperado, Rob volta para a cidade e tenta chegar à casa de Beth, tendo como companhia a noiva de seu irmão, seu melhor amigo – que registra tudo com uma câmera – e uma das convidadas da festa.

COMENTÁRIOS: Interessante cópia dos filmes de Godzilla utilizando o recurso do *found footage*, com efeitos especiais satisfatórios e uma boa dose de ação. Infelizmente, este filme não consegue fugir do pior defeito de seus congêneres: a histeria dos personagens, que quase sempre parecem débeis mentais.

AVALIAÇÃO: ***

THE CLOWN AT MIDNIGHT

O PALHAÇO ASSASSINO

DIRETOR: Jean Pellerin

PAÍS: Canadá

COMPANHIA PRODUTORA: GFT-Paquin Entertainment

ANO DE PRODUÇÃO: 1998

DURAÇÃO: 91'

IDIOMA ORIGINAL: Inglês

PRODUÇÃO: Gary Howsam, Gilles Paquin, Vonnie Von Helmolt

ARGUMENTO: Kenneth J. Hall

ROTEIRO: Kenneth J. Hall

FOTOGRAFIA: Barry Gravelle [cor]

MONTAGEM: Robert Lower

MÚSICA: Glenn Buhr

ELENCO: James Duval, Sarah Lassez, Tatyana Ali, Melissa Galianos, Ryan Bittle, J. P. Grimard, Elizabeth Crawford [Liz Crawford], Margot Kidder, Christopher Plummer, Vicki Marentette, Jonathan Barrett, John Bluethner, Pauline Broderick

GÊNERO: Horror

SINOPSE: Atormentada pela descoberta de que é filha de uma célebre cantora lírica, assassinada há quase 20 anos por um amante ciumento, uma garota resolve aceitar o convite para integrar um grupo de estudantes voluntários que se encarregará da limpeza e da restauração do teatro onde ocorreu o crime. Porém, além das lembranças, algo bem mais perigoso é despertado pela presença da jovem: o assassino.

COMENTÁRIOS: Clonagem da história de "O fantasma da Ópera", com um enredo banal e situações ridículas.

AVALIAÇÃO: **

CODE RED – THE RUBICON CONSPIRACY

CÓDIGO VERMELHO

DIRETOR: Ian Gilmour

PAÍS: Estados Unidos / Austrália

COMPANHIA PRODUTORA: Paramount Pictures / Coote-Hayes Productions

ANO DE PRODUÇÃO: 2000

DURAÇÃO: 93'

IDIOMA ORIGINAL: Inglês

PRODUÇÃO: Darryl Sheen (executivos: Jeffrey Hayes, Greg Coote)

ROTEIRO: Eric Small

FOTOGRAFIA: Ben Nott [cor]

MONTAGEM: Geoff Lamb

MÚSICA: Garry McDonald, Lawrence Stone

ELENCO: Brian McNamara, Marjean Holden, Callan Mulvey, Brett Tucker, Jeremy Callaghan, Anthony Engleman, René

Naufahu, Steven Grives, Frederick Miragliotta, Steve Harman

GÊNERO: Drama de ação e ficção científica

SINOPSE: Apesar de estar sofrendo de problemas psicológicos, um experiente oficial – o tenente James Doyle – é encarregado de chefiar uma pequena tropa, que se encarregará de uma missão bastante arriscada. Trata-se de resgatar um outro grupo de soldados, que desapareceu durante um misterioso ataque em plena floresta, num ponto remoto do globo. Porém, o caso é ainda mais complicado porque um dos desaparecidos, Peter Doyle, é o irmão de James, que este último tentara matar quando trabalhavam numa missão conjunta (já que Peter foi responsável pela morte de alguns de seus soldados). James e seu grupo seguem para a floresta, mas ele logo percebe que sua missão será quase suicida, já que eles devem alcançar uma base secreta para desativar uma bomba nuclear que deve explodir em poucas horas. Como se não bastasse, a floresta está cheia de alienígenas, que vão dizimando os soldados como já haviam feito com o grupo anterior.

COMENTÁRIOS: Telefilme de ação que copia a trama de "Predator" (e de muitos outros filmes). Locações na Austrália.

AVALIAÇÃO: ***

COLOR ME BLOOD RED

DIRETOR: Herschell G. Lewis [Herschell Gordon Lewis]

PAÍS: Estados Unidos

COMPANHIA PRODUTORA: Box Office Spectaculars

ANO DE PRODUÇÃO: 1965

DURAÇÃO: 79'

IDIOMA ORIGINAL: Inglês

PRODUÇÃO: David F. Friedman, Herschell G. Lewis [Herschell Gordon Lewis]

ARGUMENTO: Herschell G. Lewis [Herschell Gordon Lewis]

ROTEIRO: Herschell G. Lewis [Herschell Gordon Lewis]

FOTOGRAFIA: Herschell G. Lewis [Herschell Gordon Lewis] [cor]

MONTAGEM: Robert Sinise

ELENCO: Don Joseph, Candi Conder, Elyn Warner, Patricia Lee, Jerome Eden, Scott H. Hall, Jim Jaekel, Iris Marshall, Bill Harris, Cathy Collins

GÊNERO: Horror

SINOPSE: Pintor inconformado com a rejeição de sua obra pelos críticos de arte descobre acidentalmente uma maneira de criar cores totalmente inovadoras, pintando com sangue. Como não ocorre a este gênio da arte moderna a ideia de comprar sangue de boi ou de cordeiro em um matadouro, ele passa a assassinar mocinhas desavisadas, que lhe fornecem o precioso material para suas obras-primas, que passam a despertar um grande entusiasmo no meio artístico.

COMENTÁRIOS: Como sempre ocorre, nos filmes de Lewis, uma boa ideia se perde em uma realização canhestra.

AVALIAÇÃO: **

THE COLOSSUS OF NEW YORK

O MONSTRO DE NOVA IORQUE

DIRETOR: Eugene Lourie
PAÍS: Estados Unidos

COMPANHIA PRODUTORA: Paramount Pictures

ANO DE PRODUÇÃO: 1958

DURAÇÃO: 70'

IDIOMA ORIGINAL: Inglês

PRODUÇÃO: William Alland

ARGUMENTO: Willis Goldbeck

ROTEIRO: Thelma Schnee

FOTOGRAFIA: John F. Warren [p&b]

MONTAGEM: Floyd Knudtson

MÚSICA: Van Cleave

ELENCO: John Baragrey, Mala Powers, Otto Kruger, Robert Hutton, Ross Martin, Charles Herbert

GÊNERO: Horror e ficção científica

SINOPSE: Inconformado com a morte acidental de seu filho — um jovem gênio da ciência — famoso neurocirurgião remove o seu cérebro e o mantém em funcionamento, convencendo seu outro filho a construir um robô no qual ele possa ser instalado. O projeto é bem-sucedido; porém, longe de corresponder às aspirações de seu devotado pai, que queria que ele continuasse com suas pesquisas para redimir a humanidade, o rapaz se torna uma máquina sem alma, disposta a destruir tudo o que atravesse o seu caminho.

COMENTÁRIOS: Versão modernizada da história de Frankenstein, com resultados bastante medíocres.

AVALIAÇÃO: **

COLOSSUS – THE FORBIN PROJECT

Colossus 1980

DIRETOR: Joseph Sargent

PAÍS: Estados Unidos

COMPANHIA PRODUTORA: Universal Pictures

ANO DE PRODUÇÃO: 1970

DURAÇÃO: 100'

IDIOMA ORIGINAL: Inglês

PRODUÇÃO: Stanley Chase

ARGUMENTO: D. F. Jones

ROTEIRO: James Bridges

FOTOGRAFIA: Gene Polito [cor]

MONTAGEM: Folmar Blangsted

MÚSICA: Michel Colombier (supervisão: Stanley Wilson)

ELENCO: Eric Braeden, Susan Clark, Gordon Pinsent, William Schallert, Leonid Rostoff, Georg Stanford Brown, Willard Sage, Alex Rodine, Martin Brooks, Marion Ross, Dolph Sweet, Byron Morrow, Lew Brown, Sid McCoy, Tom Basham, Robert Cornthwaite, James Hong, Sergei Tschernisch

GÊNERO: Ficção científica

SINOPSE: No distante ano de 1980, o governo norte-americano decide pôr em funcionamento um complexo e ultra-poderoso sistema de defesa, totalmente operado pelo computador Colossus. O criador do projeto, o cientista Forbin, acredita que, com Colossus, o mundo livre estará finalmente seguro e a humanidade liberta da ameaça das guerras, já que a máquina não será afetada por qualquer subjetivismo ou afetividade. Porém, quando o sistema é posto em funcionamento, os americanos descobrem que os russos também possuem um aparato semelhante, que é igualmente acionado. Logo, os dois sistemas começam a se comunicar e Colossus adquire autonomia total, rebelando-se contra as ordens do governo americano. Forbin tenta neutralizar a máquina, mas Colossus é inexpugnável e logo se descobre que ele tem um objetivo bastante nefando.

COMENTÁRIOS: Apesar de sua ação restrita, do elenco medíocre e dos efeitos especiais bastante pobres, trata-se de um filme que registra um conjunto de críticas importantes ao desenvolvimento tecnológico atrelado aos interesses militares, levantando questões que ainda hoje são pertinentes.

AVALIAÇÃO: ***

CONDADO MACABRO

CONDADO MACABRO

DIRETOR: Marcos DeBrito, André de Campos Mello

PAÍS: Brasil

COMPANHIA PRODUTORA: DeBrito Produções Cinematográficas

ANO DE PRODUÇÃO: 2014

DURAÇÃO: 117'

IDIOMA ORIGINAL: Português

PRODUÇÃO: Adriano Lírio

ARGUMENTO: Marcos DeBrito

ROTEIRO: Marcos DeBrito

FOTOGRAFIA: André de Campos Mello [cor]

MONTAGEM: André de Campos Mello, Marcos DeBrito

MÚSICA: Roger Lima

ELENCO: Francisco Gaspar, Paulo Vespúcio, Bia Gallo, Rafael Raposo, Leonardo Miggiorin, Larissa Queiroz, Olívia de Brito, Fernando de Paula, Marcela Moura, Beto Brito, Gio Avelino, Antonio Cândido da Silva, Lincoln Shedd, Marcos DeBrito

GÊNERO: Drama de horror slasher

SINOPSE: Cinco jovens (dois rapazes e três moças) resolvem quebrar a rotina e passar um feriado prolongado em uma luxuosa casa de campo, que eles conseguiram alugar por um preço muito baratinho. Achando que está lidando com gente rica, um palhaço da cidade vizinha, Cangaço – que se divide entre apresentações nas ruas e pequenos furtos – resolve assaltar o grupo, com a ajuda de seu parceiro Bola 8. Porém, ao tentar violentar uma das moças, o palhaço é nocauteado. Quando desperta, ele encontra a casa vazia e a vizinhança cheia de cadáveres. Ao tentar fugir, ele é preso e terá que provar às autoridades que não foi o autor da chacina.

COMENTÁRIOS: Mais uma imitação dos filmes de horror B norte-americanos, desta vez misturando clichês das séries "Sexta-feira 13" e "O massacre da serra elétrica". Cenas de violência contra animais.

AVALIAÇÃO: **

CONSTANTINE

CONSTANTINE

DIRETOR: Francis Lawrence

PAÍS: Estados Unidos / Alemanha

COMPANHIA PRODUTORA: Donners' Company / Batfilm Productions / Weed Road Pictures / 3 Arts Entertainment

ANO DE PRODUÇÃO: 2005

DURAÇÃO: 121'

IDIOMA ORIGINAL: Inglês

PRODUÇÃO: Lauren Shuler Donner, Benjamin Melniker, Michael E. Uslan, Erwin Stoff, Lorenzo DiBonaventura, Akiva Goldsman

ARGUMENTO: Kevin Brodbin

ROTEIRO: Kevin Brodbin, Frank Cappello

FOTOGRAFIA: Philippe Rousselot [cor]

MONTAGEM: Wayne Wahrman

MÚSICA: Brian Tyler, Klaus Badelt

ELENCO: Keanu Reeves, Rachel Weisz, Shia LaBeouf, Tilda Swinton, Pruitt Taylor Vince, Djimon Hounsou, Gavin Rossdale, Peter Stormare, Max Baker, Francis Guinan, José Zuniga, Jesse Ramirez, Larry Cedar, April Grace, Suzanne Whang, Jhoanna Trias, Alice Lo, Nicholas Downs, Tanoai Reed, Quinn Buniel, Ann Ryerson, Stephanie Fabian, Connor Dylan Wryn, Laz Alonso, Jeremy Ray Valdez, José Molina, Barbara Pilavin, C. W. Pyun, Sharon Omi, Edward J. Rosen, John Gipson, Roberto Kawata

GÊNERO: Horror satânico com elementos de comédia

SINOPSE: Amaldiçoado por ter se suicidado, John Constantine – ou melhor, sua alma – recebe a incumbência de policiar a luta entre as forças do bem e do mal, já que Deus e o Diabo estão disputando um joguinho eterno cujo prêmio é o nosso mundo. Ele descobre que o equilíbio maniqueísta está ameaçado, já que demônios desautorizados têm aparecido na Terra. Com a ajuda da policial Angela, irmã gêmea de uma outra suicida, ele se encarregará de devolver as coisas às suas devidas dimensões.

COMENTÁRIOS: Utilizando um personagem da DC Comics, este filme tinha tudo para ser uma obra atraente e interessante. Porém, a preocupação excessiva com detalhes estéticos e a necessidade de parecer inteligente e profundo acaba com qualquer chance de sucesso.

AVALIAÇÃO: ***

CONTACT

CONTATO

DIRETOR: Robert Zemeckis

PAÍS: Estados Unidos

COMPANHIA PRODUTORA: Warner Bros. / South Side Amusement Company

ANO DE PRODUÇÃO: 1997

DURAÇÃO: 153'

IDIOMA ORIGINAL: Inglês

PRODUÇÃO: Robert Zemeckis, Steve Starkey (coprodutores: Carl Sagan, Ann Druyan)

ARGUMENTO: Carl Sagan, Ann Druyan

ROTEIRO: James V. Hart, Michael Goldenberg

FOTOGRAFIA: Don Burgess [cor]

MONTAGEM: Arthur Schmidt

MÚSICA: Alan Silvestri

ELENCO: Jodie Foster, Matthew McConaughey, James Woods, John Hurt, Tom Skerritt, William Fichtner, David Morse, Angela Bassett, Geoffrey Blake, Maximilian Martini, Rob Lowe,

Jack Busey, Jena Malone, Tucker Smallwood, SaMi Chester, Timothy McNeil, Laura Elena Surillo, Henry Strozier, Michael Chaban, Larry King, Thomas Garner, Conroy Chino, Dan Gifford, Vance Valencia, Donna J. Kelley, Leon Harris, Claire Shipman, Behrooz Afrakhan, Saemi Nakamura, Maria Celeste Arraras, Tabitha Soren, Geraldo Rivera, Ian Whitcomb, Jay Leno, Natalie Allen, Robert D. Novak, Geraldine A. Ferraro, Ann Druyan, Jake Busey, Kathleen Kennedy, Michael Albala, Ned Netterville, Leo Lee, William Jordan, David St. James, Jill Dougherty, Haynes Brooke, John Holliman, Bobbie Battista, Dee Dee Myers, Bryant Gumbel, Linden Soles, Steven Ford, Alex Zemeckis, Janie Peterson, Phillip Bergeron, Jennifer Balgobin, Anthony Fife Hamilton, Rebecca T. Beucler, Marc Macaulay, Pamela Wilsey (voz), Jeff Johnson, Yuji Okumoto, Gerry Griffin, Brian Alston, Rob Elk, Mark Thomason, José Rey, Todd Patrick Breaugh, Alex Veadov, Alice Kushida, Robin Gammell, Richardson Morse, Seiji Okamura, Bernard Shaw, Mak Takano, Tom Tanaka, Catherine Dao, Kristoffer Ryan Winters, Valorie Armstrong, Jim Hild, Bill Thomas, Diego Montoya

GÊNERO: Ficção científica

SINOPSE: Desde criança, Ellie sonha em comunicar-se com povos distantes e, após a morte de seu pai, ela decide se tornar astrônoma e buscar contato com inteligências extraterrestres, já que as da Terra andam escassas. Apesar da incredulidade das autoridades quanto ao valor científico de seu projeto, Ellie e sua equipe lutam cotidianamente junto a sofisticados radiotelescópios, gastando um monte de dinheiro público. Após ser dispensada por David Drumlin, consultor científico do governo americano, Ellie passa a ser financiada pelo excêntrico milionário S. R. Hadden, que já está cansado deste mundinho medíocre e sonha viajar para outros planetas. Um dia – com suas pesquisas à beira do fracasso – Ellie consegue um estranho contato com a estrela Vega, comunicando o fato imediatamente às autoridades. Logo, o caso ganha repercussão nacional, quando as mensagens são reconhecidas como códigos matemáticos. Apesar das prevenções dos militares, Ellie consegue – com a ajuda de Hadden – decifrar as mensagens, concluindo que se tratam de instruções para a construção de uma estranha máquina, que será capaz de teletransportar um ser humano para Vega.

COMENTÁRIOS: Ao contrário de boa parte dos seus congêneres, este filme se preocupa em discutir aspectos éticos e morais do trabalho da ciência, além de sua influência sobre a sociedade e de sua manipulação pelos poderosos em geral. Infelizmente, a discussão nunca ultrapassa a superficialidade, apesar de sobrar tempo para isso.

AVALIAÇÃO: ***

CONTAMINATION

ALIEN – O MONSTRO ASSASSINO

DIRETOR: Lewis Coates [Luigi Cozzi]

PAÍS: Itália / Alemanha

COMPANHIA PRODUTORA: Alex Cinematografica / Barthonia Film / Lisa Film

ANO DE PRODUÇÃO: 1980

DURAÇÃO: 95'

IDIOMA ORIGINAL: Inglês (dub)

PRODUÇÃO: Claudio Mancini

ARGUMENTO: Lewis Coates [Luigi Cozzi]

ROTEIRO: Lewis Coates [Luigi Cozzi], Erich Tomek

FOTOGRAFIA: Giuseppe Pinori [cor]

MONTAGEM: Nino Baragli

MÚSICA: "The Goblin"

ELENCO: Ian McCulloch, Louise Marleau, Marino Masé, Siegfried Rauch, Gisela Hahn, Carlo de Mejo, Carlo Monni

GÊNERO: Horror

SINOPSE: Em Nova Iorque, ao abordar um navio estrangeiro misteriosamente abandonado, a polícia descobre um carregamento de estranhos globos verdes, que logo se revelam ovos de origem alienígena. O governo norte-americano começa a investigar o caso, com a ajuda de um ex-astronauta, e descobre que tudo parece convergir para uma indústria cafeeira colombiana.

COMENTÁRIOS: Rampeira e descerebrada mistura de *Alien* com um monte de outras coisas.

AVALIAÇÃO: **

CONTATOS IMEDIATOS DE ÚLTIMO GRAU

CONTATOS IMEDIATOS DE ÚLTIMO GRAU

DIRETOR: Ademir Di Paula

PAÍS: Brasil

COMPANHIA PRODUTORA: studio3filmes

ANO DE PRODUÇÃO: 2011

DURAÇÃO: 72'

IDIOMA ORIGINAL: Português

PRODUÇÃO: Isabel Aroucha, Alex Pinto

ROTEIRO: Ademir Di Paula

FOTOGRAFIA: Ademir Di Paula [cor]

MONTAGEM: Ademir Di Paula

MÚSICA: Zack Hemsey

ELENCO: Ademir Di Paula, Andréia Di Paula, Anderson Conforte, Ednildo da Silva, Rodrigo Pessoa, Carlos Aroucha

GÊNERO: Ficção científica em estilo documental

SINOPSE: No dia 11 de setembro de 2011, extraterrestres invadem a Terra, causando pânico e destruição. John, um cinegrafista militar, registra as consequências da invasão, enquanto tenta salvar sua vida.

COMENTÁRIOS: Produção caseira pernambucana que mistura imagens extraídas da internet com efeitos de computação gráfica.

AVALIAÇÃO: ***

CONTOS DE HORROR – A FILHA DO PAVOR

CONTOS DE HORROR – A FILHA DO PAVOR

DIRETOR: Andréa Pasquini

PAÍS: Brasil

COMPANHIA PRODUTORA: Fallms Filmes

ANO DE PRODUÇÃO: 1997

DURAÇÃO: 79'

IDIOMA ORIGINAL: Português

PRODUÇÃO: Katia Salvanny

ARGUMENTO: José Mojica Marins (?)

ROTEIRO: Nadine Carrasco

FOTOGRAFIA: Luiz Miyasaka [cor]

MONTAGEM: Andréa Pasquini, Hélio Ishii, Nanna de Castro

MÚSICA: Fernando Haiek, William Fernandes

ELENCO: Regis Monteiro, Ricardo Perez, Ieda Maria, Débora Mikytyn, Fábio Ferreira, Cris Matos, Zé do Caixão [José Mojica Marins], Rosemeire Castilho, Rosa, Renato Costa, Beto Bandone (voz)

GÊNERO: Drama de horror

SINOPSE: O marceneiro Amaury vive com sua esposa Leda e seu irmão Egídio em um pequeno sítio, nos arredores de São Paulo. Para ajudar sua mulher nos serviços domésticos, Amaury contrata uma jovem empregada, Maria Imaculada, que vem da Bahia por indicação de sua cunhada. Porém, os moradores do sítio ignoram que a nova empregada é, na verdade, uma alma perdida serva de Satanás, obcecada por seduzir e destruir todos os homens que atravessam o seu caminho. Com a chegada de Marcílio, filho de Leda e Amaury, que traz sua noiva Cláudia para passar uma semana no sítio, Maria Imaculada resolve agir e satisfazer sua sede pérfida de sexo e sangue.

COMENTÁRIOS: Horror baseado em uma história do célebre Zé do Caixão. Aparentemente, este filme, realizado em vídeo, deveria dar início a uma série, que não foi realizada.

AVALIAÇÃO: ***

THE CORE

O NÚCLEO: MISSÃO AO CENTRO DA TERRA

DIRETOR: Jon Amiel

PAÍS: Estados Unidos

COMPANHIA PRODUTORA: Paramount Pictures

ANO DE PRODUÇÃO: 2003

DURAÇÃO: 136'

IDIOMA ORIGINAL: Inglês

PRODUÇÃO: David Foster, Cooper Layne, Sean Bailey (coprodutor: David Householter)

ROTEIRO: Cooper Layne, John Rogers

FOTOGRAFIA: John Lindley [cor]

MONTAGEM: Terry Rawlings

MÚSICA: Christopher Young

ELENCO: Aaron Eckhart, Hilary Swank, Delroy Lindo, Stanley Tucci, D. J. Qualls, Richard Jenkins, Tcheky Karyo, Bruce Greenwood, Alfre Woodard, Christopher Shyer, Ray Galletti, Eileen Pedde, Rekha Sharma, Tom Scholte, Glenn Morshower, Anthony Harrison, Bart Anderson, Nicole Leroux, Justin Callan, Chris Humphreys, Dion Johnstone, Fred Ewanvick, Hrothgar Mathews, Shawn Green, Ming-Tzong Hong, Jennifer Spence, Michael St. John Smith, John Shaw, Nickolas Baric, Fred Keating, Rosa di Brigida, Roberto Roberto, Ermanno de Biagi, Marcello Laurentis, Greg Bennett, Matt Winston, Claire Riley, Marke Driesschen, Laurie Murdoch, Costa Spanos, Monique Martel, Lenie Scoffie, Nathaniel Deveaux, Robert Manitopyes

GÊNERO: Mistura de ficção científica e filme-catástrofe

SINOPSE: Depois de alguns incidentes aparentemente isolados, um cientista tão obscuro quanto genial descobre acidentalmente que o núcleo do nosso planeta parou de girar, o que vai desencadear uma série de tragédias que culminarão no fim do mundo ou em coisa ainda pior. Quando as desgraças começam a se manifestar, ele consegue o apoio de um cientista mais famoso, que lhe abre as portas para o dinheiro do governo americano (embora este mesmo governo e este mesmíssimo cientista sejam os responsáveis por tudo o que está ocorrendo, graças a alguns experimentos militares muito secretos). O plano é fazer o núcleo voltar a girar jogando algumas bombas atômicas no centro da Terra. Porém, para isso, é necessário chegar lá, o que só se torna possível graças às invenções geniais de outro cientista (um Samuel L. Jackson com cachê bem mais modesto). Assim, contando com a ajuda de um super hacker (para impedir que a catástrofe iminente seja conhecida do grande público) e de uma superpiloto, o grupo embarca numa super nave movida à energia atômica, que perfurará a Terra (e a terra) com um super raio laser.

COMENTÁRIOS: Vagamente inspirada em "Crack in the world" (Andrew Marton, 1965), esta superprodução é uma das mais absurdas e descabeladas coletâneas de clichês surrados da história do cinema, com os personagens mais esquemáticos e as situações mais previsíveis que a mais parca das imaginações possa supor.

AVALIAÇÃO: **

CORMORANT

Cormorant

DIRETOR: Beto Carminatti

PAÍS: Brasil

COMPANHIA PRODUTORA: Celluloid Cinevídeo

ANO DE PRODUÇÃO: 2014

DURAÇÃO: 102'

IDIOMA ORIGINAL: Português

PRODUÇÃO: Dimas Bueno, Beto Carminatti, Mário Lopes

ARGUMENTO: Mário Lopes

ROTEIRO: Mário Lopes

FOTOGRAFIA: Ivanir Pereira da Silva [cor]

MONTAGEM: Beto Carminatti

MÚSICA: Flíblio Ferreira

ELENCO: Dimas Bueno, Luciana Longhi, Vida Santos, Paulo Matos, Wagner Wardzinski

GÊNERO: Drama de suspense com elementos horroríficos

SINOPSE: Em um fim de semana, dois casais amigos e um gay agregado estão viajando de automóvel para uma pousada na região de Irati, no sudeste do Paraná. Porém, errando o caminho, eles vão parar em uma região erma, que parece totalmente desabitada. Encontrando um belo lago, eles decidem dar um passeio em um barco abandonado e vão parar na outra margem, em busca de alguém que possa lhes dar alguma informação. Mas o barco acaba indo parar no meio do lago e eles são forçados a caminhar pela floresta, para chegar a algum lugar civilizado. Quando o cansaço já está tomando conta de todos, eles se deparam com uma mansão isolada, aparentemente abandonada, na qual decidem passar a noite. Explorando o lugar, os homens encontram uma garrafa de vinho e decidem consumi-la, o que dará início a uma sucessão de acontecimentos misteriosos e bizarros.

COMENTÁRIOS: O bom cenário cria uma expectativa interessante, logo frustrada pela mediocridade do elenco e pela falta de nexo da narrativa.

AVALIAÇÃO: ***

O LADRÃO DE CADÁVERES

DIRETOR: Wallace Fox

PAÍS: Estados Unidos

COMPANHIA PRODUTORA: Monogram Pictures Corporation / Banner Productions

ANO DE PRODUÇÃO: 1942

DURAÇÃO: 64'

IDIOMA ORIGINAL: Inglês

PRODUÇÃO: Sam Katzman, Jack Dietz

ARGUMENTO: Sam Robins, Gerald Schnitzer

ROTEIRO: Harvey Gates

FOTOGRAFIA: Art Reed [Arthur Reed] [p&b]

MONTAGEM: Robert Golden

MÚSICA: Lange [Johnny Lange] & Porter [Lew Porter]

ELENCO: Bela Lugosi, Luana Walters, Tris Coffin [Tristam Coffin], Elizabeth Russell, Minerva Urecal, Angelo [Angelo Rossitto], Joan Barclay, Kenneth Harlan, Gwen Kenyon, Vince Barnett, Frank Moran, George Eldridge

GÊNERO: Horror

SINOPSE: O dr. Lorenz é um dedicado cientista louco que provoca a morte de jovens noivas, em pleno altar, e rouba seus cadáveres virgens para poder fazer o soro que mantém a juventude de sua amada esposa. Porém, Patricia, uma jornalista abelhuda, começa a investigar o caso e atrapalha os seus planos, podendo se transformar em mais uma de suas vítimas.

COMENTÁRIOS: Produção bastante pobre e cheia de situações absurdas, como quase tudo o que Lugosi fez para o produtor Sam

Katzman.

AVALIAÇÃO: **

THE CURIOUS DR. HUMPP

(Cf. La venganza del sexo)

DARK MIRROR

REFLEXO DO MAL

DIRETOR: Pablo Proenza

PAÍS: Estados Unidos

COMPANHIA PRODUTORA: Cut Glass

ANO DE PRODUÇÃO: 2008

DURAÇÃO: 86'

IDIOMA ORIGINAL: Inglês

PRODUÇÃO: Erin Ploss-Campoamor

ARGUMENTO: Pablo Proenza, Erin Ploss-Campoamor

ROTEIRO: Matthew Reynolds, Pablo Proenza

FOTOGRAFIA: Armando Salas [cor]

MONTAGEM: Pablo Proenza, Todd Bush

MÚSICA: Pieter A. Schlosser, Isaac Sprintis

ELENCO: Lisa Vidal, David Chisum, Christine Lakin, Joshua Pelegrin, Lupe Ontiveros, David A. Farkas, John Haymes Newton, Jim Storm, Tucker Smallwood, Jean Carol, Jareb Dauplaise, Susan Brindley, Jay Knowlton, Marcus De Anda, Juliana

Rong, Sarah Kelly, Bryce Kasamoto, Jessica Kasamoto, Madeline Dignadice, Nicole Rice, Valerie Cavazos, Daeg Faerch, Tony Pelegrin, Kristin Lorenz, Deborah Jay, John Manzo, Tim Pfeiffer

GÊNERO: Horror de casa mal-assombrada

SINOPSE: Quando seu marido Jim consegue um novo emprego, Deborah muda-se com ele e seu filhinho Ian para uma nova cidade, onde trabalha como dona de casa enquanto tenta iniciar uma carreira de fotógrafa profissional. Porém, enquanto organiza sua nova residência, ela passa a observar estranhos fenômenos, relacionados principalmente com o espelho do banheiro (que parece apresentar uma imagem diferente da que deveria refletir). Através de uma vizinha, Deborah descobre que sua casa foi palco de um mistério macabro: o completo desaparecimento de seu antigo proprietário – um famoso pintor – e de toda a sua família. Aos poucos, ela vai percebendo que existem muitos outros mistérios em sua casa, que podem ameaçar seriamente a vida de sua família e de muitas outras pessoas.

COMENTÁRIOS: Embora a história seja um tanto confusa e não ofereça nenhuma solução clara, este filme não deixa de ser um espetáculo intcrcssante.

AVALIAÇÃO: ***

DARK RIDE

TREM FANTASMA

DIRETOR: Craig Singer

PAÍS: Estados Unidos

COMPANHIA PRODUTORA: My2Centences / Autumn Films

ANO DE PRODUÇÃO: 2006

DURAÇÃO: 94'

IDIOMA ORIGINAL: Inglês

PRODUÇÃO: Daniel Bickel, Chris M. Williams (coprodutores: Jennifer Booth, Michael Q. Martin, Eda Kowan, Sam Figler)

ROTEIRO: Robert Dean Klein, Craig Singer

FOTOGRAFIA: Vince Toto [cor]

MONTAGEM: Sam Bauer

MÚSICA: Kostas Christides (temas: Christopher Young)

ELENCO: Jamie-Lynn Sigler, Patrick Renna, David Rogers, Alex Solowitz, Andrea Bogart, Jennifer Kelly Tisdale, Brittney Coyle, Chelsey Coyle, Dave Warden, Jim Cody Williams, Erin Dawson, Jack Doner, David Ury, Atticus Todd, Steve Mattila, Damon Standifer, Julie Bickel, Jessica Lobaina

GÊNERO: Horror

SINOPSE: Após o bárbaro assassinato de duas irmãs adolescentes, que estavam passeando no trem fantasma de um parque de diversões, a polícia prende o psicopata responsável pelos crimes e descobre que ele fez outras 14 vítimas. Com isso, o trem fantasma é desativado e o louco é mandado para um manicômio. 14 anos depois, quando o trem fantasma está prestes a ser reaberto, um grupo de jovens descerebrados – que estão fazendo uma viagem de férias – resolvem passar a noite nas instalações do brinquedo, a fim de se divertir e economizar uma diária de hotel. Porém, eles ignoram que o louco fugiu do manicômio e que está com muita vontade de "matar" as saudades do seu passado.

COMENTÁRIOS: Enredo banal e desenvolvimento medíocre.

AVALIAÇÃO: **

O LADO ESCURO DA LUA

DIRETOR: D. J. Webster

PAÍS: Estados Unidos

COMPANHIA PRODUTORA: Wildstreet Pictures

ANO DE PRODUÇÃO: 1989

DURAÇÃO: 85'

IDIOMA ORIGINAL: Inglês

PRODUÇÃO: Keith Walley, Paul White

ROTEIRO: Carey W. Hayes, Chad Hayes

FOTOGRAFIA: Russ T. Alsobrook [cor]

MONTAGEM: John O'Connor, Peter Teschner

MÚSICA: Mark Ryder, Phil Davies

ELENCO: Will Bledsoe, Alan Blumenfeld, Robert Sampson, John Diehl, Wendy MacDonald, Camilla More, Joe Turkel, Kenneth R. Lesco

GÊNERO: Ficção científica

SINOPSE: No ano de 2022, uma nave comandada pelo capitão Flynn cruza o espaço, levando uma equipe especializada no reparo de satélites. Ao chegar ao lado oculto da Lua, a nave tem uma pane e todos os seus sistemas são paralisados, ameaçando a vida dos tripulantes. Por sorte, eles encontram uma outra nave terrestre, onde vão buscar ajuda. Porém, eles descobrem que se trata de uma nave bastante antiga e abandonada – com exceção do cadáver de um tripulante, morto de forma bizarra. Ao investigar o caso, o oficial Gilles descobre que a nave encontrada era uma Discovery, que havia sido utilizada há trinta anos e voltara à Terra, perdendo-se na região conhecida como "triângulo das

Bermudas". Subitamente, Gilles vê o cadáver se levantar e atacar uma das tripulantes, que o examinava. Ao ser socorrida, a mulher está desacordada e Gilles é tomado por louco, ao relatar o incidente. Indo até a Discovery para apanhar suprimentos, Flynn é morto e a tripulação é tomada pelo pânico.

COMENTÁRIOS: Mais um dos inúmeros filhos bastardos da série "Alien", misturando invasão alienígena, triângulo das Bermudas e satanismo. Em meio a esta salada de clichês mal temperada, arrasta-se um elenco medíocre e incompetente (com exceção do veterano Joe Turkel, célebre pelo papel de Tyrel em "Blade Runner"), dirigido com notável falta de talento (o que é "compensado" amplamente pela precariedade dos efeitos especiais).

AVALIAÇÃO: *

DARK WATERS

ÁGUAS ESCURAS

DIRETOR: Phillip Roth

PAÍS: Estados Unidos

COMPANHIA PRODUTORA: UFO – Unified Film Organization / Dark War Productions

ANO DE PRODUÇÃO: 2002

DURAÇÃO: 91'

IDIOMA ORIGINAL: Inglês

PRODUÇÃO: Jeffery Beach, Phillip Roth

ROTEIRO: Brett Orr, Phillip Roth

FOTOGRAFIA: Todd Barron [cor]

MONTAGEM: Ken Peters

MÚSICA: Christopher Holden

ELENCO: Lorenzo Lamas, Simmone Jade Mackinnon, Jeffery Gorman, Stefan Lysenko, Rodrigo Abed, Robert Zachar, Ross Manarchy, Bruce Gray, P. K. Ewing, Lee Williams, D. J. Johnson, Boriana Shehtova, Ana Shehtova, Tyrone Pinkham, John Hansson, Jonas Talkington, Jeff Rank, Marianne Stanicheva, Jennifer Warkel

GÊNERO: Ação e aventura com animais mutantes

SINOPSE: Oceanógrafo picareta é convocado por um milionário para organizar uma expedição em seu minissubmarino, a fim de investigar o que houve numa plataforma de exploração instalada no fundo do mar. Para seu horror, o grupo logo descobrirá que está às voltas com um bando de tubarões superpoderosos e assassinos, criados por um cientista louco que trabalha para o governo americano.

COMENTÁRIOS: Com uma trama inacreditavelmente absurda e um dos pseudo-atores mais canastrões da história do cinema, esse filme promete curar a mais violenta das insônias. Produção em vídeo com locações na Bulgária.

AVALIAÇÃO: *

THE DARKLING

RIQUEZA MALIGNA / INFERNO DOS DESEJOS

DIRETOR: Po Chih Leong

PAÍS: Estados Unidos

COMPANHIA PRODUTORA: USA Cable Entertainment / Great Falls Productions / Traveler's Rest Films

ANO DE PRODUÇÃO: 2000

DURAÇÃO: 90'

IDIOMA ORIGINAL: Inglês

PRODUÇÃO: John V. Stuckmeyer

ARGUMENTO: Preston Sturges [Preston Sturges Jr.]

ROTEIRO: Preston Sturges [Preston Sturges Jr.], Dario Scardapane

FOTOGRAFIA: Stephen M. Katz [cor]

MONTAGEM: Glenn Farr

MÚSICA: Frankie Blue

ELENCO: F. Murray Abraham, Aidan Gillen, Lisa Linde, Nina Siemaszko, Skye McCole Bartusiak, Doug Jones, Todd Bridges, Frank Gerrish, Ron Frederickson, Andres Orozoco, Bob Eric Hart, Shelly Kurtz, John Perryman, Michael Robert Berger, Wendy Hillesheim, Ashley Clark, Brad Montgomery, Andriano Bellucci, Wayne Brennan, Martin L. Fresca III, Mame Fitzpatrick, Andrew Chen, Sandy Jensen, Michael Flynn, James Smoot, Russell Shinkle, Paul Salamoff, James Kundig, John DiMaggio (voz)

GÊNERO: Drama de horror satânico

SINOPSE: Jeff Obold é um cozinheiro que passa por sérias dificuldades financeiras com a esposa Marla e a filhinha Casey. Porém, o rapaz é apaixonado por carros antigos, sendo um verdadeiro gênio da mecânica e tendo um carrão esporte que ele mesmo reformou. Através deste carro, ele trava relações com o milionário Bruno Rubin, negociante de raridades automotivas, que o convida para uma festa. Após ajudar Rubin na perícia de um carro, este agradece emprestando a Jeff um modelo que o rapaz sempre sonhou dirigir. Porém, na volta para casa, Jeff resolve testar a velocidade do carro e sofre um grave acidente, no qual Marla morre. O rapaz demora para recuperar-se do choque, até que é chamado por Rubin, que lhe oferece uma fortuna para ser o seu mecânico chefe. Jeff acaba aceitando e começa a trabalhar, concordando – após muita hesitação – em falsificar um carro para aumentar o seu valor. Logo Jeff torna-se o braço-direito de Rubin, que o apresenta a seu grande protetor, o Darkling, criatura sobrenatural que satisfaz a todos os seus desejos em troca de proteção e amizade.

COMENTÁRIOS: Mais uma versão da velhíssima história do pacto com o Diabo, muito bom de ser feito e péssimo de ser pago (muito semelhante às transações com cartões de crédito). Com uma história bem elaborada e um elenco de bom nível, este telefilme é bem melhor que boa parte dos seus congêneres realizados para o cinema.

AVALIAÇÃO: ***

DARKNESS

A SÉTIMA VÍTIMA

DIRETOR: Jaume Balagueró

PAÍS: Estados Unidos / Espanha

COMPANHIA PRODUTORA: Filmax International / Dimension Films / Fantastic Factory / Castelao Productions

ANO DE PRODUÇÃO: 2002

DURAÇÃO: 98'

IDIOMA ORIGINAL: Inglês

PRODUÇÃO: Julio Fernández, Brian Yuzna

ROTEIRO: Jaume Balagueró, Fernando de Felipe

FOTOGRAFIA: Xavi Giménez [cor]

MONTAGEM: Luis de la Madrid

MÚSICA: Carles Cases

ELENCO: Anna Paquin, Lena Olin, Iain Glen, Giancarlo Giannini, Fele Martinez, Fermi Reixach, Stephan Enquist, Francesc Pagés, Craig Stevenson, Paula Fernández, Gemma Lozano, Xavier Allepuz, Joseph Roberts, Marc Ferrando, Josh Gaeta, Mattew Dixon, Carlos Castañón, Carles Punyet, Reg Wilson, Ferran Lahoz, Pedro Antonio Segura, Astrid Fenollar, Lidia Dorado, Clara Manguillot

GÊNERO: Horror de casa mal-assombrada

SINOPSE: Espanhol que viveu por décadas nos Estados Unidos volta para sua terra natal e leva consigo a família. Eles vão morar numa velha casa de subúrbio, ignorando que o local foi palco de um bizarro ritual satânico, há cerca de quarenta anos. Logo, Regina, a filha mais velha, começa a notar alterações no comportamento de seus pais e do irmão caçula, que parece estar tendo visões das seis crianças que foram sacrificadas na casa.

COMENTÁRIOS: Apesar do bom clima e do final interessante, a história não é nada convincente e mostra que não estamos diante de uma legítima imitação de "Os outros" (Alejandro Amenábar, 2001).

AVALIAÇÃO: ***

DAUGHTER OF HORROR / DEMENTIA

Demência

DIRETOR: John Parker

PAÍS: Estados Unidos

COMPANHIA PRODUTORA: H. K. F.

ANO DE PRODUÇÃO: 1953

DURAÇÃO: 56'

IDIOMA ORIGINAL: Inglês

PRODUÇÃO: John Parker

ARGUMENTO: John Parker

ROTEIRO: John Parker

FOTOGRAFIA: William C. Thompson [p&b]

MONTAGEM: Joseph Gluck

MÚSICA: George Antheil (direção: Ernest Gold)

ELENCO: Adrienne Barrett, Bruno VeSota, Ben Roseman, Richard Barron, Ed Hinkle, "Shorty Rogers and His Giants"

GÊNERO: Drama experimental

SINOPSE: Sozinha, em um quarto de hotel barato, uma jovem esquisita tem um pesadelo, no qual evoca alguns bizarros acontecimentos recentes que afetaram sua vida.

COMENTÁRIOS: Em seu único trabalho de direção, John Parker realiza um filme totalmente estranho aos padrões hollywoodianos dos anos 50, tanto pela sua temática (o filme chegou a ser proibido durante alguns anos) quanto pela forma (o filme – na sua versão original – não tem diálogos e nem narração de qualquer espécie). Alguns anos mais tarde, foi lançada uma versão muito mais comportada, com uma narração explicativa e o título "Daughter of horror".

AVALIAÇÃO: ***

DAUGHTERS OF SATAN

AS FILHAS DE SATÃ

DIRETOR: Hollingsworth Morse

PAÍS: Estados Unidos

COMPANHIA PRODUTORA: A & S Productions

ANO DE PRODUÇÃO: 1972

DURAÇÃO: 96'

IDIOMA ORIGINAL: Inglês

PRODUÇÃO: Aubrey Schenck

ARGUMENTO: John Bushelman

ROTEIRO: John C. Higgins

FOTOGRAFIA: Nonong Rasca [cor]

MONTAGEM: Tony DiMarco

MÚSICA: Richard LaSalle

ELENCO: Tom Selleck, Barra Grant, Tani Phelps Guthrie, Paraluman, Vic Silayan, Vic Diaz, Gina Laforteza, Ben Rubio, Paquito Salcedo, Chito Reyes, Bobby Greenwood

GÊNERO: Horror satânico

SINOPSE: Jim e Chris são um típico casal de burgueses norte-americanos vivendo nas Filipinas, onde o rapaz compra antiguidades para um museu de seu país. Um dia, ele encontra um quadro do século XVI, representando o episódio verídico da queima de algumas bruxas locais. A semelhança entre uma das bruxas e sua esposa faz com que Jim compre o quadro. Porém, a obra impressiona Chris, que passa a ser vítima de alucinações. Mas as alucinações se revelam verdadeiras, já que Chris é a reencarnação da bruxa morta. Logo, as outras bruxas representadas no quadro também reaparecem, dominando os corpos de mulheres comuns. Jim passa, então, a ser vítima de atentados, enquanto investiga o misterioso fenômeno.

COMENTÁRIOS: Típica produção B dos anos 70, que busca suprir a falta de uma boa história apelando para uma pequena dose de erotismo. A única curiosidade é a presença de Tom Selleck, antes de chegar ao estrelato com a série *Magnun*. Rodado nas Filipinas.

AVALIAÇÃO: **

DAWN OF THE DEAD

O DESPERTAR DOS MORTOS

DIRETOR: George A. Romero

PAÍS: Estados Unidos

COMPANHIA PRODUTORA: Laurel Group Production

ANO DE PRODUÇÃO: 1978

DURAÇÃO: 142'

IDIOMA ORIGINAL: Inglês

PRODUÇÃO: Richard P. Rubinstein

ARGUMENTO: George A. Romero

ROTEIRO: George A. Romero

FOTOGRAFIA: Michael Gornick [cor]

MONTAGEM: George A. Romero

MÚSICA: "The Goblins", Dario Argento

ELENCO: David Emge, Ken Foree, Scott H. Reiniger, Gaylen Ross, David Crawford, David Early, Richard France, Howard Smith, Daniel Dietrich, Fred Baker, Jim Baffico, Rod Stouffer, Jese del Gre, Clayton McKinnon, John Rice, Ted Bank, Patrick McCloskey, Randy Kovitz, Joe Pilato, Pasquale Buba, Tom Savini, Tony Buba, Marty Schiff, Butchie, Joe Shelby, Dave Hawkins, Taso Stavrakos, Tom Kapusta, Nick Tallo, Rudy Ricci, Larry Vaira, Sharon Ceccatti, Pam Chatfield, Mike Christopher,

Clayton Hill, Jay Stover

GÊNERO: Horror em tom de comédia

SINOPSE: Num mundo invadido por hordas de zumbis antro-pófagos, canibais e comedores de gente, quatro sobreviventes encontram um refúgio paradisíaco em um shopping center abandonado. Porém, qualquer pessoa realista sabe que a felicidade baseada no consumismo desenfreado não pode durar para sempre.

COMENTÁRIOS: Continuação do clássico "Night of the living dead" (1968), com um clima *trash* e uma duração excessiva.

AVALIAÇÃO: ***

DAWN OF THE DEAD

MADRUGADA DOS MORTOS

DIRETOR: Zack Snyder

PAÍS: Estados Unidos

COMPANHIA PRODUTORA: Strike Entertainment / New Amsterdam Entertainment

ANO DE PRODUÇÃO: 2004

DURAÇÃO: 101'/110'

IDIOMA ORIGINAL: Inglês

PRODUÇÃO: Richard P. Rubinstein, Marc Abraham, Eric Newman (coprodução: Michael Messina)

ARGUMENTO: George A. Romero

ROTEIRO: James Gunn

FOTOGRAFIA: Matthew F. Leonetti [cor]

MONTAGEM: Niven Howie

MÚSICA: Tyler Bates (supervisão: G. Marq Roswell)

ELENCO: Sarah Polley, Ving Rhames, Jake Weber, Ty Burrell, Mekhi Phifer, Michael Kelly, Kevin Zegers, Lindy Booth, Jayne Eastwood, Matt Frewer, Michael Barry, Boyd Banks, Inna Korobkina, R. D. Reid, Kim Poirier, Justin Louis, Hannah Lochner, Bruce Bohne, Ermes Blarasin, Sanjay Talwar, Kim Roberts, Tim Post, Matt Austin, Philip DeWilde, Colm Magner, Luigia Zucaro, Geoff Williams, Mike Realba, David Campbell, Philip MacKenzie, Laura DeCarteret, Georgia Craig, Tino Monte, Chris Gillett, Derek Keurvorst, Dan Duran, Neville Edwards, Sandy Jobin-Bevans, Natalie Brown, Liz West, cão Blu, Darren Marsman

GÊNERO: Horror de zumbis para adolescentes

SINOPSE: Subitamente, e sem necessidade de nenhuma explicação "careta", seres humanos se transformam em zumbis canibais e começam a espalhar seu mal para toda a população. Algumas poucas pessoas conseguem sobreviver aos ataques e se refugiam num imenso shopping, onde esperam por alguma ajuda. Enquanto a ajuda não vem, a turma se entretém desfrutando de todas as maravilhas proporcionadas pela sociedade de consumo.

COMENTÁRIOS: Realizada pelo mesmo produtor da versão original – Richard Rubinstein – esta versão "modernizada" de "O despertar dos mortos" (George Romero, 1978) nada tem a acrescentar ao seu modelo, a não ser mais personagens e mais dinheiro – tanto na produção quanto no bolso dos responsáveis pelo projeto. De resto, embora corrija um dos maiores problemas do filme de Romero – a duração excessiva – essa refilmagem se leva muito a sério – o que não costuma dar certa, em filmes de zumbinismo. A versão de 110 minutos é a "unrated".

AVALIAÇÃO: ***

DIRETOR: Frank Agrama

PAÍS: Estados Unidos

COMPANHIA PRODUTORA: Harmony Gold

ANO DE PRODUÇÃO: 1981

DURAÇÃO: 93'

IDIOMA ORIGINAL: Inglês

PRODUÇÃO: Frank Agrama

ARGUMENTO: Ronald Dobrin, Daria Price

ROTEIRO: Daria Price, Ronald Dobrin, Frank Agrama

FOTOGRAFIA: Sergio Rubini [cor]

MONTAGEM: Jonathon Braun

MÚSICA: Shuki Y. Levy

ELENCO: Brenda King, Barry Sattels, George Peck, John Salvo, Ibrahim Khan, Joan Levy, Ellene Faison, Diane Beatty, Ali Gohar, Ahmed Ratib, Baher Saied, Ali Azab, Ahmed Laban, Laila Nasr

GÊNERO: Horror de zumbis

SINOPSE: No interior do Egito, o pilantra norte-americano Rick e alguns comparsas locais estão prontos para saquear a tumba intacta de um faraó, que eles acabaram de encontrar. Porém, o "trabalho" dos ladrões é perturbado pela chegada de um fotógrafo norte-americano e de sua equipe, que vêm fazer um ensaio com algumas modelos. O fotógrafo decide usar justamente a tumba como cenário para suas fotos e, com isso, acaba despertando a múmia do faraó, que foi amaldiçoado pelos deuses por ser extremamente cruel. Logo, os antigos guardas do faraó também ressuscitam como zumbis, saciando sua fome de carne humana nos ianques e na população das redondezas.

COMENTÁRIOS: Filme de baixo orçamento com locações no Egito e um diretor e produtor do mesmo país, que também fez carreira na Itália e nos Estados Unidos. Um roteiro debiloide, um elenco de 5ª categoria e efeitos especiais fuleiros garantem a diversão das pessoas pouco exigentes.

AVALIAÇÃO: **

THE DAY AFTER TOMORROW

O DIA DEPOIS DE AMANHÃ

DIRETOR: Roland Emmerich

PAÍS: Estados Unidos

COMPANHIA PRODUTORA: Centropolis Entertainment / Lions Gate / Mark Gordon Company

ANO DE PRODUÇÃO: 2004

DURAÇÃO: 124'

IDIOMA ORIGINAL: Inglês

PRODUÇÃO: Mark Gordon, Roland Emmerich (coprodutor: Thomas M. Hammel)

ARGUMENTO: Roland Emmerich

ROTEIRO: Roland Emmerich, Jeffrey Nachmanoff

FOTOGRAFIA: Ueli Steiger [cor]

MONTAGEM: David Brenner

MÚSICA: Harald Kloser

ELENCO: Dennis Quaid, Jake Gyllenhaal, Ian Holm, Emmy Rossum, Sela Ward, Dash Mihok, Kenneth Welsh, Jay O. Sanders, Austin Nichols, Perry King, Nestor Serrano, Adrian Lester,

Sheila McCarthy, Arjay Smith, Glenn Plummer, Tamlyn Tomita, Sasha Roiz, Nassim Sharara, Carl Alacchi, Michael A. Samah, Robin Wilcock, Jason Blicker, Kenneth Moskow, Tim Hamaguchi, Richard McMillan, Sylvain Landry, Chris Britton, Vlasta Vrana, Pauline Little, Alan Fawcett, Howard Bilerman, John Maclaren, Frank Schorpion, Rachelle Glait, Pierre Leblanc, Richard Zeman, Frank Fontaine, Mimi Kuzyk, Al Vandecruys, Vitali Makarov, Russell Yuen, Tim Bagley, Pierre Lenoir, Don Kirk, Lisa Canning, Terry Rhoads, Nicolas Feller, J. P. Manoux, Chuck Shamata, Phillip Jarrett, Tetchena Bellange, Tony Calabretta, Vivian Winther, Tom Rooney, Amy Sloan, David Schaap, Marylou Bélugou, Nobuya Shimamoto, Bunrey Miyake, Karen Glave, Jennifer Morehouse, Christian Tessier, Joe Cobden, Caroline Keenan-Wiseman, Aaron Lustig, Sam Woods, Jesús 'Chuy' Pérez, Jack Laufer, Luke Letourneau, John Moore, William Francis McGuire, Michael McNally, Anne Day-Jones, Emanuel Hoss-Desmarais, Lynne Debel, Mikio Owaki, Terry Simpson, Alvin Tam, Joey Elias, Ron Darling, José Ramón Rosario, Kwasi Songui, John C. Colton, Dilva Henry, Mark Thompson, Wendy L. Walsh, Mark Pfister, Ana Garcia, Lauren Sanchez, Rob Fukuzaki, Ross King, Robert Holguin, Suzanne Michaels, Leyna Nguyen, Lina Patel, Rosey Edeh, Lori Graham, Jesse Todd, Gordon Masten, Matt Adler, Ray Légaré, Matt Holland, Greg Kramer, Joel McNichol

GÊNERO: Filme catástrofe de ficção científica

SINOPSE: Cientista genial, mas heterodoxo, descobre que o mundo caminha rapidamente para uma nova era glacial. Obviamente, as autoridades insensíveis ignoram suas advertências, até que a tragédia inevitável se abate sobre a humanidade.

COMENTÁRIOS: Se você não é cego ou não passou toda a sua vida num iglu sem eletricidade, já deve ter visto uma meia dúzia de filmes iguais, com muitos efeitos especiais incríveis e muitos heróis abnegados (que só não conseguem salvar esta trama nula).

AVALIAÇÃO: **

O DIA DOS MORTOS

DIRETOR: George A. Romero

PAÍS: Estados Unidos

COMPANHIA PRODUTORA: Laurel.

ANO DE PRODUÇÃO: 1985

DURAÇÃO: 101'

IDIOMA ORIGINAL: Inglês

PRODUÇÃO: Richard P. Rubinstein, David Ball

ARGUMENTO: George A. Romero

ROTEIRO: George A. Romero

FOTOGRAFIA: Michael Gornick [cor]

MONTAGEM: Pasquale Buba

MÚSICA: John Harrison

ELENCO: Lori Cardille, Terry Alexander, Joe Pilato, Jarlath Conroy, Antone DiLeo, G. Howard Klar, Ralph Marrero, John Amplas, Phillip G. Kellams, Taso N. Stavrakis, Gregory Nicotero [Greg Nicotero], Richard Liberty, Howard Sherman

GÊNERO: Horror de zumbis

SINOPSE: A epidemia de zumbinismo se expande e toma conta de boa parte do território norte-americano. Os poucos humanos sobreviventes – uma dúzia de militares e cientistas – vivem em um abrigo subterrâneo, enquanto tentam encontrar outros humanos vivos e alguma forma de conter a propagação da doença.

Porém, além da constante ameaça dos zumbis famintos, que se amontoam em torno do acampamento, os sobreviventes sofrem um forte desgaste psicológico e vivem em constante atrito, já que militares e cientistas têm objetivos e concepções bastante diferentes.

COMENTÁRIOS: Terceira parte da saga de zumbis que Romero iniciou com seu clássico absoluto: "Night of the living dead", de 1968.

AVALIAÇÃO: ***

O DIA EM QUE A TERRA SE INCENDIOU

DIRETOR: Val Guest

PAÍS: Inglaterra

COMPANHIA PRODUTORA: Melina Productions

ANO DE PRODUÇÃO: 1961

DURAÇÃO: 98'

IDIOMA ORIGINAL: Inglês

PRODUÇÃO: Val Guest

ARGUMENTO: Wolf Mankowitz, Val Guest

ROTEIRO: Wolf Mankowitz, Val Guest

FOTOGRAFIA: Harry Waxman [p&b]

MONTAGEM: Bill Lenny

MÚSICA: Stanley Black

ELENCO: Janet Munro, Leo McKern, Edward Judd, Michael Goodliffe, Bernard Braden, Reginald Beckwith, Gene Anderson,

Renée Asherson, Arthur Christiansen

GÊNERO: Ficção científica

SINOPSE: O planeta está passando por sérias perturbações, com enchentes, terremotos e interferências solares anormalmente fortes. Investigando o caso, os repórteres de um jornal britânico descobrem que, por conta de um erro de fuso horário, os governos norte-americano e soviético realizaram testes nucleares simultâneos, causando uma mudança no eixo de rotação da Terra. Porém, o caso é ainda mais grave, já que o nosso planeta mudou de curso e está rumando diretamente para o Sol. Com isso, uma onda de calor intenso toma conta do mundo, causando pânico e histeria coletiva. Diante da catástrofe que se aproxima, a única esperança da Terra é uma nova explosão nuclear, que restabeleça a órbita antiga.

COMENTÁRIOS: Típico exemplar da ficção científica dos tempos da Guerra Fria, com a denúncia da ameaça do uso das armas nucleares. Além de uma produção bastante ágil e dinâmica, com a abordagem séria que caracteriza a ficção científica britânica, o filme conta também com a bela presença de Janet Munro.

AVALIAÇÃO: ***

DAY THE WORLD ENDED

O DIA EM QUE O MUNDO ACABOU

DIRETOR: Roger Corman

PAÍS: Estados Unidos

COMPANHIA PRODUTORA: Golden State Productions

ANO DE PRODUÇÃO: 1955

DURAÇÃO: 79'

IDIOMA ORIGINAL: Inglês

PRODUÇÃO: Roger Corman, James H. Nicholson, Samuel Z. Arkoff

ARGUMENTO: Lou Rusoff

ROTEIRO: Lou Rusoff

FOTOGRAFIA: Jock Feindel [p&b]

MONTAGEM: Ronald Sinclair

MÚSICA: Ronald Stein

ELENCO: Richard Denning, Lori Nelson, Adele Jergens, Touch Connors [Mike Connors], Paul Birch, Raymond Hatton, Paul Dubov, Jonathan Haze, Paul Blaisdell

GÊNERO: Ficção científica

SINOPSE: O filme começa justamente quando o mundo acabou, vitimado por uma súbita guerra nuclear. Por algum capricho do destino, um grupo de sete seres humanos sobrevive em um pequeno vale, que está relativamente protegido da radiação por estar cercado de montanhas ricas em chumbo e por ter correntes de vento que mantêm afastada a nuvem mortal que cobre todo o planeta. Os sobreviventes se reúnem na casa do rancheiro Jim Maddison, que acreditava no fim do mundo e acumulou água e comida para sobreviver por um longo tempo, embora não contasse com hóspedes. Porém, além da presença do inescrupuloso marginal Tony, que está disposto a matar seus companheiros para ficar com toda a comida, o grupo ainda conta com Radek, que foi atingido pela radiação e está se transformando em um mutante canibal. Como desgraça pouca é bobagem, nossos heróis descobrem que não estão tão sozinhos no mundo, já que alguns humanos sobreviventes estão se transformando em terríveis monstrengos.

COMENTÁRIOS: Um dos primeiros trabalhos de Roger Corman, que já seguia fielmente o seu sistema de realizar filmes baratos, mas eficientes. Como consequência do baixíssimo orçamento, o filme tem poucos efeitos, pouca ação e muita falação, mas nem por isso deixa de ser um pequeno clássico.

AVALIAÇÃO: ***

THE DEAD ARE ALIVE

(Cf. L'etrusco uccide ancora)

DEAD CLOWNS

PALHAÇOS MORTOS

DIRETOR: Steve Sessions

PAÍS: Estados Unidos

COMPANHIA PRODUTORA: This Is Not a Dream / B-Horror.com

ANO DE PRODUÇÃO: 2004

DURAÇÃO: 95'

IDIOMA ORIGINAL: Inglês

PRODUÇÃO: Carol Riordan

ARGUMENTO: Steve Sessions

ROTEIRO: Steve Sessions

FOTOGRAFIA: [cor]

MÚSICA: Steve Sessions

ELENCO: Debbie Rochon, Lucien Eisenach, Jeff Dylan

Graham, Robyn Griggs, Eric Spudic, Kimberly Lynn Cole, Brinke Stevens, Jeff Samford, Will Riordan, Jenn Ruliffson, Brandon Carroll, Krystal Stevenson

GÊNERO: Drama de horror

SINOPSE: Uma pequena cidade do litoral norte-americano está sendo assolada por um violentíssimo tornado. Nessa mesma noite, um grupo de palhaços – que morreram quando o vagão do trem do circo no qual viajavam caiu da ponte da cidade, em 1957 – resolve ressuscitar e se vingar da negligência da população local, que nem se deu ao trabalho de resgatar os seus corpos do fundo do rio. Transformados em zumbis canibais, eles começam a matança.

COMENTÁRIOS: Um dos momentos máximos da imbecilidade cinematográfica, esse filme parte de uma história totalmente sem sentido e a desenvolve com uma notável incompetência. Quase nada acontece, as situações são repetitivas e o elenco não consegue transmitir a mais elementar emoção.

AVALIAÇÃO: *

DEAD END

ROTA DA MORTE

DIRETOR: Jean-Baptiste Andrea, Fabrice Canepa

PAÍS: França

COMPANHIA PRODUTORA: Captain Movies / Sagittaire Films

ANO DE PRODUÇÃO: 2002

DURAÇÃO: 80’

IDIOMA ORIGINAL: Inglês

PRODUÇÃO: James Huth, Gabriella Stollenwerck (coprodução: Guy Courtecuisse)

ARGUMENTO: Jean-Baptiste Andrea, Fabrice Canepa

ROTEIRO: Jean-Baptiste Andrea, Fabrice Canepa

FOTOGRAFIA: Alexander Buono [cor]

MONTAGEM: Antoine Vareille

MÚSICA: Greg De Belles

ELENCO: Ray Wise, Alexandra Holden, Lin Shaye, Mick Cain, Billy Asher, Amber Smith, Karen S. Gregan, Sharon Madden, Steve Valentine, Jimmie F. Skaggs, Clement Blake

GÊNERO: Drama de horror e suspense

SINOPSE: Uma típica família norte-americana da classe média viaja de carro para passar o Natal com parentes. Durante o trajeto, tudo vai indo bem, até que o pai resolve tomar um atalho por uma estrada deserta. Após quase sofrerem um grave acidente, os viajantes param para socorrer uma estranha mulher, que parece estar sozinha no meio do nada, o que vai dar início a uma série de acontecimentos insólitos.

COMENTÁRIOS: Com um orçamento baixíssimo (menos de 1 milhão de dólares), este filme – falado em inglês, com locações em Los Angeles e pretensões de atingir o mercado internacional – até que consegue bons resultados. Porém, o uso e abuso dos mais batidos clichês do gênero acaba com qualquer chance de surpreender o espectador.

AVALIAÇÃO: ***

DEAD HEIST

NOITE INFERNAL

DIRETOR: Bo Webb

PAÍS: Estados Unidos

COMPANHIA PRODUTORA: Swirl Films / Junior Ent. / Tomo-Houvra-Euba Joint

ANO: 2007

DURAÇÃO: 75'

IDIOMA ORIGINAL: Inglês

PRODUÇÃO: Eric Tomosunas, David Eubanks II

ARGUMENTO: Anghus Houvouras

ROTEIRO: Anghus Houvouras, Bob Webb, Eric Tomosunas

FOTOGRAFIA: Matt Malloy, Patrick Borowiak [cor]

MONTAGEM: Bo Webb

MÚSICA: James McKeever

ELENCO: Brandon Hardin, DJ Naylor, Dominic Santana, Michael Braxton, Chris Bailey, Big Daddy Kane, E-40, Bonecrusher, Zach Hanner, T-Love [Traci Dinwiddie], Jon Stafford, Bill Ladd, Cullen Moss, Charlie Lucas, Joi Higgins, Jerrelle Anderson, Furman Judd, Courtney Lenz, Chantel Liddel, Windy Wenderlich, Robert Johnson, Patti Briscoe, Mark Robinson, Taylor Kowalski, Micah Noble, Michelle Mims, Steve Bass

GÊNERO: Horror para adolescentes

SINOPSE: Quatro jovens traficantes de Miami estão com pressa de subir na vida e decidem roubar um banco em uma cidadezinha interiorana. Como se associaram a um poderoso gangster, eles têm de ser supervisionados por um ex-militar, já que são muito inexperientes. Rebelando-se, o quarteto decide realizar o assalto um dia antes da data combinada. Porém, as coisas não dão muito certo e eles matam um policial, ficando presos dentro do banco. Para complicar um pouco a situação, anoitece e centenas de zumbis assassinos invadem a cidade, dizimando a população.

COMENTÁRIOS: Com elenco predominantemente negro, e quase todo formado por músicos de hip-hop, este filme investe nos mais esfarrapados clichês, misturando uma trama criminal com zumbis. Obviamente, o que mais impressiona negativamente é a opção de transformar traficantes de drogas em heróis de ação.

AVALIAÇÃO: *

DEAD MEAT

O BANQUETE DOS ZUMBIS

DIRETOR: Conor McMahon

PAÍS: Irlanda

COMPANHIA PRODUTORA: Horrorthon Picture [Three Way Productions] / Bord Scannán na hÉireann

ANO DE PRODUÇÃO: 2004

DURAÇÃO: 80'

IDIOMA ORIGINAL: Inglês

PRODUÇÃO: Edward King, Michael Griffin

ARGUMENTO: Conor McMahon

ROTEIRO: Conor McMahon

FOTOGRAFIA: Andrew Legge [cor]

MONTAGEM: Conor McMahon

MÚSICA: John Gillooley (adicional: Edward King)

ELENCO: Marián Araújo, David Muyllaert, Eoin Whelan, David Ryan, Amy Redmond, Kathryn Toolan, John O'Connor, Ned Dennehy

GÊNERO: Horror de zumbis

SINOPSE: Helena e seu noivo estão viajando pelo interior da Irlanda quando vão parar em uma região que está afetada por uma epidemia da doença da vaca louca. Porém, neste caso, a epidemia alastrou-se para os seres humanos, que estão se transformando em vorazes zumbis canibais. Logo, o noivo de Helena é atacado e a moça tem que fugir, sendo salva por Desmond, um fazendeiro que mora nas redondezas. Juntos, os dois tentarão se manter em segurança e lutar contra os zumbis, que se multiplicam em ritmo alucinante.

COMENTÁRIOS: Filme de zumbis que não foge aos clichês do gênero (que são, aliás, muito pobres). O único ponto de interesse deste filme é o fato de se tratar de uma rara produção irlandesa, embora pouco se distinga formalmente de seus congêneres norte-americanos e ingleses.

AVALIAÇÃO: **

DEAD OF WINTER

MORTE NO INVERNO

DIRETOR: Arthur Penn

PAÍS: Estados Unidos

COMPANHIA PRODUTORA: MGM Entertainment

ANO DE PRODUÇÃO: 1987

DURAÇÃO: 100'

IDIOMA ORIGINAL: Inglês

PRODUÇÃO: John Bloomgarden, Marc Shmuger

ROTEIRO: Marc Shmuger, Mark Malone

FOTOGRAFIA: Jan Weincke [cor]

MONTAGEM: Rick Shaine

MÚSICA: Richard Einhorn

ELENCO: Mary Steenburgen, Roddy McDowall, Jan Rubes, William Russ, Ken Pogue, Wayne Robson, Mark Malone, Michael Copeman, Sam Malkin, Pamela Moller, Dwayne McLean, Paul Welsh

GÊNERO: Drama de suspense e horror

SINOPSE: Katie McGovern é uma candidata a atriz que recebe uma proposta irrecusável: um teste para o papel principal de uma importante produção cinematográfica. Apesar dos protestos de seu marido Roland, Katie acompanha o empresário que a convidou numa viagem a uma pequena cidade do interior, onde o teste será realizado. Ao conhecer o produtor do filme, o psiquiatra paralítico Joseph Lewis, Katie fica sabendo o motivo de sua contratação: ela é uma sósia perfeita de Julie Rose, a antiga estrela da película, afastada das filmagens por uma crise nervosa. O teste é um sucesso, mas Katie começa a desconfiar de que há alguma coisa errada com seus dois hospedeiros, após ver seus documentos queimando na lareira e o fio do telefone cortado.

COMENTÁRIOS: Livre adaptação de um policial B dos anos 40 ("My name is Julia Ross", de Joseph H. Lewis), valorizada por um competente trio de protagonistas. Rodado no Canadá.

AVALIAÇÃO: ***

DEAD SCARED

(Cf. The hazing)

GRITOS MORTAIS

DIRETOR: James Wan

PAÍS: Estados Unidos

COMPANHIA PRODUTORA: Universal Pictures / Burg-Koules-Hoffman

ANO DE PRODUÇÃO: 2006

DURAÇÃO: 91'

IDIOMA ORIGINAL: Inglês

PRODUÇÃO: Gregg Hoffman, Oren Koules, Mark Burg

ARGUMENTO: James Wan, Leigh Whannell

ROTEIRO: Leigh Whannell

FOTOGRAFIA: John R. Leonetti [cor]

MONTAGEM: Michael N. Knue

MÚSICA: Charlie Clouser

ELENCO: Ryan Kwanten, Amber Valletta, Donnie Wahlberg, Bob Gunton, Michael Fairman, Judith Roberts, Laura Regan, Joan Heney, Dmitry Chepovetsky, Keir Gilchrist, Steven Taylor, David Talbot, Steve Adams, Shelley Peterson, Enn Reitel, Fred Tatasciore (voz)

GÊNERO: Horror

SINOPSE: Poucas horas depois de receber um pacote anônimo contendo um bizarro boneco de ventríloquo, um homem tem sua esposa barbaramente assassinada. Ao perceber que a morte da mulher está ligada ao seu passado, ele decide voltar à sua cidade natal para investigar o caso.

COMENTÁRIOS: Trágico exemplo de um filme que tinha tudo

para ser um clássico, mas que vai definhando no meio de uma infinidade de promessas não cumpridas.

AVALIAÇÃO: ***

DEAD SUSHI / DEDDO SUSHI

DIRETOR: Noboru Iguchi

PAÍS: Japão

COMPANHIA PRODUTORA: Nishimura Eizo / Walker Pictures

ANO DE PRODUÇÃO: 2012

DURAÇÃO: 87'

IDIOMA ORIGINAL: Japonês

PRODUÇÃO: Motohisa Nagata, Yoichi Sakai, Mana Fukui

ARGUMENTO: Noboru Iguchi

ROTEIRO: Noboru Iguchi

FOTOGRAFIA: Yasutaka Nagano [cor]

MONTAGEM: Yosuke Yafune

MÚSICA: Yasuhiko Fukuda

ELENCO: Rina Takeda, Kentaro Shimazu, Kanji Tsuda, Takamasa Suga, Toru Tezuka, Takashi Nishina, Asami, Jiji Boo, Shigeru Matsuzaki, Yui Murata, Marin, Nao Ibaraki, Yuya Ishikawa, Kentaro Kishi, Demo Tanaka, Hiroaki Murakami, Hiyori Hachiya [Hiroz], Ayaka Obu, Maaya Morinaga, Aiko Hashiuchi, Miho Hoshino, Munenori Yao, Yasuhiko Fukuda (voz)

GÊNERO: Comédia gastronômica de ficção científica e artes marciais

SINOPSE: Sendo a única filha de um célebre sushiman, Keiko

foi treinada por seu pai para ser a sua sucessora. Porém, apesar de ter ensinado a Keiko os segredos do seu ofício e também artes marciais, a fim de torná-la mais masculina, o velho mestre desiste, já que não acredita que as mulheres sejam capazes de exercer a sua nobre arte de amassar arroz com peixe cru. Deprimida, Keiko foge de casa e vai trabalhar em uma pousada que é justamente célebre pela qualidade de seu sushi. Quando a pousada recebe a visita de uma equipe de funcionários de um grande laboratório farmacêutico, cujo chefe é gourmet, surge no mesmo local um estranho mendigo, que faz o dono do laboratório de refém. Na verdade, o mendigo é o cientista Yamada, que trabalhou para a empresa e caiu em desgraça depois que sua invenção – um soro para restaurar a vida – gerou monstros contagiosos. Yamada é mortalmente ferido pelo dono da pousada, mas antes de morrer consegue injetar seu soro em uma lula, encarregando o animal de contaminar peças de sushi, que se transformam em criaturas assassinas para realizar a sua vingança.

COMENTÁRIOS: Comédia bastante bizarra que satiriza o espírito corporativo que impera na sociedade japonesa. Infelizmente, algumas boas ideias e situações nunca são aprofundadas em detrimento de clichês, fazendo com que a trama se torne um tanto repetitiva.

AVALIAÇÃO: ***

DEADBOLT

Deadbolt – A morte está em casa

DIRETOR: Douglas Jackson

PAÍS: Canadá

COMPANHIA PRODUTORA: Allegro Films / Image Organization

ANO: 1992

DURAÇÃO: 93'

IDIOMA ORIGINAL: Inglês

PRODUÇÃO: Tom Berry, Franco Battista (coprodução: Stefan Wodoslawsky) (executivo: Pierre David)

ARGUMENTO:

ROTEIRO: Mara Trafficante, Frank Rehwaldt

FOTOGRAFIA: Rodney Gibbons [cor]

MONTAGEM: Yves Langlois

MÚSICA: Milan Kymlicka

ELENCO: Justine Bateman, Adam Baldwin, Michele Scarabelli, Chris Mulkey, Anthony Sherwood, Ellen Cohen, Colin Fox, Cyndi Pass, Amy Fulco, Griffith Brewer, Mark Camacho, Isabelle Truchon, Gordon Masten, Shirley Merovitz, Don Jordan, Bernadette Li, Philip Spensley, Dominique Perreault, Nancy Boulanger

GÊNERO: Horror e suspense

SINOPSE: Marty, uma estudante de medicina que está passando por dificuldades financeiras, decide encontrar alguém com quem possa dividir o aluguel do seu apartamento. Cansada de mulheres complicadas, que entopem a pia com cabelos e estão sempre com TPM, ela resolve procurar um homem para inquilino. Seu escolhido é Alec, um rapaz bonito, simpático, educado e prestativo, que, obviamente, é perfeito demais para ser verdadeiro. As coisas vão ficar realmente animadas quando Marty descobrir que o seu novo locatário tem um pequeno defeito: ele é um assassino psicopata.

COMENTÁRIOS: Telefilme que se baseia em uma situação bastante plausível, desenvolvida com correção, mas sem maiores qualidades.

AVALIAÇÃO: ***

DEDDO SUSHI

(Cf. Dead sushi)

DEMENTIA

(Cf. Daughter of horror)

DEMENTIA 13

Demência 13

DIRETOR: Francis Coppola [Francis Ford Coppola]

PAÍS: Estados Unidos

COMPANHIA PRODUTORA: American International

ANO DE PRODUÇÃO: 1963

DURAÇÃO: 81'

IDIOMA ORIGINAL: Inglês

PRODUÇÃO: Roger Corman

ARGUMENTO: Francis Coppola [Francis Ford Coppola]

ROTEIRO: Francis Coppola [Francis Ford Coppola]

FOTOGRAFIA: Charles Hanawalt [p&b]

MONTAGEM: Mort Tubor, Stuart O'Brien

MÚSICA: Ronald Stein

ELENCO: William Campbell, Luana Anders, Bart Patton, Mary Mitchel, Patrick Magee, Ethne Dunn, Peter Read, Karl Schanzer, Ron Perry, Derry O'Donavan, Barbara Dowling

GÊNERO: Horror

SINOPSE: Louise é uma mulher bastante interesseira, que mantém seu casamento com o bunda-mole John para poder usufruir da herança da família dele, os Haloran, aristocratas do interior da Irlanda. No entanto, a matriarca da família tem ideias próprias sobre seu legado e venera a filha Kathleen — morta por afogamento quando ainda era criança — pretendendo deixar quase todo o dinheiro para uma fundação em memória da jovem. Quando Louise e o marido visitam o castelo Haloran, por ocasião do aniversário da morte de Kathleen, John tem um ataque cardíaco fulminante, enquanto dava um passeio noturno de barco com a esposa. Vendo que perderá tudo, Louise se desespera e decide afundar o corpo do marido no lago, ganhando tempo para encontrar um meio de convencer a velha a mudar o testamento.

COMENTÁRIOS: Com locações na República da Irlanda, esse filme B assinala a estreia de Coppola no longa-metragem (sob os auspícios de Roger Corman). O filme tem um bom clima e consegue iniciar sua história com alguma competência. Infelizmente, a trama cai bastante no terço final, até chegar à uma conclusão para lá de anêmica. Um bom exemplo do "cinema-relâmpago" produzido por Corman, que conseguia extrair o máximo de um minguado orçamento. A segunda unidade foi escrita e dirigida por Jack Hill.

AVALIAÇÃO: ***

DEMONS – OS FILHOS DAS TREVAS

DIRETOR: Lamberto Bava

PAÍS: Itália

COMPANHIA PRODUTORA: DACFILM

ANO DE PRODUÇÃO: 1985

DURAÇÃO: 104'/88'

IDIOMA ORIGINAL: Inglês (dub)

PRODUÇÃO: Dario Argento

ARGUMENTO: Dardano Sacchetti

ROTEIRO: Dario Argento, Lamberto Bava, Dardano Sacchetti, Franco Ferrini

FOTOGRAFIA: Gianlorenzo Battaglia [cor]

MONTAGEM: Piero Bozza

MÚSICA: Claudio Simonetti

ELENCO: Urbano Barberini, Natasha Hovey, Karl Zinny, Fiore Argento, Paola Cozzo, Fabiola Toledo, Nicoletta Elmi, Stelio Candelli, Nicole Tessier, Geretta Giancarlo, Bobby Rhodes, Guido Baldi, Bettina Ciampolini, Giuseppe Cruciano, Sally Day, Eliana Hoppe, Jasmine Maimone, Marcello Modugno, Peter Pitsch, Pasqualino Salemme, Enrica Maria Scrivano, Alex Serra, Michele Soavi, Claudio Spadaro

GÊNERO: Horror satânico escatológico

SINOPSE: Diversas pessoas recebem convites para assistir gratuitamente à estréia de um filme, em um velho cinema que acabou de ser reaberto. Porém, logo todos vão descobrir que estão caindo em uma armadilha satânica, já que os espectadores – presos dentro do prédio do cinema – começam a ser atacados pelas forças do mal e transformados em demônios sanguinários.

COMENTÁRIOS: Apesar da produção de Dario Argento, esta variante das histórias de zumbis não tem nenhum enredo e não passa de um pretexto para os efeitos grotescos tão ao gosto do horror italiano. Exteriores rodados em Berlim.

AVALIAÇÃO: **

DÈMONI 2... L'INCUBO RITORNA

DEMÔNIOS 2

DIRETOR: Lamberto Bava

PAÍS: Itália

COMPANHIA PRODUTORA: DACFILM

ANO DE PRODUÇÃO: 1986

DURAÇÃO: 91'

IDIOMA ORIGINAL: Inglês

PRODUÇÃO: Dario Argento

ARGUMENTO: Dario Argento, Lamberto Bava, Franco Ferrini, Dardano Sacchetti

ROTEIRO: Dario Argento, Lamberto Bava, Franco Ferrini, Dardano Sacchetti

FOTOGRAFIA: Gianlorenzo Battaglia [cor]

MONTAGEM: Pietro Bozza

MÚSICA: Simon Boswell

ELENCO: David Knight, Nancy Brilli, Coralina Cataldi Tassoni, Bobby Rhodes, Asia Argento, Virginia Bryant, Anita Bartolucci, Antonio Cantafora, Luisa Passega, Davide Marotta,

Marco Vivio, Michele Mirabella, Lorenzo Gioielli, Lino Salemme, Maria Chiara Sasso, Dario Casalini, Andrea Garinei, Luca de Nardo, Angela Frondaroli, Caroline Christina Lund, Karen Gennaro, Marina Loi, Silvia Rosa, Monica Umena, Lorenzo Flaherty, Fabio Poggiali, Andrea Spera, Pascal Persiano, Robert Chilcott, Eliana Hoppe, Yvonne Fraschetti, Bruno Bilotta, Furio Bilotta, Giovanna Pini, Stefano Molinari, Pasquale Valente, Kim Rhone, Annalie Harrison

GÊNERO: Horror satânico

SINOPSE: Moradores de um modernoso prédio de apartamentos são atacados por demônios, transformando-se também em cupinchas de Satã. Um homem e sua esposa grávida tentam desesperadamente fugir deste pandemônio, antes que percam vaga no "Demônios 3".

COMENTÁRIOS: Continuação de um grande sucesso que segue praticamente o mesmo enredo do original, sem se preocupar com explicações (e nem tampouco com qualidade).

AVALIAÇÃO: **

DEMONI 3 / BLACK DEMONS

NOITE MALDITA

DIRETOR: Umberto Lenzi

PAÍS: Itália

COMPANHIA PRODUTORA: Filmakers

ANO DE PRODUÇÃO: 1991

DURAÇÃO: 88'

IDIOMA ORIGINAL: Inglês

PRODUÇÃO: Giuseppe Gargiulo

ARGUMENTO: Umberto Lenzi

ROTEIRO: Olga Pehar

FOTOGRAFIA: Maurizio Dell'Orco [cor]

MONTAGEM: Vanio Amici

MÚSICA: Franco Micalizzi

ELENCO: Keith Van Hoven, Joe Balogh, Sonia Curtis, Philip Murray, Juliana Teixeira, Maria Alves, Cléa Simões, Jusro Silva, Rita Monteiro, Felix Lorival, Paul R. Goodman, Tony Martins, Gleis J. Pereira, Sérgio Costa, Louis Karlson

GÊNERO: Horror de zumbis

SINOPSE: Jessica, seu namorado Kevin e seu irmão problemático Dick são norte-americanos que estão no Brasil a fim de fazer um documentário sobre o samba. Porém, o trabalho aborrece bastante Dick, que se interessa muito mais por outro aspecto da cultura afrobrasileira: a macumba. Perdendo a paciência, ele se separa de seus amigos e busca alguém que possa introduzi-lo no vuduísmo nativo. Para seu azar, ele encontra uma boa velha que o leva para um ritual de quimbandomblé, onde o rapaz é iniciado (e quase finalizado). No dia seguinte, o trio de ianques segue para Belo Horizonte, mas uma pane em seu carro faz com que eles fiquem perdidos na selva. Por sorte, eles encontram um casal que se mudou recentemente para aquela região, e que lhes oferece hospedagem em sua velha fazenda desativada, para que no dia seguinte eles possam voltar à civilização. Ao anoitecer, dominado pelos poderes malignos do sobrenatural, Dick vai ao cemitério da propriedade e toca a fita que gravou durante o ritual. Por motivos ignorados dos simples mortais, os poderosos cantos afros despertam os cadáveres de seis escravos malditos enterrados no local, que retornam ao mundo da superfície como violentos – e discretos – zumbis vingativos.

COMENTÁRIOS: Exemplar tardio da safra italiana de filmes de zumbi, que tem como maior curiosidade o fato de ter sido rodado no Brasil (embora quase toda a ação se passe em uma velha sede de fazenda). Com um roteiro muito fraco e efeitos medíocres, este filme não tem quase nada para nos oferecer — a não ser as costumeiras cenas de crueldade contra animais.

AVALIAÇÃO: **

DEMONIA

DEMONIA

DIRETOR: Lucio Fulci

PAÍS: Itália

COMPANHIA PRODUTORA: Lanterna Editrice / A. M. Trading International

ANO DE PRODUÇÃO: 1990

DURAÇÃO: 85'

IDIOMA ORIGINAL: Italiano

PRODUÇÃO: Ettore Spagnuolo

ARGUMENTO: Pietro Regnoli, Lucio Fulci

ROTEIRO: Pietro Regnoli, Lucio Fulci

FOTOGRAFIA: Luigi Ciccarese [cor]

MONTAGEM: Otello Colangeli

MÚSICA: Giovanni Cristiani

ELENCO: Brett Halsey, Meg Register, Lino Salemme, Christina Engelhardt, Pascal Druant, Grady Thomas Clarkson, Ettore Comi, Carla Cassola, Michael J. Aronin, Al Clever, Isabella Corradini, Paola Cozzo, Bruna Rossi, Paola Calati, Antonio Melillo, Ruth Anderson, Gianfranco Bonavita, Francesco Biasini, Clorinda Pucci, Kerstin Soderberg, Francesco Cusimano, Lucio

Fulci

GÊNERO: Horror satânico

SINOPSE: Sem ter muito o que fazer na sua própria terra, que demorou muito para ser colonizada por povos civilizados, uma equipe de arqueólogos canadenses vai para o interior da Sicília, a fim de pesquisar um sítio grego. Porém, uma das arqueólogas, a jovem Lisa, está bem mais interessada nas ruínas de um mosteiro medieval, que exercem sobre ela uma estranha atração. Com suas investigações, a moça acaba despertando a alma penada de uma das cinco freiras demoníacas que haviam sido crucificadas na cripta do mosteiro, ainda na Idade Média, por conta das suas atividades satânicas. Como é um autêntico espírito de porco, a tal freira só pensa em se vingar. Porém, como todos os seus inimigos já morreram faz tempo, ela deixa de lado a vingança e passa a matar por pura diversão.

COMENTÁRIOS: Obra menor do mestre Fulci (1927-1996), com uma história bastante fraca e previsível. Apesar da ação se concentrar nos 10 minutos finais, algumas boas cenas de matança escatológica trazem a assinatura do diretor, em um de seus últimos trabalhos. O mais difícil, para o espectador, é suportar a canastrice incurável dc Mcg Rcgister.

AVALIAÇÃO: ***

DEMONS

(Cf. Demoni)

O dentista 2

DIRETOR: Brian Yuzna

PAÍS: Estados Unidos

COMPANHIA PRODUTORA: Trimark Pictures

ANO DE PRODUÇÃO: 1998

DURAÇÃO: 100'

IDIOMA ORIGINAL: Inglês

PRODUÇÃO: Pierre David, Noël A. Zanitsch, Bruce David Eisen (coprodutor: Ken Sanders)

ARGUMENTO: Dennis Paoli, Stuart Gordon, Charles Finch

ROTEIRO: Richard Dana Smith

FOTOGRAFIA: Jürgen Baum [cor]

MONTAGEM: Christopher D. Roth

MÚSICA: Alan Howarth

ELENCO: Corbin Bernsen, Jillian McWhirter, Jeff Doucette, Susanne Wright, Jim Antonio, Lee Dawson, Wendy Robie, Ralph P. Martin, Clint Howard, Linda Hoffman, Judy Nazemetz, Audra Wise, Mary Coleston, Rende Rae Norman

GÊNERO: Horror odontológico

SINOPSE: O dr. Larry Caine é um dentista muito louco, que comete os crimes mais abomináveis quando está possuído por sua outra personalidade, o perverso Feinstone. Internado num hospício, desde que cortou a língua de sua esposa infiel, Caine sequestra uma médica e consegue fugir, dispondo-se a começar uma nova vida no interior. Ele muda de identidade e vai para a cidadezinha de Paradise, onde se torna um cidadão respeitável e exemplar.

Envolvendo-se romanticamente com a escultora Jamie – sua senhoria – Caine busca espantar seus fantasmas, mas uma visita ao dentista da cidade reacende sua loucura. Tratado com incompetência, Caine assassina o homem e recebe um convite para ser o seu substituto. Para complicar as coisas, ele também passa a desconfiar de que Jamie o está traindo, o que reabre velhas feridas.

COMENTÁRIOS: Este filme bem poderia se chamar *O dentista e o monstro*, já que se inspira na célebre história de Robert Louis Stevenson.

AVALIAÇÃO: ***

DESAPARECIDOS

DESAPARECIDOS

DIRETOR: David Schürmann

PAÍS: Brasil

COMPANHIA PRODUTORA: Schürmann Film Company / TclcImagc

ANO DE PRODUÇÃO: 2011

DURAÇÃO: 73'

IDIOMA ORIGINAL: Português

PRODUÇÃO: David Schürmann, Gabriela Tocchio

ROTEIRO: Rafael Blecher, David Schürmann

FOTOGRAFIA: Todd Southgate [cor]

MONTAGEM: Paulo Pandolpho

MÚSICA: Alex Squat

ELENCO: Adriana Veraldi, André Madrini, Charlene Chagas,

Fernanda Peviani, Natália Vidall, Pedro Urizzi, Francisco Carvalho, Eliot Tosta, André Franco, David Schürmann, Isabelle Gasparini

GÊNERO: Drama de horror e suspense

SINOPSE: Cinco jovens – dois rapazes e três moças – da capital paulista são convidados para uma big festança em uma mansão da região de Ilhabela. Em meio a muito barulho e muito álcool, um dos rapazes vai curtir a natureza na companhia de uma desconhecida, que ele deseja ardentemente conhecer mais intimamente. Porém, sua irmã percebe que ele esqueceu sua bombinha para a asma. Temendo que o rapaz tenha um ataque, já que está fumando maconha e ainda vai transar, ela pede ajuda aos seus amigos para procurá-lo na mata que cerca a mansão. Porém, todo o grupo desaparece misteriosamente, deixando como única pista o registro das filmadoras que todos eles carregavam, e que foram distribuídas pelos promotores da festa.

COMENTÁRIOS: Tentativa medíocre de copiar, no cinema brasileiro, o estilo de falso documentário do filme "A bruxa de Blair" (conhecido geralmente pelo nome de found footage).

AVALIAÇÃO: **

THE DESCENT

ABISMO DO MEDO

DIRETOR: Neil Marshall

PAÍS: Inglaterra

COMPANHIA PRODUTORA: Celador Films

ANO DE PRODUÇÃO: 2005

DURAÇÃO: 100'

IDIOMA ORIGINAL: Inglês

PRODUÇÃO: Christian Colson, Paul Ritchie

ARGUMENTO: Neil Marshall

ROTEIRO: Neil Marshall

FOTOGRAFIA: Sam McCurdy [cor]

MONTAGEM: Jon Harris

MÚSICA: David Julyan

ELENCO: Shauna MacDonald, Natalie Mendoza, Alex Reid, Saskia Mulder, Nora-Jane Noone, Myanna Buring, Oliver Milburn, Molly Kayll

GÊNERO: Horror

SINOPSE: Seis amigas, há muito tempo unidas pelo gosto pela aventura, resolvem explorar uma imensa caverna nos montes Apalaches. Porém, quilômetros abaixo da terra, elas descobrem que o lugar é habitado por um monstruoso povo humanoide, que passa a caçar as moças para devorá-las.

COMENTÁRIOS: O filme parte da crença de que ainda existem muitos mistérios ocultos em nosso mundo, fora do alcance dos cientistas e dos meios de comunicação. Se isso é um fato, não há nada de impossível na ideia de que existam criaturas – humanoides ou não – habitando os abismos marinhos ou as profundezas de nosso planeta. Desde tempos remotos, admitiu-se a possibilidade da existência de populações subterrâneas – e até mesmo de um mundo completo no centro da Terra. Neste filme, a ideia de um povo vivendo em uma rede de cavernas profundas se reveste de um conteúdo aterrorizante, já que esses seres regrediram a uma condição de extrema selvageria – entendida, aqui, como violência. Claustrofóbico e angustiante, esse filme acompanha com competência o drama de suas personagens, subitamente presas em uma metáfora concreta do próprio Inferno.

AVALIAÇÃO: ***

THE DESCENT: PART 2

O ABISMO DO MEDO 2

DIRETOR: Jon Harris

PAÍS: Inglaterra

COMPANHIA PRODUTORA: Celador Films

ANO DE PRODUÇÃO: 2009

DURAÇÃO: 90'

IDIOMA ORIGINAL: Inglês

PRODUÇÃO: Christian Colson, Ivana MacKinnon

ROTEIRO: James McCarthy, J. Blakeson, James Watkins

FOTOGRAFIA: Sam McCurdy [cor]

MONTAGEM: Jon Harris

MÚSICA: David Julyan

ELENCO: Shauna MacDonald, Natalie Mendoza, Douglas Hodge, Krysten Cummings, Gavan O'Herlihy, Joshua Dallas, Anna Skellern, Michael J. Reynolds, Jessika Williams, Doug Ballard, Josh Cole, Saskia Mulder, Alex Reid, Nora-Jane Noone, Myanna Buring

GÊNERO: Drama de horror

SINOPSE: Depois de enfrentar os monstrengos subterrâneos do filme anterior, Sarah consegue escapar e é hospitalizada, ao mesmo tempo em que as autoridades procuram pelas suas cinco amigas desaparecidas. Como perdeu a memória, devido ao choque, ela nada pode dizer sobre o que ocorreu, embora ninguém fosse mesmo acreditar. O delegado encarregado do caso desconfia de que ela pode ser responsável por tudo e resolve levá-la em uma expedição de resgate nas profundezas da Terra. Porém, para sua desgraça, ele logo vai descobrir quem são os verdadeiros culpados.

COMENTÁRIOS: Boa continuação, apesar das inevitáveis repetições.

AVALIAÇÃO: ***

DESTINATION MOON

Destino à Lua

DIRETOR: Irving Pichel

PAÍS: Estados Unidos

COMPANHIA PRODUTORA: George Pal Productions

ANO DE PRODUÇÃO: 1950

DURAÇÃO: 91'

IDIOMA ORIGINAL: Inglês

PRODUÇÃO: George Pal

ARGUMENTO: Robert A. Heinlein

ROTEIRO: Rip Van Ronkel, Robert A. Heinlein, James O'Hanlon

FOTOGRAFIA: Lionel Lindon [cor]

MONTAGEM: Duke Goldstone

MÚSICA: Leith Stevens

ELENCO: John Archer, Warner Anderson, Tom Powers, Dick Wesson, Erin O'Brien-Moore

GÊNERO: Ficção científica

SINOPSE: General aposentado consegue o apoio de um poderoso industrial da aviação para o projeto de um cientista, que pretende construir um foguete para ir à Lua. Com financiamento de alguns milionários patriotas — que não querem ver os Estados Unidos tecnologicamente ultrapassados por alguma "outra" nação – o foguete é construído e o general, o cientista e o industrial realizam a viagem, juntamente com um coitado que entrou na história por casualidade. A viagem é um sucesso, até que surge a notícia de que eles talvez não tenham combustível suficiente para voltar à Terra.

COMENTÁRIOS: Um dos grandes clássicos da ficção científica, com efeitos especiais bastante sofisticados. Como curiosidade, existe dentro do filme um desenho-animado com o Pica-Pau, realizado especialmente para esta produção.

AVALIAÇÃO: ***

THE DEVIL BAT

O VAMPIRO

DIRETOR: Jean Yarborough

PAÍS: Estados Unidos

COMPANHIA PRODUTORA: P. R. C. – Producers Releasing Corporation

ANO DE PRODUÇÃO: 1940

DURAÇÃO: 69'

IDIOMA ORIGINAL: Inglês

PRODUÇÃO: Jack Gallagher

ARGUMENTO: George Bricker

ROTEIRO: John Thomas Neville

FOTOGRAFIA: Arthur Martinelli [p&b]

MONTAGEM: Holbrook N. Todd

MÚSICA: David Chudnow

ELENCO: Bela Lugosi, Suzanne Kaaren, Dave O'Brien, Guy Usher, Yolande Mallott, Donald Kerr, Edward Mortimer, Gene O'Donnell, Alan Baldwin, John Ellis, Arthur Q. Bryan, Hal Price, John Davidson, Billy Griffith, Wally Rairdon

GÊNERO: Horror

SINOPSE: Há muitos anos, o químico Paul Carruthers desenvolvera algumas fórmulas de cosméticos e as vendera para seus amigos Heath e Morton, recusando-se a entrar em sociedade comercial com eles. Porém, os dois enriqueceram com sua indústria de produtos de beleza e Paul – condenado a trabalhar para eles – fôra enlouquecendo de tanto ressentimento. Finalmente, ele elabora um sofisticado plano para se vingar, desenvolvendo uma raça de gigantescos morcegos vampiros que atacam as pessoas que usam uma determinada fragrância (também criada por Carruthers). Logo, o cientista louco providencia a morte de seus desafetos, planejando eliminar também as famílias de ambos.

COMENTÁRIOS: Além de uma história mambembe, o filme abusa dos efeitos especiais precaríssimos, apelando para ridículos morcegos de borracha.

AVALIAÇÃO: **

DEVIL GIRL FROM MARS

A GAROTA DIABÓLICA DE MARTE

DIRETOR: David MacDonald

PAÍS: Inglaterra

COMPANHIA PRODUTORA: Spartan Productions / Gigi Productions

ANO DE PRODUÇÃO: 1954

DURAÇÃO: 77'

IDIOMA ORIGINAL: Inglês

PRODUÇÃO: "The Danzigers" [Edward J. Danziger, Harry Lee Danziger]

ARGUMENTO: John C. Mather, James Eastwood

ROTEIRO: James Eastwood

FOTOGRAFIA: Jack Cox [p&b]

MONTAGEM: Brough Taylor

MÚSICA: Edwin Astley

ELENCO: Hugh McDermott, Hazel Court, Peter Reynolds, Adrienne Corri, Joseph Tomelty, Sophie Stewart, John Laurie, Patricia Laffan

GÊNERO: Ficção científica

SINOPSE: A caminho de Londres, onde daria início à conquista do nosso planeta, uma elegante marciana tem problemas com seu disco voador e é obrigada a pousá-lo em uma remotíssima localidade do interior da Escócia. Enquanto espera o conserto da nave, que deverá durar algumas horas, nossa vilã gasta seu tempo livre pentelhando os moradores de uma pensão muito familiar, cheia de cidadãos abnegados prontos para sacrificar suas vidas na defesa desse mundico miserável no qual vivemos. Como, apesar de ser de Marte, a invasora não deixa de ser uma mulher, ela faz frequentes visitas à pensão, não resistindo à tentação de fofocar sobre as maravilhosas conquistas tecnológicas da sua civilização. Assim, ficamos sabendo que o objetivo da invasão é caçar homens, já que a população masculina de Marte, alijada do poder por uma grande guerra, se tornou frouxa demais para procriar.

COMENTÁRIOS: Em pleno período da Guerra Fria, quando a ficção científica norte-americana estava repleta de alienígenas comunistas sem alma e sem princípios de moralidade, o cinema inglês nos brinda com essa bizarra peça anti-feminista de baixíssimo orçamento. Além da óbvia referência à causa da invasão (a busca de machos reprodutores, já que os homens submissos do planeta vermelho não davam conta do recado), ainda temos a empregada do hotel (uma legítima mulher de malandro) e a única hóspede do estabelecimento (uma modelo doida para arrumar um marido, uma cabana e uma penca de filhos). A necessidade de realizar um filme de ficção científica com pouco dinheiro (e sem assumir a sua pobreza), é a grande responsável por esta ridícula invasão alienígena individual, que pretende dominar nosso planeta começando por uma pensão quase vazia nos cafundós do nada. Para completar a desgraça, ou a diversão, o roteiro – baseado em uma peça teatral – não poupa seus personagens de doses maciças de ingenuidade e abnegação.

AVALIAÇÃO: **

DEVIL HUNTER

(Cf. El canibal)

THE DEVIL INSIDE

FILHA DO MAL

DIRETOR: William Brent Bell

PAÍS: Estados Unidos

COMPANHIA PRODUTORA: Paramount Pictures

ANO DE PRODUÇÃO: 2011

DURAÇÃO: 83'

IDIOMA ORIGINAL: Inglês

PRODUÇÃO: Matthew Peterman, Morris Paulson

ROTEIRO: William Brent Bell, Matthew Peterman

FOTOGRAFIA: Gonzalo Amat [cor]

MONTAGEM: Timothy Mirkovich, William Brent Bell

MÚSICA: Brett Detar, Ben Romans

ELENCO: Fernanda Andrade, Simon Quarterman, Evan Helmuth, Ionut Grama, Suzan Crowley, Bonnie Morgan, Brian Johnson, Jeff Victoroff, Pamela Davis, John Prosky, Claudiu Isotodor, Toma Danila, Claudiu Trandafir, Maria Junghietu, Ilinca Harnut, Corneliu Ulici, Andrei Aradits, Sorin Cocis, Lelia Goldoni, Suzanne Freeman, Greg Wolf, Kana Kashimoto, Ed Zabel, Jonathan Salkind, Cole Godvin

GÊNERO: Horror satânico

SINOPSE: 20 anos depois que sua mãe, Maria, assassinou três religiosos, enquanto estava sendo exorcizada, Isabella Rossi decide realizar um documentário sobre o caso. Para isso, ela viaja dos Estados Unidos para a Itália, a fim de visitar sua mãe, que está internada em um hospício administrado pelo Vaticano. Querendo conhecer mais detalhes sobre o que ocorreu — já que, na época, ela tinha apenas seis anos — Isabella passa a frequentar uma escola para exorcistas da Igreja católica, onde faz amizade com dois padres norte-americanos, Ben e David. O reencontro com a mãe é traumático e Isabella não consegue descobrir se Maria está possuída por demônios ou se tem algum problema mental. Porém, ao descobrir que Ben e David trabalham secretamente como exorcistas, desobedecendo à moderna orientação da Igreja, a garota decide acompanhá-los para travar conhecimento com as forças do além.

COMENTÁRIOS: O filme — que se desenvolve como um falso documentário — até que se esforça para transmitir alguma seriedade. Porém, é justamente essa busca de uma aparência verídica que prejudica bastante a narrativa, frustrando o espectador – que dificilmente deixará de se sentir enganado pelos realizadores.

AVALIAÇÃO: **

THE DEVIL'S ADVOCATE

O ADVOGADO DO DIABO

DIRETOR: Taylor Hackford

PAÍS: Estados Unidos

COMPANHIA PRODUTORA: Warner Bros. / Regency Enterprises / Kopelson Entertainment

ANO DE PRODUÇÃO: 1997

DURAÇÃO: 144'

IDIOMA ORIGINAL: Inglês

PRODUÇÃO: Arnon Milchan, Arnold Kopelson, Anne Kopelson

ARGUMENTO: Andrew Neiderman

ROTEIRO: Jonathan Lemkin, Tony Gilroy

FOTOGRAFIA: Andrzcj Bartkowiak [cor]

MONTAGEM: Mark Warner

MÚSICA: James Newton Howard

ELENCO: Keanu Reeves, Al Pacino, Charlize Theron, Jeffrey Jones, Judith Ivey, Connie Nielsen, Craig T. Nelson, Tamara Tunie, Ruben Santiago-Hudson, Debra Monk, Vyto Ruginis, Laura Harrington, Pamela Grey, Heather Matarazzo

GÊNERO: Horror satânico

SINOPSE: Kevin Lomax, um jovem advogado de uma cidade-zinha do interior americano, leva sua carreira muito a sério, empenhando-se obstinadamente em vencer todas as suas causas (não se importando nem um pouco com a culpa ou inocência de seus clientes). Esse talento promissor faz com que ele seja contratado pela poderosa firma de advocacia de John Milton, em Nova Iorque, que deseja transformá-lo em chefe do seu novo setor criminal. O rapaz e sua esposa Mary mudam-se para Nova Iorque e logo se deslumbram com sua nova riqueza e poder, já que sua ascensão profissional é meteórica. Porém, nem tudo corre tão bem na parte imaterial de suas vidas, já que o rapaz só se dedica à carreira e sua esposa começa a sofrer de depressão por causa da solidão e do tédio. Aos poucos, ela vai assumindo um comportamento paranoico, acreditando-se perseguida pelo próprio Milton, que seria muito mais do que uma simples raposa jurídica.

COMENTÁRIOS: Insólita e instigante mistura de drama de tribunal com horror satânico, numa espécie de sátira ao comportamento amoral dos advogados em geral (e especialmente dos americanos). O filme mostra como os indivíduos podem manipular as situações em prol de suas ambições de poder e dinheiro, transformando a instituição da justiça numa disputa de prestígio, onde as condenações e absolvições obtidas valem pontos numa escalada profissional. Filme dos mais interessantes, com uma história inteligente, bem desenvolvida, bem resolvida e um aproveitamento bastante satisfatório dos efeitos especiais.

AVALIAÇÃO: ****

THE DEVIL'S CHAIR

A CADEIRA DO DIABO

DIRETOR: Adam Mason

PAÍS: Inglaterra

COMPANHIA PRODUTORA: Renegade Worldwide

ANO DE PRODUÇÃO: 2006

DURAÇÃO: 91'

IDIOMA ORIGINAL: Inglês

PRODUÇÃO: Patrick Ewald, Nadya Brand, Eric M. Breiman

ARGUMENTO: Adam Mason, Simon Boyes

ROTEIRO: Adam Mason, Simon Boyes

FOTOGRAFIA: Ole Bratt Birkeland [cor]

MONTAGEM: Adam Mason, Hasse Billing

MÚSICA: Zoë Keating, Martin Grech, Mortiis

ELENCO: Andrew Howard, Elize du Toit, Matt Berry, David Gant, Louise Griffiths, Polly Brown, Olivia Hill, Nadja Brand, Eric M. Breiman, Gary Mackay

GÊNERO: Horror

SINOPSE: Nick, um rapaz um tanto vagabundo e marginal, leva sua namorada Sammi para conhecer seu novo lar: as ruínas de um antigo sanatório para doentes mentais. Os dois se drogam e resolvem brincar com uma estranha cadeira que está no local, e que parece um bizarro instrumento de tortura. Subitamente, Nick tem um apagão, enquanto Sammi parece ter ficado presa na cadeira, vítima de alguma força desconhecida. A garota desaparece e Nick, acusado de tê-la assassinado, é internado em um manicômio. Quatro anos depois, ele é libertado à pedido de um famoso psiquiatra, o dr. Willard, que planeja escrever um livro sobre o seu caso. Diante da perspectiva de voltar para o manicômio, Nick aceita auxiliar Willard, que pretende fazer pesquisas nas ruínas do sanatório. Sem ter nenhuma lembrança do que se passou, Nick acompanha o médico e sua equipe, embora sinta que possa estar se metendo em uma situação de extremo perigo.

COMENTÁRIOS: Mais uma vez, estamos diante de uma lastimável promessa cinematográfica que não se cumpre. Com um magnífico cenário e um começo instigante, este filme logo se perde em uma trama sem nexo e cheia de clichês.

AVALIAÇÃO: ***

O covil do Diabo

DIRETOR: Andrew Quint [Jeff Burr]

PAÍS: Estados Unidos

COMPANHIA PRODUTORA: Page 85 Entertainment / Duffy Square Productions

ANO DE PRODUÇÃO: 2006

DURAÇÃO: 84'

IDIOMA ORIGINAL: Inglês

PRODUÇÃO: John Duffy, Mitch Gould, Danny Wayne

ARGUMENTO: Mitch Gould

ROTEIRO: Mitch Gould

FOTOGRAFIA: Viorel Sergovici [cor]

MONTAGEM: Louis Cioffi

MÚSICA: Jon Lee (supervisão: Michael Lloyd)

ELENCO: Kelly Hu, Devon Sawa, Ken Foree, Steven Schubb, Karen Maxwell, Dawn Olivieri, Ken Ohara

GÊNERO: Horror em tom de comédia

SINOPSE: Dois rapazes norte-americanos, que estão vindo do México com uma carga do afrodisíaco cantárida para vender em festinhas de universitários ricos, deparam-se com um clube de strip-tease à beira de uma estrada deserta. O tal clube parece prometer muita diversão, mas eles logo vão descobrir que o local é o covil de uma legião de demônios que, na forma de mulheres gostosas, alimentam-se de carne humana e de almas desprevenidas. Um dos rapazes é morto e o outro tenta combater a ameaça, com a ajuda de uma pistoleira asiática e de um negro com pretensões de samurai.

COMENTÁRIOS: Produção B que não se preocupa muito com a coerência do seu enredo e nem mesmo com a ação, já que parece ter sido feita para aproveitar o sucesso de "Feast" (John Gulager, 2005).

AVALIAÇÃO: **

THE DEVIL'S HAND

O CÍRCULO DO DIABO

DIRETOR: William J. Hole Jr.

PAÍS: Estados Unidos

COMPANHIA PRODUTORA: Bubis-Katz

ANO DE PRODUÇÃO: 1962

DURAÇÃO: 71'

IDIOMA ORIGINAL: Inglês

PRODUÇÃO: Alvin K. Bubis

ROTEIRO: Jo Heims

FOTOGRAFIA: Meredith Nicholson [p&b]

MONTAGEM: Howard Epstein

MÚSICA: Manuel Francisco (composição: Allyn Ferguson, Mischa Terr)

ELENCO: Linda Christian, Robert Alda, Ariadna Welter, Neil Hamilton, Gere Craft, Jeannie Carman, Julie Scott, Dians Spears, Gertrude Astor, Bruno VeSota, Dick Lee, Jim Knight, Coleen Vico, Roy Wright, Romona Ravez, Tony Rock

GÊNERO: Horror satânico

SINOPSE: Rick está de casamento marcado com Donna, mas vem sendo perturbado por estranhos sonhos, nos quais vê uma linda mulher. Inspirado pelos sonhos, ele fica conhecendo a mulher, Bianca, que revela ser membro de um culto satânico e ter entrado magicamente nos seus sonhos para seduzi-lo. Totalmente encantado por Bianca, Rick abandona sua noiva – que ficou doente pelas artes vudus da rival – e entra para o culto, passando a ser mais um adorador do deus do mal Camba.

COMENTÁRIOS: Produção bastante pobre, apesar da presença de bons atores como Alda e Christian. Um simpático filme B dos velhos tempos, quando essas películas se levavam a sério.

AVALIAÇÃO: **

LE DIABLE AU CONVENT

O Diabo no convento

DIRETOR: Georges Méliès

PAÍS: França

COMPANHIA PRODUTORA: Star Film

ANO DE PRODUÇÃO: 1899

DURAÇÃO: 3'10

IDIOMA ORIGINAL: Mudo

PRODUÇÃO: Georges Méliès

FOTOGRAFIA: [p&b]

ELENCO: Georges Méliès

GÊNERO: Fantasia

SINOPSE: O Diabo invade um convento e toma conta do lugar, instalando nele uma verdadeira sucursal do Inferno. Porém, logo surgem as forças do bem para expulsá-lo e acabar com a sua festa, restabelecendo o tédio.

COMENTÁRIOS: Pode ser considerado um pioneiro dos filmes de terror.

AVALIAÇÃO: *****

LE DIABLE NOIR

O Diabo negro

DIRETOR: Georges Méliès

PAÍS: França

COMPANHIA PRODUTORA: Star Film

ANO DE PRODUÇÃO: 1905

DURAÇÃO: 4'

IDIOMA ORIGINAL: Mudo

PRODUÇÃO: Georges Méliès

FOTOGRAFIA: [p&b]

ELENCO: Georges Méliès

GÊNERO: Fantasia

SINOPSE: Um capeta invade um quarto de pensão e resolve descansar nele, até que é perturbado pela chegada de um hóspede.

Para se vingar, ele vai transformar a vida do recém-chegado em um verdadeiro inferno.

COMENTÁRIOS: Como sempre, o cinema de Méliès exibe um impressionante arsenal de truques e trucagens.

AVALIAÇÃO: ****

O DIABO MORA AQUI

O Diabo mora aqui

DIRETOR: Dante Vescio, Rodrigo Gasparini

PAÍS: Brasil

COMPANHIA PRODUTORA: Marlucco Visão / Locall / D Cine / Zumbi Post

ANO DE PRODUÇÃO: 2015

DURAÇÃO: 77'

IDIOMA ORIGINAL: Português

PRODUÇÃO: M. M. Izidoro, Renan Lima, Vinicius Gregoraci

ARGUMENTO: M. M. Izidoro, Rafael Baliú, Guilherme Aranha (or: M. M. Izidoro)

ROTEIRO: Rafael Baliú

FOTOGRAFIA: Kauê Zilli [cor]

MONTAGEM: Daniel Weber

MÚSICA: Pedro Santiago

ELENCO: Clara Verdier, Mariana Cortines, Pedro Carvalho, Diego Goullart, Pedro Caetano, Felipe Frazão, Sidney Santiago, Ivo Müller

GÊNERO: Drama de horror

SINOPSE: Quatro jovens vão para a casa de campo de pai de um deles, mas chegam justamente no dia em que deve se realizar um ritual que periodicamente exorciza o primeiro proprietário da casa, um cruel senhor de escravos conhecido como Barão do Mel. Brincando com os espíritos, um dos jovens compromete o resultado da cerimônia, liberando os espíritos maléficos que começam a cometer atrocidades.

COMENTÁRIOS: Mais um horror nacional que copia integralmente os mais surrados clichês das produções estrangeiras.

AVALIAÇÃO: **

LE DIABOLIQUE DOCTEUR Z / MISS MUERTE

O diabólico Dr. Z

DIRETOR: J. Franco [Jesus Franco]

PAÍS: França / Espanha

COMPANHIA PRODUTIORA: Spcva Films / Ciné Alliance / Hesperia Films

ANO DE PRODUÇÃO: 1966

DURAÇÃO: 83'

IDIOMA ORIGINAL: Francês

PRODUÇÃO: Michel Safra, Serge Silberman

ARGUMENTO: David Kuhne [Jesus Franco]

ROTEIRO: David Kuhne [Jesus Franco] (adap: Jean-Claude Carrière)

FOTOGRAFIA: Alejandro Ulloa [p&b]

MONTAGEM: Jean Feyte, Marie-Louise Barberot

MÚSICA: Daniel White

ELENCO: Estella Blain, Mabel Karr, Howard Vernon, Fernando Montes, Marcelo Arroita, Cris Huerta, Albert Bourbon, Guy Mairesse

GÊNERO: Horror

SINOPSE: O dr. Zimmer é um abnegado cientista louco que descobriu uma técnica para controlar os centros de bondade e de maldade do cérebro humano. Diante da rejeição de seus colegas, escandalizados com o seu desejo de realizar experiências com cobaias humanas, a saúde frágil de Zimmer não resiste e ele morre, não sem antes fazer com que sua filha Irma jure prosseguir o seu trabalho. Para cumprir seu juramento, Irma forja a sua própria morte e, com a ajuda da técnica de seu pai, transforma um tarado *serial killer* e uma stripper em escravos zumbis, a fim de que eles possam ajudá-la a se vingar dos cientistas que prejudicaram seu pai.

COMENTÁRIOS: Esta obra da primeira fase da carreira do prolífico Jesus Franco tem um bom clima, mas um roteiro fraco que prejudica bastante o resultado final – apesar da colaboração do célebre Jean-Claude Carrière.

AVALIAÇÃO: ***

DIARY OF A MADMAN

DIÁRIO DE UM LOUCO

DIRETOR: Reginald Le Borg

PAÍS: Estados Unidos

COMPANHIA PRODUTORA: Admiral Pictures

ANO DE PRODUÇÃO: 1963

DURAÇÃO: 97'

IDIOMA ORIGINAL: Inglês

PRODUÇÃO: Robert E. Kent

ARGUMENTO: Guy de Maupassant

ROTEIRO: Robert E. Kent

FOTOGRAFIA: Ellis W. Carter [cor]

MONTAGEM: Grant Whytock

MÚSICA: Richard La Salle

ELENCO: Vincent Price, Nancy Kovack, Chris Warfield, Elaine Devry, Ian Wolfe, Stephen Roberts, Lewis Martin, Mary Adams, Edward Colmans, Nelson Olmsted, Dick Wilson, Gloria Clark, George Sawaya, Harvey Stephens, Wayne Collier, Don Brodie, Joseph Del Nostro Jr., Joseph Ruskin

GÊNERO: Horror

SINOPSE: Na Paris do século 19, um juiz de meia-idade, rico e viúvo, vive sua vida pacata, enquanto manda uma legião de incautos para a guilhotina. Um de seus condenados – preso por uma série de assassinatos – pede para vê-lo e lhe conta que cometeu seus crimes possuído por um estranho ser etéreo, que assumiu o controle da sua mente. O juiz não leva as declarações a sério, mas é subitamente atacado pelo criminoso e o mata acidentalmente. A partir daí ele mesmo passa a ser perseguido pela tal criatura – o Horla – que deseja apoderar-se de sua alma.

COMENTÁRIOS: Boa adaptação de *Le Horla*, o mais célebre e aterrorizante conto de Guy de Maupassant.

AVALIAÇÃO: ***

DIÁRIO DOS MORTOS

DIRETOR: George A. Romero

PAÍS: Estados Unidos

COMPANHIA PRODUTORA: Artfire Films / Romero-Grunwald Productions

ANO DE PRODUÇÃO: 2007

DURAÇÃO: 95'

IDIOMA ORIGINAL: Inglês

PRODUÇÃO: Peter Grunwald

ARGUMENTO: George A. Romero

ROTEIRO: George A. Romero

FOTOGRAFIA: Adam Swica [cor]

MONTAGEM: Michael Doherty

MÚSICA: Norman Orenstein

ELENCO: Michelle Morgan, Josh Close, Shawn Roberts, Amy Lalonde, Joe Dinicol, Scott Wentworth, Philip Riccio, Chris Violette, Tatiana Maslany, Todd William Schroeder, Daniel Kash, Laura de Carteret, Martin Roach, Megan Park, George Buza, Tino Monte, Matt Birman, Greg Nicotero, Donna Croce, Nick Alachiotis, R. D. Reid, Scott Gibson, Jamie Bloch, Kyle Glencross, Boyd Banks, Janet Lo, Jak Birman, Trish Adams, Alan Van Sprang, Ron Payne, Shelly Cook, James Binkley

GÊNERO: Horror de zumbis

SINOPSE: Uma misteriosa epidemia alastra-se rapidamente por todo o mundo, fazendo com que os mortos retornem à vida e ataquem vorazmente os seres humanos normais, que também se convertem em zumbis. Alguns jovens, que estão empenhados na realização de um filme amador universitário, ficam sabendo da notícia e resolvem cair na estrada para encontrar seus parentes, enquanto vão filmando o drama que se torna cada vez mais terrível.

COMENTÁRIOS: Retorno de Romero ao terror mais sério, após algumas zombarias com a sua própria obra. Rodado no Canadá.

AVALIAÇÃO: ***

DISASTER ZONE: VOLCANO IN NEW YORK

ZONA DE DESASTRE: UM VULCÃO EM NOVA YORK

DIRETOR: Robert Lee

PAÍS: Canadá

COMPANHIA PRODUTORA: Front Street Pictures

ANO DE PRODUÇÃO: 2006

DURAÇÃO: 92'

IDIOMA ORIGINAL: Inglês

PRODUÇÃO: Harvey Kahn

ROTEIRO: Sarah Watson

FOTOGRAFIA: Adam Sliwinski [cor]

MONTAGEM: Trevor Mirosh, Bethany Handfield

MÚSICA: Michael Richard Plowman

ELENCO: Costas Mandylor, Alexandra Paul, Michael Boisvert, Eric Breker, Ron Selmour, Pascale Hutton, Zak Santiago, Robert Moloney, Michael Ironside, Kaj-Erik Eriksen, Matthew Bennett, Andrew Kavadas, Kevin McNulty, William MacDonald, Tom Heaton, William Taylor, Claire Riley, Louis Chirillo,

Rob Morton

GÊNERO: Filme catástrofe

SINOPSE: Estranhos fenômenos indicam a uma cientista que a cidade de Nova Iorque pode estar prestes a ser destruída por uma erupção vulcânica, produto das atividades de um cientista louco que pesquisa energia geotérmica com fins muito lucrativos. Porém, ninguém leva a moça a sério, a não ser o seu ex-marido, que trabalha como operário na construção de túneis na cidade.

COMENTÁRIOS: Retomada do subgênero *disaster movie*, que fez um enorme sucesso nos anos 70. Porém, esta produção canadense de 3ª linha carece dos elementos básicos de seus modelos: um elenco de astros e uma dose maciça de efeitos especiais espetaculares.

AVALIAÇÃO: ***

THE DREAM KILLER

(Cf. The night walker)

EMERGO / APARTMENT 143

APARTAMENTO 143

DIRETOR: Carles Torrens

PAÍS: Espanha

COMPANHIA PRODUTORA: Nostromo Pictures [Versus Producciones Cinematograficas]

ANO DE PRODUÇÃO: 2011

DURAÇÃO: 80'

IDIOMA ORIGINAL: Inglês

PRODUÇÃO: Rodrigo Cortés, Adrián Guerra

ARGUMENTO: Rodrigo Cortés

ROTEIRO: Rodrigo Cortés

FOTOGRAFIA: Oscar Durán [cor]

MONTAGEM: José Tito, Rodrigo Cortés

MÚSICA: Victor Reyes

ELENCO: Francesc Garrido, Fiona Glascott, Rick Gonzalez, Kai Lennox, Gia Mantegna, Michael O'Keefe, Damian Roman, Laura Martuscelli, Fermí Reixach, Souleymane Diop, Alex van Kuyk, Marcel Barrena, Vincent Damman, Yatma Sall, Susana Garcia Diez, Natalia Regas, Óscar Durán, Núria Valls, Mireia Dalmau Quera, Laura Creus Xifra

GÊNERO: Horror

SINOPSE: O dr. Heseltine, um cientista que pesquisa fenômenos paranormais, vai com seus dois assistentes, Rick e Fiona, investigar o apartamento de Alan White, onde estão acontecendo coisas muito anormais. Alan, que é viúvo e vive com seus filhos, Caitlin e Benny, suspeita de que a casa possa estar sendo assombrada pelo fantasma de sua falecida esposa, que era esquizofrênica e morreu em um acidente automobilístico. Acreditando que tudo não passa da ação de alguma fonte poderosa de energia psíquica perturbada – provavelmente Alan ou seus filhos – Heseltine e sua equipe montam um aparato eletrônico de última geração e começam a sua pesquisa, defrontando-se com uma força que pode se tornar muito perigosa.

COMENTÁRIOS: Rodada na Espanha, mas destinada ao mercado internacional, esta cópia da série "Atividade paranormal" é bastante interessante e cheia de efeitos simples, mas muito eficientes.

AVALIAÇÃO: ***

Encarnação do demônio

DIRETOR: José Mojica Martins

PAÍS: Brasil

COMPANHIA PRODUTORA: Olhos de Cão / Gullane Filmes

ANO DE PRODUÇÃO: 2008

DURAÇÃO: 94'

IDIOMA ORIGINAL: Português

PRODUÇÃO: Paulo Sacramento, Fabiano Gullane, Caio Gullane, Débora Ivanov

ARGUMENTO: José Mojica Marins

ROTEIRO: Dennison Ramalho, José Mojica Marins

FOTOGRAFIA: José Roberto Eliezer [cor]

MONTAGEM: Paulo Sacramento

MÚSICA: André Abujamra, Márcio Nigro

ELENCO: José Mojica Marins, Jece Valadão, Adriano Stuart, Milhem Cortaz, Rui Rezende, José Celso Martinez Corrêa, Cristina Aché, Helena Ignez, Débora Muniz, Giulio Lopes, Eduardo Chagas, Luís Melo, Raymond Castille, Thaís Simi, Cléo de Páris, Nara Sakarê, Freak Garcia, Leny Dark, Thereza Amaral, Mário Lima, Satã, Karina Bez Batti, Fernanda Brandão, Rubens Mello, Zumba, Guta Ruiz, Alessandra Miranda, Raíssa Gregori, Nilson Primitivo, Geanine Marques, Jannete Tomiita, Keila Siqueira, Ivi Mesquita, Indayara Moyano, Marina Filizola, Elder Fraga, Mairun Sevá, Fábio Ferreira Dias, Javert Monteiro, Fausto Maule, Nathan Corcino, Docinho, Anderson Momesso, André Frateschi, Richard Maddock, Valdênia Rangel, Ana Consania, Alex Silva, Guilherme Silva, Kelvin Christian, Andrey Marins

GÊNERO: Drama de horror

SINOPSE: Depois de passar 40 anos na prisão, Zé do Caixão é libertado e volta a empreender a sua busca da mulher ideal que vai gerar o filho perfeito que o imortalizará. Com a ajuda de seus assistentes, ele começa a sequestrar e a torturar diversas mulheres, enquanto é perseguido por dois irmãos policiais, que foram suas vítimas, e por um padre psicótico que quer vingar a morte de seu pai, barbaramente assassinado por Zé.

COMENTÁRIOS: Mais de 40 anos depois, com condições de produção inéditas na sua longa carreira, Mojica conclui a sua trilogia com o personagem Zé do Caixão (iniciada com "À meia-noite levarei sua alma", de 1964, e continuada com "Esta noite encarnarei no teu cadáver", de 1966). Infelizmente, algo da ingenuidade primordial do cinema de Mojica se perde com os altos orçamentos.

AVALIAÇÃO: ***

ENIGMA PARA DEMÔNIOS

ENIGMA PARA DEMÔNIOS

DIRETOR: Carlos Hugo Christensen

PAÍS: Brasil

COMPANHIA PRODUTORA: Carlos Hugo Christensen Produções Cinematográficas

ANO DE PRODUÇÃO: 1974

DURAÇÃO: 98'

IDIOMA ORIGINAL: Português

PRODUÇÃO: Carlos Hugo Christensen

ARGUMENTO: Carlos Drummond de Andrade

ROTEIRO: Carlos Hugo Christensen (diálogos: Orígenes Lessa)

FOTOGRAFIA: Antonio Gonçalves [cor]

MONTAGEM: Waldemar Noya

MÚSICA: Jan Sibelius

ELENCO: Monique Lafond, Luiz Fernando Ianelli, Lícia Magno, Mário Brasini, Rodolfo Arena, Palmira Barbosa, Daniel Carvalho, Jorge Gomes, Jotta Barroso, Edel Mascarenhas, Wanda Marlene, Geny Dias, Alberto Tornaghi, Ronaldo Almeida Filho, José Mayer, Eduardo Tornaghi

GÊNERO: Drama de horror satânico

SINOPSE: Após viver muitos anos na Argentina, a jovem Elza volta ao Brasil para receber a herança deixada por sua mãe, a quem não via desde que era criança. O afastamento deu-se quando o pai de Elza, não suportando mais as infidelidades da esposa, abandonou-a, levando a menina para o exterior. Indo passar uma temporada no interior de Minas, com seus tios e o primo Raul, Elza fica surpresa ao descobrir que sua mãe morrera louca, internada num hospício. Logo após visitar o túmulo da mãe, Elza passa a receber estranhos telefonemas anônimos e começa a achar que também pode estar enlouquecendo.

COMENTÁRIOS: Diante da notória precariedade de nossa literatura de horror e suspense, Christensen teve a boa ideia de aproveitar o potencial macabro de um pequeno conto de Drummond ("Flor, telefone, moça", do livro "Contos de aprendiz") para realizar uma espécie de sequência brasileira de "O bebê de Rosemary". Apesar de alguns exageros e limitações, o filme pode ser um passatempo interessante. Locações em Ouro Preto (MG).

AVALIAÇÃO: ***

Entrei em pânico ao saber o que vocês fizeram na sexta-feira 13 do verão passado - Parte 2

DIRETOR: Felipe M. Guerra

PAÍS: Brasil

COMPANHIA PRODUTORA: Necrófilos Produções Artísticas

ANO DE PRODUÇÃO: 2011

DURAÇÃO: 83'

IDIOMA ORIGINAL: Português

PRODUÇÃO: Felipe M. Guerra, Rodrigo Guerra, Eliseu Demari

ROTEIRO: Felipe M. Guerra

FOTOGRAFIA: [cor]

MONTAGEM: Felipe M. Guerra

MÚSICA: Kevin McLeod

ELENCO: Eliseu Demari, Niandra Sartori, Kiko Berwanger, Leandro Facchini, Cleo Meurer, Angélica Dalcin, Bruna Seimetz, Maiara Pessi, Thais Formentini, Oldina do Monte, Rodrigo Guerra, Ana Carolina Lufiego, Thobias Sfoggia, Felipe da Silva, Kasha Lee, Zica Fajardini

GÊNERO: Comédia romântica de horror

SINOPSE: Sete anos depois de ter matado uma turma de estudantes que iriam fazer sua festa de formatura numa sexta-feira 13, na cidade gaúcha de Carlos Barbosa, o psicopata Geison — estudante da mesma turma, que enlouquecera por causa do bullying – parece estar de volta e com mais sede de sangue. Eliseu, um dos sobreviventes do massacre, percebe o que está acontecendo e tenta avisar sua amiga Niandra, que é a outra sobrevivente. Porém, o que ambos ignoram é que Goti, que era namorado de Niandra, também sobreviveu e está morando na capital, paralítico e bastante traumatizado. Ao saber da notícia de que Carlos Barbosa está sendo cenário de novos crimes, Goti decide enfrentar seus fantasmas e volta para a cidade, disposto a salvar sua amada.

COMENTÁRIOS: Produção amadora realizada em vídeo, satirizando os filmes de psicopatas assassinos do subgênero "slasher". Continuação de um vídeo realizado em 2001.

AVALIAÇÃO: **

ERINNERUNGEN AN DIE ZUKUNFT

ERAM OS DEUSES ASTRONAUTAS?

DIRETOR: Harald Reinl

PAÍS: Alemanha

COMPANHIA PRODUTORA: Terra-Filmkunst

ANO DE PRODUÇÃO: 1970

DURAÇÃO: 97'

IDIOMA ORIGINAL: Alemão

ARGUMENTO: Erich von Däniken

ROTEIRO: (texto da narração: Wilhelm Roggersdorf)

FOTOGRAFIA: Ernst Wild [cor]

MONTAGEM: Hermann Haller

MÚSICA: Peter Thomas

NARRAÇÃO: Heinz-Detlev Bock, Klaus Kindler, Christian Marschall

ELENCO: Erich von Däniken

GÊNERO: Documentário de ficção científica

SINOPSE: A fim de provar sua teoria de que os deuses mencionados nas mitologias dos povos antigos nada mais eram que visitantes extraterrestres, Von Däniken percorre várias partes do mundo, mostrando todas as grandes realizações do passado que – segundo o autor – estariam acima da capacidade dos povos que as realizaram.

COMENTÁRIOS: Documentário que se propõe a ilustrar as teses pseudocientíficas apresentadas pelo autor em seus dois primeiros livros, "Erinnerungen an die Zukunft" e "Zurück zu den Sternem". Quase que imediatamente transformado em bestseller mundial, o primeiro livro lançou toda uma moda de interpretação dos enigmas pré-históricos e históricos à luz da influência alienígena, sempre apoiada na ideia de que os cientistas e pesquisadores verdadeiros não queriam admitir essas verdades por puro preconceito. Infelizmente, o documentário é bastante precário, com filmagens amadorísticas que parecem ter sido feitas a toque de caixa.

AVALIAÇÃO: **

ESCAPE FROM NEW YORK

FUGA DE NOVA YORK

DIRETOR: John Carpenter
PAÍS: Estados Unidos

COMPANHIA PRODUTORA: AVCO Embassy Pictures / International Film Investors / Goldcrest Films International

ANO DE PRODUÇÃO: 1981

DURAÇÃO: 99'

IDIOMA ORIGINAL: Inglês

PRODUÇÃO: Debra Hill, Larry Franco

ROTEIRO: John Carpenter, Nick Castle

FOTOGRAFIA: Dean Cundey [cor]

MONTAGEM: Todd Ramsay

MÚSICA: John Carpenter, Alan Howarth

ELENCO: Kurt Russell, Lee Van Cleef, Ernest Borgnine, Donald Pleasence, Isaac Hayes, Season Hubley, Tom Atkins, Charles Cyphers, Harry Dean Stanton, Adrienne Barbeau, Joe Unger, Frank Doubleday, John Strobel, John Cothran Jr., Garrett Bergfeld, Richard Cosentino, Robert John Metcalf, Joel Bennett, Vic Bullock, Clem Fox, Tobar Mayo, Nancy Stephens, Steven Gagon, Steven Ford, Michael Taylor, Lonnie Wun, Dale House, David R. Patrick, Bob Minor, Wally Taylor, James O'Hagen, James Emery, Tom Lillard, Borah Silver, Tony Papenfuss, John Diehl, Carmen Filpi, Buck Flower, Clay Wright, Al Cerullo, Ox Baker, Lowmoan Spectacular, Ronald E. House, Alan Shearman, Joseph A. Perrotti, Rodger Bumpass, Ron Vernan

GÊNERO: Aventura futurista de ficção científica

SINOPSE: Estados Unidos, 1997: Um avião transportando o presidente norte-americano é sequestrado e cai na ilha de Manhattan. O resgate seria algo bastante simples, se a ilha não tivesse se transformado – desde 1988 – em um enorme presídio de segurança máxima, onde milhares de criminosos perigosos vivem sem qualquer controle, vigiados de fora por uma poderosa força militar. O presidente cai nas mãos dos bandidos e deve ser salvo em menos de 24 horas, já que deve participar de uma importantíssima conferência de paz e carrega consigo uma fita cassete com planos secretos insubstituíveis. Como qualquer ataque direto pode significar a morte do presidente, Bob, o chefe da segurança de Manhattan, decide enviar para o resgate apenas o aventureiro Snake Plissken, um antigo herói militar que se tornou assaltante de bancos. Condenado à prisão perpétua na ilha, Snake terá seu perdão se salvar o presidente no prazo determinado. Porém, para que ele não fuja do serviço, os militares injetam em seu corpo duas pequenas bombas, que explodirão caso não sejam desativadas em 24 horas.

COMENTÁRIOS: Produto da "fase de ouro" do diretor John Carpenter (entre 1978 e 1985), este filme não passa de um amontoado de clichês requentados, misturando elementos do western com punks psicóticos e zumbis canibais. Sem outro apelo que a ação ininterrupta, até neste aspecto o filme deixa a desejar, já que pouca coisa realmente acontece neste futuro menos violento que tedioso.

AVALIAÇÃO: ***

ESCAPES

ESCAPES – A FRONTEIRA DA IMAGINAÇÃO

DIRETOR: David Steensland

PAÍS: Estados Unidos

COMPANHIA PRODUTORA: Visual Perceptions Productions

ANO DE PRODUÇÃO: 1986

DURAÇÃO: 72'

IDIOMA ORIGINAL: Inglês

PRODUÇÃO: Angela Sanders, David Steensland

ARGUMENTO: David Steensland

ROTEIRO: David Steensland

FOTOGRAFIA: Gary Tomsic [cor]

MONTAGEM: Dane Westvik [1, 3], Kiplan Hall [2, 3, 4, 5]

MÚSICA: Todd Popple

ELENCO: Vincent Price, Todd Fulton, Jerry Grisham, Michael Patton-Hall, John Mitchum, Lee Cranfield, Roelle Mitchell, Mick Martin, P. K. Kearns, Vera Briggs, Arleta Johnson, Delbert Johnson, Jim Sundown, Julie Ann Daly, Bob Pittinger, Wesley Widerholt, Audrey Heyser, Albert H. Phillips, Joanne Harris, Gil Daggett, Terry Ireland, Larry Phillips, Eldon Thornsberry, Kathleen Thornsberry, Gary Stubbs, Robin Blair, Warren Waldrop, Inez Pollizi, Leah LeBaron Frey, Ken Thorley, Jeff Boudov, Mark Steensland, Shawn Hannon, Matthew Mattingly, Caleb Mattingly, Zackery Stillings, Michelle Sady, Scott Sady, Steve Sady, Susan Dickson, Stan Lemkuil (voz), Ron Andaya (voz), Shirley O'Key, Robert Elson, Bill Sibley, Wendell Frazier, Crawford Miller, Virgil Shinn, Neal Hahn, Cory Miller, Scott Miller, Sarah Bay, Emily Bay, Sarah Ireland, Leilani Patterson, Char Ireland, Jean Miller, cão Morgan, cabra Maggie, Gil Reade, Rocky Capella, Bob Peeler, David Newnham, Mike Martinez

GÊNERO: Horror e fantasia

SINOPSE: Em seis episódios. O jovem Matthew recebe pelo correio uma misteriosa fita de vídeo, decidindo assisti-la. Na fita, aparecem as seguintes histórias: [1] A LITTLE FISHY – Um sujeito vai pescar num lago e distrai-se apanhando seus peixinhos. Porém, ao comer uma maçã – encontrada ao acaso – ele vai descobrir que não é o único que gosta de um pouco de diversão; [2] COFFEE BREAK – Motorista de um caminhão de entregas se perde numa estrada do interior e vai pedir informações a um sitiante. Este, vendo que o motorista é um tipinho grosseiro e apressado, o induz a fazer uma parada num café de beira de estrada, onde a vida do rapaz ganha uma nova dimensão; [3] WHO'S THERE? – Um rolha de poço *plus size* está fazendo jogging, quando descobre que está sendo perseguido por uma estranha criatura; [4] JONAH'S DREAM – Uma velha viúva não desiste de garimpar em sua propriedade nas montanhas, lutando para realizar o sonho de seu marido – que queria achar ouro. Porém, sua tranquila vidinha é perturbada pela visita de uma nave extraterrestre e alienígena; [5] THINK TWICE – Ladrãozinho hispano-cucaracha descobre que um velho mendigo possui um cristal mágico, que fornece comida para ele e para seus companheiros de ócio. Vendo no cristal uma possibilidade de enriquecer, o ladrão se apressa a roubá-lo; [6] HALL OF FACES – Terminada a fita, Matthew percebe que, ao menos para ele, o filme ainda não acabou.

COMENTÁRIOS: Imitação medíocre da série "Amazing stories" (produzida para a TV por Steven Spielberg). Também realizada em vídeo, esta produção paupérrima e amadorística tem como único destaque a presença de Vincent Price.

AVALIAÇÃO: **

ESPELHO DE CARNE

ESPELHO DE CARNE

DIRETOR: Antonio Carlos Fontoura

PAÍS: Brasil

COMPANHIA PRODUTORA: Enigma Produções Cinematográficas

ANO DE PRODUÇÃO: 1984

DURAÇÃO: 102'

IDIOMA ORIGINAL: Português

PRODUÇÃO: Antonio Carlos Fontoura

ARGUMENTO: Vicente Pereira

ROTEIRO: Antonio Carlos Fontoura

FOTOGRAFIA: Carlos Egberto [cor]

MONTAGEM: Denise Fontoura

MÚSICA: David Tygel

ELENCO: Hileana Menezes, Dênis Carvalho, Maria Zilda, Daniel Filho, Joana Fomm, Moacir Deriquém, Iara Neiva, Roberto Bataglin, Ivo Fernandes, Luca de Castro, Almir Teles, Odenir Fraga, Chico Mascarenhas, Catalina Bonaky

GÊNERO: Drama erótico com elementos satânicos

SINOPSE: Executivo carioca da alta classe média emergente compra, num leilão de antiguidades, um belo espelho de cristal para decorar seu novo apartamento. Porém, o tal espelho pertencera ao quarto principal de um célebre bordel, tendo o poder diabólico de despertar as perversões sexuais mais ocultas daqueles que nele se miram. A partir daí o executivo, sua esposa e os amigos do casal entrarão num crescente frenesi erótico, de imprevisíveis consequências para a moralidade pública e privada.

COMENTÁRIOS: Apesar da pretensão de ser um filme de terror "sério", essa produção se preocupa quase exclusivamente com o erotismo (que, por conta do elenco, é muito mais sugestivo que explícito. Baseado na peça teatral "O espelho de carne".

AVALIAÇÃO: ***

ESTA NOITE ENCARNAREI NO TEU CADÁVER

DIRETOR: José Mojica Martins

PAÍS: Brasil

COMPANHIA PRODUTORA: Produtora Cinematográfica Ibéria

ANO DE PRODUÇÃO: 1966

DURAÇÃO: 107'

IDIOMA ORIGINAL: Português

PRODUÇÃO: Augusto Pereira

ARGUMENTO: José Mojica Marins

ROTEIRO: José Mojica Marins (diálogos: Aldenora de Sá Porto)

FOTOGRAFIA: Giorgio Attili [p&b/cor]

MONTAGEM: Luiz Elias

MÚSICA: "diversos"

ELENCO: José Mojica Marins, Roque Rodrigues, Nádia Freitas, William Morgan, Tina Wohlers, Nivaldo de Lima, Tânia Mendonça, Oswaldo de Souza, Arlete Brazolin, Graveto, Mina Monte, José Carvalho, Esmeralda Ruchel, Antonio Fracari, Lya Laguette, Elídio Martins, Paula Ramos, Sebastião Grandin, Denise Maria, Paulo Gaeta, Marina Brito, Ênio Lobo, Carmen Marins, Nelson Stasionis, Sebastiana Dantas, Roque Romeu, Maria del Carmen, Renato Azevedo, Dina Cristina, Mário Lima, Terezinha de Oliveira, Salvador do Amaral, Antonio Marins, Ivair Gomes, Vânia Rangel, Palito, Amélia Quintela, Angelo Mataram Alcarás, Nelson de Paula Teixeira, Nestor Lima, Júlia Vaslavik, Antonio Lopes de Jesus, Lafayete Youssif Dau, João Zorzan, Rosalinda Rodrigues, Antonio Martins Gomes, Saloé Ferreira, René

Dantas, Cidélia Cachoeira, Roberto Leme, Aparecido Calixto, Antonio de Campos, Maria Luiza Góes, Aristides Cremonesi, Joaquim Corrêa Damaceno, Dario Souza Santos, Virgínia Lúcia Malatesta, Miguel Rodrigues Campos, Emídio Tinoco Gomes, Wilson Pedroso Santos, Izaura Pereira, Antonio José de Oliveira, Samuel Leite, Luís Rodrigues Jordão, Olinda de Souza Martins, Waldemar Batista, Norival Nápole de Brito, José Oliveira de Souza, Denir Gonçalves, Sebastião Tomaz, Expedito Peixoto, José Cardoso, Cachita

GÊNERO: Drama de horror

SINOPSE: Acreditando que a única forma de se tornar imortal é através da sua descendência – já que não leva muito jeito para escritor – o papa-defuntos Josefel Zanatas, mais conhecido como "Zé do Caixão", rapta diversas jovens da cidadezinha onde vive, submetendo-as a abomináveis testes de coragem para selecionar a futura mãe do seu herdeiro. Após escolher a mais forte, Zé providencia uma morte horrenda para as restantes, sendo amaldiçoado por uma delas. Apesar de desprezar a maldição, Zé passará a ser assediado pelas forças do mal, que desafiarão seu materialismo radical.

COMENTÁRIOS: Continuação de "À meia-noite levarei sua alma", retomando o personagem Zé do Caixão.

AVALIAÇÃO: ***

A ESTRANHA HOSPEDARIA DOS PRAZERES

A ESTRANHA HOSPEDARIA DOS PRAZERES

DIRETOR: Marcelo Motta
PAÍS: Brasil

COMPANHIA PRODUTORA: Produções Cinematográficas Zé do Caixão

ANO DE PRODUÇÃO: 1976

DURAÇÃO: 81'

IDIOMA ORIGINAL: Português

PRODUÇÃO: José Mojica Marins

ARGUMENTO: José Mojica Marins

ROTEIRO: Rubens Francisco Lucchetti

FOTOGRAFIA: Giorgio Attili [cor]

MONTAGEM: Nilcemar Leyart

MÚSICA: José Mojica Marins

ELENCO: José Mojica Marins, Caçador Guerreiro, Marizeth Baumgarten, Luzia Zaracausca, Marino, Alfredo de Almeida, Enicirley Nunes, David Hungaro, Elza Ferreira, Jorge Peres [Jorge Peres Ortega], Giulio Aurichio, Maria Helena Zeferino, Ananias Gonçalves, Alexa Braduira Lancaster, José Horta Barbosa, Oscar Marcil, Francisco Pando, Vicenzo Colella, Paulo Roberto Ituassu, José Santana Teixeira, João Cardoso, Luís Menegassi, Jutael Pereira, José Nivaldo Vasconcelos, Tomé Francisco, Anadir Bibiana, Neiva Caetano, Sônia Aparecida Cimino, Elza Barbosa, Roberto Menegassi, Airton Lopes, Helena Esteves

GÊNERO: Drama de horror

SINOPSE: Uma aprazível hospedaria, perdida entre os confins do nada e o fim do mundo (perto de onde o Diabo perdeu as botas), recebe um variado grupo de visitantes de caráter incontestavelmente duvidoso, que ficariam bastante preocupados se conhecessem a verdadeira identidade do proprietário do estabelecimento.

COMENTÁRIOS: Produção de José Mojica Marins, dirigida por um de seus mais dedicados discípulos, este filme praticamente não tem história, sendo constituído quase que exclusivamente de cenas soltas e situações-clichê (além de um longuíssimo prólogo, no qual Mojica faz algumas considerações metafísicas).

AVALIAÇÃO: ***

O ESTRANHO MUNDO DE ZÉ DO CAIXÃO

O estranho mundo de Zé do Caixão

DIRETOR: José Mojica Marins

PAÍS: Brasil

COMPANHIA PRODUTORA: Ibéria Filmes

ANO DE PRODUÇÃO: 1968

DURAÇÃO: 80'

IDIOMA ORIGINAL: Português

PRODUÇÃO: José Mojica Marins, George Mishel [George Michel Serkeis]

ARGUMENTO: José Mojica Marins

ROTEIRO: Rubens Francisco Lucchetti

FOTOGRAFIA: Giorgio Attili [p&b]

MONTAGEM: Eduardo Llorente

MÚSICA: José Mojica Marins (tema)

[1] O FABRICANTE DE BONECAS - ELENCO: Luiz Sérgio Person, Vanni Miller, Mário Lima, Verônica Krimann, Rosalvo Caçador, Paula Ramos, Toni Cardi, Esmeralda Ruchel, Messias de Melo, Leila de Oliveira, Jeff Ribeiro, Abigail de Barros, Carlos Campos, Nelita Aparecida, Antonio F. Ravagnoli, Marlene Alves, Ademir Silva, "conjunto Os Brazões" (Miguel de Deus)

[2] TARA - ELENCO: George Mishel [George Michel Serkeis], Íris Bruzzi, Arnaldo Brasil, Ana Maria, Ponti Santos, Antônia Siqueira, Guilhermina Martins, Wilson dos Santos, Bettyr Dorffer, Luiz Carlos Viana, Rogério de Oliveira, Suzan Sulivan, Valdelírio Batista, Anselmo Alves, Romeu Rocha, Cristiane Lemes

[3] IDEOLOGIA - ELENCO: José Mojica Marins, Osvaldo de Souza, Nidi Reis, Nivaldo de Lima, Salvador do Amaral, Katia Dumont, Dario Santos, Carla Sotis, Jean Silva [Jean Garrett], Milene Drumond, Lídia Montenegro, Tocão, Maria Luiza, Aparecido Calixto, France Lore, Tabajara Sales, Nelita Aparecida, Edson Antunes, Geni Franci, João José, Palito, Carlos Farah, Therezinha de Oliveira, Sebastião Grandin

GÊNERO: Drama de horror

SINOPSE: [1] Velho fabricante de bonecas – afamadas pela beleza e naturalidade de seus olhos – tem sua casa invadida por uma quadrilha de bandidos sádicos. Os marginais fazem a festa, sem saberem que o dono da casa está longe de ser um homem tão inofensivo quanto aparenta; [2] Mendigo insano e repelente alimenta ardente paixão secreta por uma bela jovem. Quando esta é assassinada, o monstrengo resolve prestar-lhe suas últimas "homenagens" em plena cripta mortuária; [3] Num programa de TV, o professor Oaxiac Odez defende suas ideias bastante heteroxodas sobre a superioridade dos instintos sobre a moral, sendo duramente combatido por outro estudioso. Após o programa, Oaxiac convida seu adversário e a esposa dele para um jantar em sua casa, quando pretende mostrar-lhe provas concretas e irrefutáveis da veracidade das suas teorias.

COMENTÁRIOS: Horror em três episódios. Curiosamente, esta deveria ser a última parte da trilogia "Zé do Caixão", que só foi concluída em 2008. No entanto, a terceira história traz um personagem que evoca Zé (até por ter seu nome invertido). Também vale destacar a segunda história, ousada até para os padrões atuais.

AVALIAÇÃO: ***

DIRETOR: Armando Crispino

PAÍS: Itália / Iugoslávia / Alemanha

COMPANHIA PRODUTORA: Mondial / Inex Film / CCC Filmkunst

ANO DE PRODUÇÃO: 1971

DURAÇÃO: 106'

IDIOMA ORIGINAL: Inglês

ARGUMENTO: Bryan Edgar Wallace

ROTEIRO: Lucio Battistrada, Armando Crispino

FOTOGRAFIA: Erico Menczer [cor]

MONTAGEM: Alberto Gallitti

MÚSICA: Riz Ortolani

ELENCO: Alex Cord, Samantha Eggar, John Marley, Enzo Tarascio, Horst Frank, Enzo Cerusico, Carlo de Mejo, Daniela Surina, Vladan Milasinovic, Christiane von Blank, Mario Maranzana, Pier Luigi d'Orazio, Wendy d'Olive, Ivan Pavicevac, Nadja Tiller, Cinzia Bruno, Rodolfo Bigotti, Carla Mancini, Rosa Toros, Alessandro Angeloni, Pietro Fumelli

GÊNERO: Drama de suspense e horror

SINOPSE: Jason Porter é um arqueólogo americano que está trabalhando no interior da Itália, na escavação de uma rara tumba etrusca. Porém, o objetivo de Jason não é muito profissional, já que o que ele deseja é recuperar sua amante Myra, que está vivendo nessa mesma região com o famoso maestro Nikos, muito mais velho e rico do que ela. Tudo se complica quando uma série de assassinatos brutais tem início, sempre envolvendo casais. Como é alcoólatra e já teve problemas mentais, Jason logo se torna o principal suspeito, enquanto desconfia de que os crimes podem estar ligados à descoberta da tumba.

COMENTÁRIOS: Um autêntico representante da grande fase do cinema giallo italiano, subgênero caracterizado pelas complicadas tramas de suspense temperadas com toques de horror. Apesar da canastrice de Alex Cord, o filme funciona bem, especialmente pelos cenários. Cenas de violência contra animais.

AVALIAÇÃO: ***

EU E MEU GUARDA-CHUVA

Eu e meu guarda-chuva

DIRETOR: Toni Vanzolini

PAÍS: Brasil

COMPANHIA PRODUTORA: Conspiração Filmes / Moonshot Pictures / Fox Film / TeleImage

ANO DE PRODUÇÃO: 2010

DURAÇÃO: 85'

IDIOMA ORIGINAL: Português

PRODUÇÃO: Toni Vanzolini

ARGUMENTO: Branco Mello, Hugo Possolo, Ciro Pessoa

ROTEIRO: Adriana Falcão, Bernardo Guilherme, Marcelo Gonçalves, Toni Vanzolini

FOTOGRAFIA: Paulo Vainer [cor]

MONTAGEM: Sérgio Mekler

MÚSICA: Branco Mello, Emerson Villani

ELENCO: Lucas Cotrim, Victor Froiman, Rafaela Victor, Daniel Dantas, Camilla Amado, Mariana Lima, Arnaldo Antunes, Paola Oliveira, Leandro Hassum, Raul Barreto, Orã Figueiredo, Felipe Kannenberg, Gabriela Mustafá, Navan Fonaciari, Leonor de Silos Mendes, Frederico Paulo Betcher Jr., Francisco Gaspar, Adam Doubek, Simon Doubek, Karel Kaspar, Ilona Honzova, David Smec, René Halfar

GÊNERO: Fantasia infantojuvenil horrorífica

SINOPSE: Ainda abalado pela perda de seu avô, o menino Eugenio encara com bastante preocupação o final das férias, já que ele e seus amigos Cebola e Frida estão se mudando para uma nova escola - que tem a reputação de ser assombrada pelo fantasma de seu fundador. Dispostos a mostrar para os seus futuros colegas que são corajosos, os três se dispõem a invadir a escola durante a noite para fazer algumas pichações. Porém, a coragem do trio vai ser realmente testada quando eles encontrarem o fantasma, que captura Frida e a leva para a sua terrível sala de estudos, de onde Eugenio e Cebola tentarão libertá-la.

COMENTÁRIOS: Raríssimo investimento brasileiro no filão do horror para crianças, sempre muito mais fáceis de assustar que o público adulto. Apesar da sofisticação visual, o filme não consegue envolver o espectador com os seus personagens e nem com as suas subtramas (quase todas clichês). Baseado no livro homônimo, com locações em Praga (na República Tcheca).

AVALIAÇÃO: ***

EVENT HORIZON

O ENIGMA DO HORIZONTE

DIRETOR: Paul Anderson

PAÍS: Inglaterra

COMPANHIA PRODUTORA: Golar / Impact Pictures

ANO DE PRODUÇÃO: 1997

DURAÇÃO: 96'

IDIOMA ORIGINAL: Inglês

PRODUÇÃO: Lawrence Gordon, Lloyd Levin, Jeremy Bolt

ARGUMENTO: Philip Eisner

ROTEIRO: Philip Eisner

FOTOGRAFIA: Adrian Biddle [cor]

MONTAGEM: Martin Hunter

MÚSICA: Michael Kamen

ELENCO: Laurence Fishburne, Sam Neill, Kathleen Quinlan, Joely Richardson, Richard T. Jones, Jack Noseworthy, Jason Isaacs, Sean Pertwee, Peter Marinker, Holley Chant, Barclay Wright, Noah Huntley, Robert Jezek

GÊNERO: Horror e ficção científica

SINOPSE: No ano de 2047, uma nave de resgate ruma para os confins do sistema solar, em uma missão ultra-secreta. Seu objetivo é resgatar a nave de pesquisas Event Horizon, que desaparecera alguns anos antes. Criação do dr. Weir – que acompanha a expedição – a Event era uma nave capaz de viajar para qualquer lugar em um tempo mínimo, utilizando um sistema de dobras espaciais copiado da série "Jornada nas estrelas". A nave é encontrada e descobre-se que não existem sobreviventes, não se conhecendo as causas do desastre. Um acidente danifica a nave de resgate e todos são obrigados a mudar para a Event, enquanto são feitos os reparos. Porém, a tripulação começa a ser afetada por estranhas alucinações, que trazem à tona os maiores traumas de cada um dos astronautas terrestres.

COMENTÁRIOS: Levemente inspirada no "Solaris" de Andrei Tarkovski (e em uma multidão de outros filmes, é claro!), esta obra utiliza os clichês do gênero de forma criativa, partindo de um argumento bastante instigante e bem desenvolvido. Além disso, um elenco excelente (onde o grande destaque é Laurence Fishburn), tratamento visual elaborado e efeitos especiais competentes garantem a qualidade geral, num espetáculo que está muitos furos acima daquilo que se tem produzido neste gênero (normalmente bem frágil em seu conteúdo).

AVALIAÇÃO: ***

THE EVIL OF FRANKENSTEIN

O MONSTRO DE FRANKENSTEIN

DIRETOR: Freddie Francis

PAÍS: Inglaterra

COMPANHIA PRODUTORA: Hammer Film

ANO DE PRODUÇÃO: 1964

DURAÇÃO: 97'/87'

IDIOMA ORIGINAL: Inglês

PRODUÇÃO: Anthony Hinds

ARGUMENTO: Mary Shelley

ROTEIRO: John Elder

FOTOGRAFIA: John Wilcox [cor]

MONTAGEM: James Needs

MÚSICA: Don Banks (supervisão: Philip Martell)

ELENCO: Peter Cushing, Peter Woodthorpe, Duncan Lamont, Sandor Eles, Katy Wild, David Hutcheson, James Maxwell, Howard Goorney, Kiwi Kingston, Anthony Blackshaw, David Conville, Caron Gardner

GÊNERO: Horror

SINOPSE: Anos depois de ser expulso de seu castelo – pelos vizinhos revoltados com os resultados de suas macabras experiências – o barão Frankenstein volta para casa, junto com seu assistente Hans. Furioso, ao descobrir que todos os seus bens foram saqueados pelos líderes da cidade, o barão tenta vingar-se, mas acaba novamente perseguido. Em sua fuga, ele encontra – numa caverna oculta – o corpo congelado de sua criação. Entusiasmado com o feliz acaso, o barão resolve ressuscitá-la, mas o cérebro da criatura está afetado e – para reanimá-lo – Frankenstein recorre aos préstimos do hipnotizador Zoltan. Porém, o ambicioso Zoltan adquire poder sobre o monstro e resolve usá-lo para realizar roubos e vinganças pessoais.

COMENTÁRIOS: Um dos mais fracos exemplares desta série da Hammer.

AVALIAÇÃO: ***

EVOLUTION

EVOLUÇÃO

DIRETOR: Ivan Reitman

PAÍS: Estados Unidos

COMPANHIA PRODUTORA: The Montecito Picture Company

ANO DE PRODUÇÃO: 2001

DURAÇÃO: 101'

IDIOMA ORIGINAL: Inglês

PRODUÇÃO: Ivan Reitman, Daniel Goldberg, Joe Medjuck (coprodutor: Paul Deason)

ARGUMENTO: Don Jakoby

ROTEIRO: David Diamond, David Weissman, Don Jakoby

FOTOGRAFIA: Michael Chapman [cor]

MONTAGEM: Sheldon Kahn, Wendy Greene Bricmont

MÚSICA: John Powell

ELENCO: David Duchovny, Orlando Jones, Seann William Scott, Julianne Moore, Ted Levine, Ethan Suplee, Katharine Towne, Michael Ray Bower, Pat Kilbane, Ty Burrell, Gregory Itzin, Dan Aykroyd, Ashley Clark, Michelle Wolff, Sarah Silverman, Richard Moll, Michael McGrady, Steven Gilborn, Wayne Duvall, Michael Chapman, Kyle Gass, Lucas Dudley, Steven Pierce, Wendy Braun, Jennifer Savidge, Jerry Trainor, Stephanie Hodge, Kristen Meadows, Winifred Freedman, Miriam Flynn, Mary Pat Gleason, Tony Mirzoian, Morgan Nagler, Andrew Bowen, Steve Kehela, Lee Garlington, Joshua Ackerman, Kenny Blank, John Cho, Tressa Pope, Adrienne Smith, Chris Wylde, Marty Belafsky, Lee Weaver, Tom Davis, Gary Kent, Timothy R. Layton, Angelo Vacco

GÊNERO: Comédia de ficção científica

SINOPSE: Ira Kane, professor de biologia de uma pequena cidade norte-americana – que já foi um conceituado pesquisador do governo e caiu em desgraça – descobre que um meteoro, recentemente caído na Terra, abriga diversas formas de vida alienígena. Porém, ele logo vai descobrir também que as tais formas de vida são criaturas que evoluem de forma incrivelmente acelerada, o que pode fazer com que elas ameacem a sobrevivência de todas as formas de vida em nosso planeta.

COMENTÁRIOS: Superprodução tão simpática quanto inócua, que possui uma incrível capacidade de ser rapidamente esquecida.

AVALIAÇÃO: ***

EXCITAÇÃO

EXCITAÇÃO

DIRETOR: Jean Garrett

PAÍS: Brasil

COMPANHIA PRODUTORA: MASP Filmes

ANO DE PRODUÇÃO: 1977

DURAÇÃO: 90'

IDIOMA ORIGINAL: Português

PRODUÇÃO: M. Augusto de Cervantes

ARGUMENTO: Jean Garrett, Ody Fraga

ROTEIRO: Jean Garrett, Ody Fraga

FOTOGRAFIA: Carlos Reichenbach [cor]

MONTAGEM: Walter Wanny

MÚSICA: Beto Strada

ELENCO: Kate Hansen, Flávio Galvão, Betty Saddy, Zilda Mayo, João Paulo, Carlos Meni, Patrícia Bolkan, Dionízio Lima, Enil Barros, Joaquim P. Silva, Liana Duval, Abrahão Farc

GÊNERO: Drama erótico com elementos horroríficos

SINOPSE: Após sofrer um forte abalo mental – que a levou até para uma temporada numa clínica de repouso (também conhecida como "hospício para ricos") – Helena vai passar algum tempo numa casa à beira-mar, junto com seu marido Renato. Porém, longe de melhorar, ela passa a ser vítima de constantes alucinações, envolvendo principalmente os seus eletrodomésticos. Ao conversar com sua vizinha Arlete – ex-proprietária da casa onde ela está morando – Helena descobre que o marido dela suicidou-se naquele imóvel, após ter ido à falência, o que pode explicar (ou não) os estranhos fenômenos que ela tem presenciado.

COMENTÁRIOS: Apesar de ser reconhecidamente um dos maiores talentos da Boca do Lixo, Jean Garrett não consegue dar nenhuma credibilidade a essa trama de casa mal-assombrada. Os efeitos especiais paupérrimos mais atrapalham que ajudam, ao passo que a parte erótica é bastante comportada (o que é lamentável, dada a qualidade estética do elenco feminino).

AVALIAÇÃO: ***

THE FACULTY / FEELERS

PROVA FINAL

DIRETOR: Robert Rodriguez

PAÍS: Estados Unidos

COMPANHIA PRODUTORA: Dimension Films

ANO DE PRODUÇÃO: 1998

DURAÇÃO: 104'

IDIOMA ORIGINAL: Inglês

PRODUÇÃO: Elizabeth Avellan (executivos: Bob Weinstein, Harvey Weinstein)

ARGUMENTO: David Wechter, Bruce Kimmel

ROTEIRO: Kevin Williamson

FOTOGRAFIA: Enrique Chediak [cor]

MONTAGEM: Robert Rodriguez

MÚSICA: Marco Beltrami

ELENCO: Jordana Brewster, Clea DuVall, Laura Harris, Josh Hartnett, Shawn Hatosy, Salma Hayek, Famke Janssen, Piper Laurie, Chris McDonald, Bebe Neuwirth, Robert Patrick, Usher Raymond, Jon Stewart, Daniel Von Bargen, Elijah Wood, Summer Phoenix, Jon Abrahams, Susan Willis, Pete Janssen, Christina Rodriguez, Danny Masterson, Wiley Wiggins, Harry Knowles, Donna Casey, Louis Black, Eric Jungmann, Chris Viteychuk, Jim Johnston, Libby Villari, Duane Martin, Katherine Willis, Mike Lutz, Doug Aarniokoski, Gary Hecker (voz)

GÊNERO: Horror para adolescentes em tom de comédia

SINOPSE: Um jovem descobre que sua escola foi invadida por alienígenas, que estão se apoderando dos corpos de professores e alunos. Como não consegue convencer nenhuma autoridade adulta da sua história, ele se une a um grupo de amigos para escapar e lutar contra os ET's malignos.

COMENTÁRIOS: Apesar de ser dirigida pelo cultuado Robert Rodriguez, esta fraca imitação do clássico "Vampiros de almas" nunca ultrapassa os mais desgastados clichês.

AVALIAÇÃO: ***

IL FANTASMA DELL'OPERA / THE PHANTOM OF THE OPERA

O FANTASMA DA ÓPERA / UM VULTO NA ESCURIDÃO

DIRETOR: Dario Argento

PAÍS: Itália

COMPANHIA PRODUTORA: Medusa Film / Reteitalia / Cine 2000

ANO DE PRODUÇÃO: 1998

DURAÇÃO: 100'

IDIOMA ORIGINAL: Italiano / Inglês

PRODUÇÃO: Giuseppe Colombo

ARGUMENTO: Gaston Léroux

ROTEIRO: Gérard Brach, Dario Argento

FOTOGRAFIA: Ronnie Taylor [cor]

MONTAGEM: Anna Napoli

MÚSICA: Ennio Morricone

ELENCO: Julian Sands, Asia Argento, Andrea Di Stefano, Nadia Rinaldi, Coralina Cataldi-Tassoni, Zoltán Barabás, István Bubik, Enzo Cardogna, David D'Ingeo, Gianni Franco, Lucia Guzzardi, Kitty Kéri, Aldo Massasso, Luis Molteni, John Pedeferri, Massimo Sarchielli, Leonardo Treviglio, Itala Bekes, Claudia Kemenes, Csilla Wend, Reka Pozsgay, Ferenc Deak B., Rezso Ludvigh, David Drucker, Gábor Harsay, Balázs Tardy, Dénes Ujlaky, Sandor Bese, Iván Dengyel, György Szakaly, Ferenc Ratkai, Podporina Ilona, Frigyes Hollosi, Istvan Szoczey, Szabo Benke Robert, Zoltán Rajkai, Tania Nagel, Crespo Rodrigo, Zsolt Anger, Zsolt Derecskei, Tibor Nemes, Laszlo Peto, Daniel Zdroba, Bela Nemeth

GÊNERO: Horror escatológico romântico

SINOPSE: Paris, 1877: Abandonado por seus pais, quando ainda era criança, um homem vive nos subterrâneos inatingíveis da Ópera de Paris, na companhia dos mesmos ratos que o criaram. Apaixonando-se pela jovem cantora lírica Christine Daaé, o fantasma – como é conhecido pelos funcionários do teatro – a seduz e se dispõe a ajudá-la a se tornar uma grande estrela. Para isso, ele não hesitará em provocar uma tragédia de grandes proporções, embora o coração de Christine esteja dividido entre seu novo protetor e o aristocrata De Chagny, um velho admirador.

COMENTÁRIOS: Baseado no romance homônimo. Com o clima gótico típico dos filmes de Argento – que já havia visitado o universo lírico em "Terror na Ópera", trata-se de uma boa versão desta história bastante surrada, com uma excelente performance de Asia. Locações na Hungria.

AVALIAÇÃO: ***

FEAR NO EVIL

A CLASSE DO DEMÔNIO

DIRETOR: Frank Laloggia

PAÍS: Estados Unidos

COMPANHIA PRODUTORA: Laloggia Productions

ANO DE PRODUÇÃO: 1980

DURAÇÃO: 99'

IDIOMA ORIGINAL: Inglês

PRODUÇÃO: Frank Laloggia, Charles M. Laloggia (coprodução: Becky Morrison)

ARGUMENTO: Frank Laloggia

ROTEIRO: Frank Laloggia

FOTOGRAFIA: Fred Goodich [cor]

MONTAGEM: Edna Ruth Paul

MÚSICA: Frank Laloggia, David Spear

ELENCO: Stefan Arngrim, Elizabeth Hoffman, Kathleen Rowe McAllen, Frank Birney, Daniel Eden, Jack Holland, Barry Cooper, Alice Sachs, Paul Haber, Roslyn Gugino, Richard Jay Silverthorn, Mari Anne Simpson, Joyce Bumpus, Patricia Decillis, Chris DeVincentis, Malcolm Hegge, Robert Kuhn, Don O'Neil, Deanie Gordon, Phillip E. Roy, Alexandra Cleveland, Jeff Richter, Pam Morris, Toby Gold, Dick Burt, Frank Montesanto, Melissa Rodgers, Baby Fisher, Joe Laloggia, Brian Coughlin, Michel Paul Richard, Michael Dewind, Michael Olivier, Gregory Houston, Wayne Gaiteri, Wolfgang Voise, John Quinn, Paul Volta, Howard Fernandez, Mary Tomassetti, Bill Brown, Jennifer Sue Brooks, Marty Lombard, Jeffrey Sanzel, Fred Pari, Mike Pascucci, Eddie West, Frank Montesanto Jr.

GÊNERO: Horror satânico para adolescentes

SINOPSE: Desde a sua queda, ainda nos tempos intemporais, o demônio vem assumindo periodicamente a forma humana, com o objetivo de tentar dominar o mundo e implantar a política do mal (uma espécie de petismo mais honesto). Porém, Deus não dorme de touca e providenciou um trio de anjos – Raphael, Mikhael e Gabriel – para combatê-lo, também sob a forma de seres humanos. Nos dias atuais, usando a identidade do padre Thomas, Raphael consegue mais uma vez matar o demônio, mas é detido por assassinato e trancafiado num hospício. Sem saber o que fazer, depois do que aconteceu com seu companheiro, Mikhael (na forma de uma velha) espera uma mensagem de Gabriel, que está desaparecido. Enquanto isso, o Diabo renasceu na pele de Andrew, filho de um casal de meia-idade. O garoto logo revela seus dotes maléficos e transforma seus pais em verdadeiros escravos. Sempre sofrendo bullying na escola, devido ao seu jeito esquisitão de ser, Andrew espera chegar à maioridade para convocar suas hostes infernais para se vingar dos coleguinhas e dar início ao seu reinado diabólico.

COMENTÁRIOS: Mais um filmeco de horror misturando estudantes adolescentes e satanismo (está na cara que o roteirista desse filme deve ter sido professor secundário). Sem fugir à habitual salada de clichês, o filme vai buscar um pseudorespaldo bíblico para a sua trama, que mais parece ter sido escrita por algum teólogo alcoolizado. De fato, o único ponto menos banal da história é a clara homossexualidade de Andrew (que, nas sequências finais, mais parece um travesti suburbano). O resto é pura tolice, com situações resolvidas às pressas e uma mistureba de referências que mais parece com uma antologia de *trash movies*.

AVALIAÇÃO: **

FEAR OF THE DARK

MEDO DO ESCURO

DIRETOR: K. C. Bascombe

PAÍS: Canadá

COMPANHIA PRODUTORA: Faulkner Productions

ANO DE PRODUÇÃO: 2002

DURAÇÃO: 86'

IDIOMA ORIGINAL: Inglês

PRODUÇÃO: Lee Faulkner, Nick Seferian

ARGUMENTO: John Sullivan

ROTEIRO: John Sullivan

FOTOGRAFIA: Marc Charlebois [cor]

MONTAGEM: Yvann Thibaudeau

MÚSICA: Dazmo

ELENCO: Kevin Zegers, Jesse James, Rachel Skarsten, Charles Powell, Linda Purl, Daniel Rindress-Kay, Derrick Damon Reeve, Charles-Etiénne Burelle

GÊNERO: Horror

SINOPSE: Ryan é um fedelho de 12 anos que tem um medo patológico da escuridão, pois acredita que a falta de luz abre as portas para uma outra dimensão cheia de monstros horrendos. Numa noite, quando seus pais saem e ele fica sozinho com seu irmão adolescente, despenca uma bruta tempestade e todas as luzes se apagam. A partir daí as fantasias do garoto começam a adquirir contornos bastante reais.

COMENTÁRIOS: A ideia até que não é má, apesar de carecer de originalidade. Porém, trata-se de uma obra tediosa, onde quase nunca acontece absolutamente nada.

AVALIAÇÃO: **

FEAST

BANQUETE NO INFERNO

DIRETOR: John Gulager

PAÍS: Estados Unidos

COMPANHIA PRODUTORA: LivePlanet

ANO DE PRODUÇÃO: 2006

DURAÇÃO: 95'

IDIOMA ORIGINAL: Inglês

PRODUÇÃO: Michael Leahy, Joel Soisson

ROTEIRO: Patrick Melton, Marcus Dunstan

FOTOGRAFIA: Thomas L. Callaway [cor]

MONTAGEM: Kirk Morri

MÚSICA: Steve Edwards

ELENCO: Balthazar Getty, Navi Rawat, Henry Rollins, Judah Friedlander, Josh Zuckerman, Jenny Wade, Duane Whitaker, Jason Mewes, Eileen Ryan, Eric Dane, Krista Allen, Clu Gulager, Chauntae Davis, Hannah Schick, Diane Goldner, Anthony 'Treach' Criss, Tyler Patrick Jones, Gary Tunnicliffe, Michael J. Regan, Somah Haaland

GÊNERO: Horror em tom de comédia

SINOPSE: Frequentadores de um boteco à beira do deserto são atacados por monstros de origem desconhecida e tentam resistir a qualquer custo, enquanto vão sendo devorados pelas criaturas.

COMENTÁRIOS: O filme se propõe a brincar com o seu próprio subgênero, apresentando uma galeria de personagens bizarros que vão morrendo de maneira igualmente bizarra, sem que se possa saber exatamente as causas do que está acontecendo.

AVALIAÇÃO: ***

FEELERS

(Cf. The faculty)

FIEND WITHOUT A FACE

O HORROR VEM DO ESPAÇO

DIRETOR: Arthur Crabtree

PAÍS: Inglaterra

COMPANHIA PRODUTORA: Amalgamated Production

ANO DE PRODUÇÃO: 1957

DURAÇÃO: 74'

IDIOMA ORIGINAL: Inglês

PRODUÇÃO: John Croydon

ARGUMENTO: Amelia Reynolds Long

ROTEIRO: Herbert J. Leder

FOTOGRAFIA: Lionel Banes [p&b]

MONTAGEM: R. Q. McNaughton

MÚSICA: Buxton Orr

ELENCO: Marshall Thompson, Kynaston Reeves, Kim Parker, Stanley Maxted, Terence Kilburn, James Dyrenforth, Robert MacKenzie, Peter Madden, Gil Winfield, Michael Balfour, Launce Maraschal, R. Meadows White, Kerrigan Prescott, Lala Lloyd

GÊNERO: Horror e ficção científica

SINOPSE: Uma base militar norte-americana instalada nos cafundós do Canadá começa a ter problemas quando alguns moradores da vizinhança são vítimas de mortes bizarras, que a população atribui às experiências com energia nuclear que lá se realizam. Porém, um dos oficiais desconfia de que as mortes podem estar ligadas às experiências de um cientista aposentado que vive naquela região e que estuda a possibilidade de materialização do pensamento humano.

COMENTÁRIOS: O filme utiliza um dos grandes clichês dos anos 50: as consequências imprevisíveis do uso da energia nuclear, que já havia deixado de ser idolatrada pelas massas. Curiosamente, o título nacional parece evocar uma ameaça alienígena, embora o filme nada tenha a ver com o assunto. A história não chega a ser ruim, mas os poucos efeitos especiais e a própria ausência de ação tornam o filme um tanto cansativo.

AVALIAÇÃO: ***

THE 50 WORST MOVIES EVER MADE

DIRETOR: Eduardo Eguia Dibildox (diretor técnico)

PAÍS: Estados Unidos

COMPANHIA PRODUTORA: Passport International Productions

ANO DE PRODUÇÃO: 2004

DURAÇÃO: 60'

IDIOMA ORIGINAL: Inglês

PRODUÇÃO: Dante J. Pugliese (executivo)

ROTEIRO: Brandon Christopher

FOTOGRAFIA: "diversos" [cor/p&b]

MONTAGEM: Michiko Byers

MÚSICA: "diversos"

NARRAÇÃO: Carlos Larkin

GÊNERO: Documentário

SINOPSE: Uma seleção dos 50 piores longas-metragens de todos os tempos, apresentados em ordem decrescente através de pequenos clips.

COMENTÁRIOS: A seleção é bastante ortodoxa, apresentando os filmes que constituem a referência básica do apreciador do lixo cinematográfico (como as produções de Ed Wood e Roger Corman). Quase todos os filmes apresentados foram feitos a partir dos anos 50 e não são necessariamenre ruins, embora tenham profundas deficiências técnicas e artísticas.

AVALIAÇÃO: ***

FIGURES DE CIRE

Figuras de cera

DIRETOR: Maurice Tourneur

PAÍS: França

COMPANHIA PRODUTORA: Éclair

ANO DE PRODUÇÃO: 1914

DURAÇÃO: 11'

IDIOMA ORIGINAL: Mudo

ARGUMENTO: André de Lorde

FOTOGRAFIA: [p&b]

ELENCO: Henry Roussel, Tramont [Émile Tramont], Gouget [Henri Gouget]

GÊNERO: Drama de horror

SINOPSE: Pierre é um milionário que se gaba de nunca sentir medo de nada. Para provar o que diz, ele aposta uma fortuna com seu amigo Jacques, afirmando ser capaz de passar uma noite sozinho em qualquer lugar que lhe seja indicado. Jacques, então, propõe que Pierre passe a noite em um pequeno museu de cera, situado nos arrabaldes da cidade. Pierre aceita e inicia a sua vigília, absolutamente tranquilo. Porém, a noite longa e escura e as tenebrosas figuras do museu logo vão afetar os nervos do valentão.

COMENTÁRIOS: Uma obra belíssima, mesmo que a única cópia existente tenha algumas lacunas e alguns trechos bastante danificados.

AVALIAÇÃO: ****

FILIBUS

Filibus, o misterioso pirata dos céus

DIRETOR: Mario Roncoroni

PAÍS: Itália

COMPANHIA PRODUTORA: Corona Film

ANO DE PRODUÇÃO: 1915

DURAÇÃO: 77'

IDIOMA ORIGINAL: Mudo

ROTEIRO: Giovanni Bertinetti

FOTOGRAFIA: Luigi Fiorio [p&b]

ELENCO: Mario Mariani, Cristina Ruspoli, Giovanni Spano, Filippo Vallino

GÊNERO: Drama criminal de ação e ficção científica

SINOPSE: Filibus é uma sofisticada ladra que utiliza um moderno dirigível para realizar os seus golpes. Ao saber que está sendo perseguida pelo famoso detetive Hardy, Filibus resolve vingar-se elaborando um plano para incriminá-lo. Fazendo-se passar por um homem, o conde de la Brive, ela se introduz na casa de Hardy e passa a namorar a irmã do detetive, enquanto tenta responsabilizá-lo pelo sequestro de um amigo milionário e pelo roubo de dois valiosíssimos diamantes faraônicos.

COMENTÁRIOS: Típico filme de aventura dos primeiros tempos do cinema, com uma inesgotável série de peripécias e algumas das situações que já estavam se tornando clichês (como raptos e perseguições de automóvel). Os dois aspectos mais notáveis desse filme são a vilã travestida e o uso do dirigível, elemento bastante moderno para aquele período. Apesar de alguns absurdos e ingenuidades (também característicos desse tipo de filmes), trata-se de um espetáculo bastante movimentado e razoavelmente divertido. A cópia consultada – com todas as sequências tingidas por banhos químicos – apresentava intertítulos em holandês.

AVALIAÇÃO: ***

FLASH GORDON'S TRIP TO MARS

FLASH GORDON NO PLANETA MARTE

DIRETOR: Ford Beebe, Robert Hill

PAÍS: Estados Unidos

COMPANHIA PRODUTORA: Universal Pictures

ANO DE PRODUÇÃO: 1938

DURAÇÃO: 298'

IDIOMA ORIGINAL: Inglês

PRODUÇÃO: Barney A. Sarecki (associado)

ARGUMENTO: Wyndham Gittens, Norman S. Hall, Ray Trampe, Herbert Dalmas

ROTEIRO: Wyndham Gittens, Norman S. Hall, Ray Trampe, Herbert Dalmas

FOTOGRAFIA: Jerome Ash [p&b]

MONTAGEM: Avin Todd, Louis Sackin, Joe Gluck (supervisão:

Saul A. Goodkind)

MÚSICA: "diversos"

ELENCO: Larry 'Buster' Crabbe, Jean Rogers, Frank Shannon, Charles Middleton, Beatrice Roberts, Donald Kerr, Richard Alexander, Montague Shaw, Wheeler Oakman, Kane Richmond, Kenneth Duncan, Warner Richmond, Jack Mulhall, Lane Chandler, Anthony Warde, Ben Lewis

GÊNERO: Ficção científica e aventura

SINOPSE: Seriado em 15 episódios: [1] NEW WORLDS TO CONQUER; [2] THE LIVING DEAD; [3] QUEEN OF MAGIC; [4] ANCIENT ENEMIES; [5] THE BOOMERANG; [6] TREE-MEN OF MARS; [7] THE PRISONER OF MONGO; [8] THE BLACK SAPPHIRE OF KALU; [9] SYMBOL OF DEATH; [10] INCENSE OF FORGETFULNESS; [11] HUMAN BAIT; [12] MING THE MERCILESS; [13] THE MIRACLE OF MAGIC; [14] A BEAST AT BAY; [15] AN EYE FOR AN EYE. Depois de viverem incríveis aventuras no distante planeta Mongo, Flash Gordon, Dale Arden e o dr. Zarkov voltam à Terra. Porém, o perverso imperador Ming de Mongo, que deveria estar morto, conseguiu escapar e se refugiar em Marte, onde associou-se à poderosa rainha Azura. Como é impiedoso, Ming não se esquece do seu desejo de vingança e do seu plano de dominar nosso pobre planeta. Conseguindo enviar alguns emissários à Terra, Ming lança um raio para drenar minerais do centro do planeta, alterando nossa atmosfera e causando uma série crescente de graves desastres. Enquanto as autoridades e os cientistas chapa-branca se estapeiam entre teorias estéreis, Flash e o dr. Zarkov realizam suas próprias investigações e descobrem o que está acontecendo. Para salvar o mundo, nossos três heróis (juntamente com um jornalista enxerido) retornam ao planeta Mongo. Porém, no meio do caminho, eles descobrem que o raio energético está sendo emitido de Marte, para onde sua nave é atraída.

COMENTÁRIOS: Seriado que dá continuidade a "Flash Gordon

no planeta Mongo" (1936). Sem a originalidade e o impacto tecnológico de seu antecessor, este filme é, mesmo assim, um passatempo divertido e desopilante.

AVALIAÇÃO: ***

THE FLESH AND THE FIENDS

O MONSTRO DA MORGUE SINISTRA

DIRETOR: John Gilling

PAÍS: Inglaterra

COMPANHIA PRODUTORA: Triad Productions

ANO DE PRODUÇÃO: 1959

DURAÇÃO: 89'

IDIOMA ORIGINAL: Inglês

PRODUÇÃO: Robert S. Baker, Monty Berman

ARGUMENTO: John Gilling

ROTEIRO: John Gilling, Leon Griffiths

FOTOGRAFIA: Monty Berman [p&b]

MONTAGEM: Jack Slade

MÚSICA: Stanley Black

ELENCO: Peter Cushing, Donald Pleasence, June Laverick, Dermot Walsh, Renée Houston, George Rose, Billie Whitelaw, John Cairney, Melvyn Hayes, June Powell, Andrew Faulds, Philip Leaver, George Woodbridge, Garard Green, Geoffrey Tyrrell, Esma Cannon, George Bishop, Becket Bould, George Street. Michael Balfour, Stephen Scott, Raf de la Torre

GÊNERO: Horror

SINOPSE: Na Edimburgo da primeira metade do século 19, uma dupla de pequenos marginais – Burke e Hare – resolve enriquecer à custa da ambição de um famoso professor de medicina, o dr. Knox, que não respeita qualquer princípio ético para obter cadáveres humanos para as suas aulas de anatomia e suas experiências inconfessáveis. Sem vontade de continuar desenterrando cadáveres putrefatos no cemitério local, os dois malandros resolvem montar a sua própria fábrica de defuntos, passando a ser os principais fornecedores do cientista.

COMENTÁRIOS: Baseado num célebre caso verídico, ocorrido na Irlanda na década de 1820.

AVALIAÇÃO: ***

FLIGHT OF THE NAVIGATOR

O VÔO DO NAVEGADOR

DIRETOR: Randal Kleiser

PAÍS: Estados Unidos

COMPANHIA PRODUTORA: Producers Sales Organization / New Star Entertainment

ANO DE PRODUÇÃO: 1986

DURAÇÃO: 90'

IDIOMA ORIGINAL: Inglês

PRODUÇÃO: Robby Wald, Dimitri Villard (coprodutor: David Joseph)

ARGUMENTO: Mark H. Baker

ROTEIRO: Michael Burton, Matt MacManus

FOTOGRAFIA: James Glennon [cor]

MONTAGEM: Jeff Gourson

MÚSICA: Alan Silvestri

ELENCO: Joey Cramer, Veronica Cartwright, Cliff De Young, Sarah Jessica Parker, Matt Adler, Howard Hesseman, Paul Mall (voz), Robert Small, Albie Whitaker, Jonathan Sanger, Iris Acker, Richard Liberty, Raymond Forchion, Cynthia Caquelin, Ted Bartsch, Gizelle Elliot, Brigid Cleary, Michael Strano, Parris Buckner, Robyn Peterson, Tony Tracy, Philip Hoelcher, Julio Mechoso, Butch Raymond, Bob Strickland, Michael Brockman, Louis Cutolo, Debbie Casperson, Chase Randolph, John Archie, Tony Calvino, Rusty Pouch, Robert Goodman, Ryan Murray, Keri Rogers, Peter Lundquist, Jill Beach, Kenneth Davis, Bruce Laks, Arnie Ross, Fritz Brauner

GÊNERO: Ficção científica infantojuvenil

SINOPSE: Passeando por um bosque, nas proximidades de sua casa, David Freeman, um garoto de 12 anos, sofre uma queda e perde os sentidos. Ao acordar, ele volta para casa e descobre que agora ela está sendo habitada por pessoas que ele não conhece. Desesperado para achar os seus pais, David é recolhido pela polícia, que investiga o seu caso. Para espanto generalizado, inclusive do próprio David, a investigação descobre que ele é dado como desaparecido. Porém, para complicar muito mais a situação, seu desaparecimento ocorreu há oito anos e ele não parece ter envelhecido nem um só dia.

COMENTÁRIOS: Simpática mistura de elementos de ficção científica com as habituais comédias familiares da Disney, com uma dose de aventura e humor que pode agradar qualquer espectador.

AVALIAÇÃO: ***

VOANDO PARA MARTE

DIRETOR: Lesley Selander

PAÍS: Estados Unidos

COMPANHIA PRODUTORA: Monogram Pictures Corporation

ANO DE PRODUÇÃO: 1951

DURAÇÃO: 72'

IDIOMA ORIGINAL: Inglês

PRODUÇÃO: Walter Mirisch

ROTEIRO: Arthur Strawn

FOTOGRAFIA: Harry Newman [cor]

MONTAGEM: Richard Heermance

MÚSICA: Marlin Skiles

ELENCO: Marguerite Chapman, Cameron Mitchell, Arthur Franz, Virginia Huston, John Litel, Morris Ankrum, Richard Gaines, Lucille Barkley, Robert H. Barratt

GÊNERO: Ficção científica

SINOPSE: Acompanhados por um jornalista, quatro cientistas seguem num foguete experimental até Marte, onde encontram uma civilização bastante parecida com a nossa. A semelhança é tamanha que o líder do planeta, consciente de que os seus recursos naturais estão à beira da exaustão, permite que os terráqueos consertem seu foguete, com a intenção de traí-los e usar a tecnologia da nave para construir uma frota de ataque para ocupar a Terra.

COMENTÁRIOS: Apesar da produção paupérrima, o filme aborda diversas temáticas que se tornariam clichês do gênero.

AVALIAÇÃO: ***

FLU BIRD HORROR

(Cf. Flu birds)

FLU BIRDS / FLU BIRD HORROR

ASAS DO TERROR

DIRETOR: Leigh Scott

PAÍS: Estados Unidos / Alemanha

COMPANHIA PRODUTORA: Nu Image / Active Entertainment / Dr. Wilfried Ackermann Filmproduktion

ANO DE PRODUÇÃO: 2008

DURAÇÃO: 89'

IDIOMA ORIGINAL: Inglês

PRODUÇÃO: Ken Badish, Wilfried Ackermann

ROTEIRO: Brian D. Smith, Tony Daniel

FOTOGRAFIA: Gabriel Kosuth [cor]

MONTAGEM: Christopher Roth

MÚSICA: Alan Howarth

ELENCO: Clare Carey, Lance Guest, Jonathon Trent, Sarah Butler, Rebekah Kochan, Bil Posley [Bill Posley], Brent Lydic, Gabriel Costin, Calin Stanciu, Barton Slides, Tarri Markell, Serban Celea, Cristian Motiu, Mihai Verbitschi, George Remes, Christopher Troxler, Bogdan Uritescu, John 'Jack' Lazzaro, Roxana Iancu, Razvan Oprea

GÊNERO: Horror e ficção científica

SINOPSE: Jovens delinquentes que estão participando de um acampamento educativo, no meio de um bosque, são atacados por estranhos seres, que parecem aves pré-históricas. O monitor do acampamento é morto e os sobreviventes fogem, buscando abrigo em um velho forte abandonado. Ao mesmo tempo, um caçador ferido pelas mesmas aves é socorrido por um guarda florestal, que o leva para o hospital. Investigando o caso, o guarda e a médica que atendeu o ferido descobrem que ele está infectado por uma poderosa variante do vírus da gripe aviária, que pode eventualmente transmitir-se pelo ar e liquidar com a humanidade. Não podendo permanecer no forte, já que o local está impregnado pelo gás vazado dos antigos equipamentos militares, os jovens empreendem uma nova fuga, lutando para escapar das aves sanguinárias enquanto as autoridades tentam impedir que a doença se propague.

COMENTÁRIOS: Animais mutantes em revolta, ameaçando — como sempre — a pobre humanidade, que tem muitos pecados para pagar. Este exemplar até que poderia não ser uma total perda de tempo, mas naufraga em um elenco medíocre e sem carisma, em personagens que beiram a caricatura e em um enredo extremamente tolo e mal desenvolvido.

AVALIAÇÃO: **

THE FLY

A MOSCA DA CABEÇA BRANCA

DIRETOR: Kurt Neumann

PAÍS: Estados Unidos

COMPANHIA PRODUTORA: Twentieth Century-Fox

ANO DE PRODUÇÃO: 1958

DURAÇÃO: 90'

IDIOMA ORIGINAL: Inglês

PRODUÇÃO: Kurt Neumann

ARGUMENTO: George Langelaan

ROTEIRO: James Clavell

FOTOGRAFIA: Karl Struss [cor]

MONTAGEM: Merrill G. White

MÚSICA: Paul Sawtell

ELENCO: Al Hedison [David Hedison], Patricia Owens, Vincent Price, Herbert Marshall, Kathleen Freeman, Betty Lou Gerson, Charles Herbert

GÊNERO: Horror e ficção científica

SINOPSE: Quando o cadáver de seu irmão André é encontrado na sede da indústria eletrônica pertencente a ambos, em Montreal, esmagado por uma poderosa prensa hidráulica, François Delambre fica consternado. Porém, a situação fica ainda mais dramática com a notícia de que a assassina é Helène, a esposa do morto. François pede ajuda a seu amigo, o inspetor Charas, a fim de investigar o caso, embora Helène confesse o crime, aparentando estar louca. Como a mulher parece obcecada por uma estranha mosca, com a cabeça e uma das patas brancas, François finge ter capturado o inseto, pedindo para que Helène revele toda a verdade. A mulher, então, confessa que está se fazendo de louca para fugir da pena de morte, que marcaria para sempre seu único filho, o pequeno Philippe. Ela conta que André – um gênio da eletrônica – estava trabalhando num projeto ultra-secreto para converter a matéria em ondas e transportá-la através do espaço. Tudo parecia andar bem, até que André resolveu utilizar a si próprio como cobaia. Sem que ele percebesse, uma mosca introduziu-se no sistema de desintegração, causando um acidente de atrozes consequências.

COMENTÁRIOS: Um excelente roteiro de James Clavell, partindo de uma ideia criativa e original desenvolvida com uma habilidosa combinação de ficção científica e dramas humanos. Trata-se, reconhecidamente, de um dos maiores clássicos do cinema fantástico.

AVALIAÇÃO: ****

THE FOG

FOG, A BRUMA ASSASSINA

DIRETOR: John Carpenter

PAÍS: Estados Unidos

COMPANHIA PRODUTORA: AVCO Embassy / E. D. I.

ANO DE PRODUÇÃO: 1979

DURAÇÃO: 91'

IDIOMA ORIGINAL: Inglês

PRODUÇÃO: Debra Hill

ARGUMENTO: John Carpenter, Debra Hill

ROTEIRO: John Carpenter, Debra Hill

FOTOGRAFIA: Dean Cundey [cor]

MONTAGEM: Tommy Lee Wallace, Charles Bornstein

MÚSICA: John Carpenter, Dan Wyman

ELENCO: Adrienne Barbeau, Jamie Lee Curtis, Janet Leigh, John Houseman, Tom Atkins, James Canning, Charles Cyphers, Nancy Loomis, Ty Mitchell, Hal Holbrook, John Goff, George 'Buck' Flower, Regina Waldon, Jim Haynie, Darrow Igus, John

Vic, Jay Jacobs, Fred Franklyn, Ric Moreno, Lee Sacks, Tommy Wallace [Tommy Lee Wallace], Bill Taylor, Rob Bottin, Charles Nicklin (voz), Darwin Joston, Laurie Arent, Lindsey Arent, Shari Jacoby, Christopher Cundey, John Strobel

GÊNERO: Horror

SINOPSE: A cidadezinha litorânea de Antonio Bay prepara-se para comemorar seu centésimo aniversário, homenageando seus fundadores com uma grande festa cívica. Porém, o que todos ignoram é que a cidade foi construída com a fortuna do rico líder de uma comunidade de leprosos, que pretendera transferir-se com todos os seus companheiros para aquela região. As pessoas que habitavam a área fingiram concordar com a mudança, mas fizeram uma armadilha para afundar o navio dos leprosos, causando a morte de todos eles. No entanto, como o calendário do além-mundo é cheio de caprichos, os fantasmas das vítimas resolvem comemorar o centenário com uma vingança, aparecendo na forma de uma bruma que atinge a cidade e causa misteriosas mortes.

COMENTÁRIOS: O filme é uma grande bobagem sobre "vinganças do além", com uma história bastante fraca e todos os clichês do gênero. O elenco também não ajuda a melhorar o nível, que também se mantém baixo por conta da pobreza dos efeitos especiais. Em suma, muita pretensão em uma obra que não passa de mais um filme B.

AVALIAÇÃO: ***

FOREST OF THE DAMNED / JOHANNES ROBERTS' FOREST OF THE DAMNED

FLORESTA DOS CONDENADOS

DIRETOR: Johannes Roberts

PAÍS: Inglaterra

COMPANHIA PRODUTORA: Gatlin Pictures

ANO DE PRODUÇÃO: 2005

DURAÇÃO: 95'

IDIOMA ORIGINAL: Inglês

PRODUÇÃO: Dominic Cahill, Miguel Ruz

ARGUMENTO: Johannes Roberts

ROTEIRO: Johannes Roberts

FOTOGRAFIA: John Raggett [cor]

MONTAGEM: Richard Mitchell

MÚSICA: Ollie Knight (music design)

ELENCO: Tom Savini, Nicole Petty, Daniel Maclagan, Sophie Holland, Richard Cambridge, David Hood, Steve Hart, Frances Da Costas, Marysia K., Eleanor James, Cleo Mason, Dan van Husen, Shaun Hutson, Hana Urushima, Charlie Billson, Samantha Brooks, Mike Hannides (voz)

GÊNERO: Horror

SINOPSE: Alguns amigos decidem realizar uma excursão turística e vão parar em uma floresta remota, onde o carro deles sofre uma avaria. Como se não bastasse o lugar ser soturno e quase inacessível, eles contam com a companhia de um grupo de belos anjos decaídos, que devoram – literalmente – as almas e os corpos dos homens e mulheres que encontram pela frente.

COMENTÁRIOS: Pode ser considerado, sem maiores exageros, uma versão menos histérica, mais erotizada e mais chata de "A bruxa de Blair".

AVALIAÇÃO: **

A FORTALEZA

DIRETOR: Arch Nicholson

PAÍS: Austrália

COMPANHIA PRODUTORA: Crawford Productions

ANO DE PRODUÇÃO: 1985

DURAÇÃO: 88'

IDIOMA ORIGINAL: Inglês

PRODUÇÃO: Raymond Menmuir

ARGUMENTO: Gabrielle Lord

ROTEIRO: Everett De Roche

FOTOGRAFIA: David Connell [cor]

MONTAGEM: Ralph Strasser

MÚSICA: Danny Beckerman

ELENCO: Rachel Ward, Sean Garlick, Rebecca Rigg, Robin Mason, Marc Gray, Beth Buchanan, Asher Keddie, Bradley Meehan, Anna Crawford, Richard Terrill, Peter Hehir, David Bradshaw, Vernon Wells, Roger Stephen, Elaine Cusick, Laurie Moran, Ray Chubb, Wendy Playfair, Ed Turley, Nick Waters, Terence Donovan

GÊNERO: Drama de suspense e horror

SINOPSE: No interior da Austrália, uma jovem professora e um grupo de estudantes, de diversas idades, são sequestrados por um bando de criminosos e levados para os ermos. Lá, a professora e as crianças irão se unir de uma maneira bastante radical para lutar pelas suas vidas.

COMENTÁRIOS: Telefilme baseado em uma história real, com uma abordagem bastante surpreendente. Infelizmente, os bons resultados são comprometidos por algumas cenas de violência contra animais.

AVALIAÇÃO: ***

QUARTA DIMENSÃO

DIRETOR: Irvin S. Yeaworth Jr.

PAÍS: Estados Unidos

COMPANHIA PRODUTORA: Fairview Productions / Universal International

ANO DE PRODUÇÃO: 1959

DURAÇÃO: 85'

IDIOMA ORIGINAL: Inglês

PRODUÇÃO: Jack H. Harris, Irvin S. Yeaworth Jr.

ARGUMENTO: Jack H. Harris

ROTEIRO: Theodore Simonson, Cy Chermak

FOTOGRAFIA: Theodore J. Pahle [cor]

MONTAGEM: William B. Murphy

MÚSICA: Ralph Carmichael

ELENCO: Robert Lansing, Lee Meriwheter, James Congdon, Robert Strauss, Edgar Stehli, Patty Duke, Guy Raymond, Chic James, Elbert Smith, George Kara, Jasper Deeter

GÊNERO: Ficção científica

SINOPSE: Scott Nelson é um cientista nuclear que trabalha para um grande laboratório, onde desenvolve um novo metal para uso militar. Porém, ao ter sucesso em suas pesquisas, Scott vê todo o crédito ser dado ao dono do laboratório, um sujeito que só pensa em dinheiro e explora o trabalho de seus funcionários. Ao mesmo tempo, seu irmão mais novo Tony, que também é cientista, chega para uma visita e logo conquista o coração de Linda, com quem Scott pretendia se casar. Como se não bastasse tantas desgraças, Scott também está sofrendo um problema cerebral, causado pelo seu contato constante com a radioatividade. Ao descobrir que Tony está fazendo pesquisas para fundir os átomos de diversas matérias, Scott resolve ajudá-lo e descobre que adquiriu o poder de atravessar qualquer material sólido, usando o poder alterado de suas ondas cerebrais. Porém, essa alteração também vai fazendo com que o cientista perca a lucidez e se transforme em um monstro.

COMENTÁRIOS: Pequeno clássico da ficção científica dos anos 50, a década de ouro do gênero. Porém, mais do que uma interessante história sobre um homem destruído pela sua sede de conhecimento, este filme conta o drama de um homem que só fazia maus encontros, sendo traído pelo patrão, pelo assistente, pelo irmão e pela mulher que ele amava.

AVALIAÇÃO: ***

FRANKENSTEIN

FRANKENSTEIN

DIRETOR: J. Searle Dawley

PAÍS: Estados Unidos

COMPANHIA PRODUTORA: Thomas A. Edison

ANO DE PRODUÇÃO: 1910

DURAÇÃO: 13'

IDIOMA ORIGINAL: Mudo

PRODUÇÃO: Thomas Alva Edison

ARGUMENTO: Mary Shelley

ROTEIRO: J. Searle Dawley

FOTOGRAFIA: [p&b]

ELENCO: Augustus Phillips, Mary Fuller, Charles Ogle

GÊNERO: Horror

SINOPSE: Cientista louco pesquisa a revitalização de tecidos mortos e acaba criando um monstro, que se volta contra ele e causa muitos problemas.

COMENTÁRIOS: Primeira versão cinematográfica do clássico de Mary Shelley, produzida por Thomas Edison. Este filme conta a história de maneira bastante resumida, mas consegue ser interessante e vale principalmente pela caracterização do monstro, totalmente desvinculada daquela que se tornaria célebre por intermédio da versão de 1931.

AVALIAÇÃO: *****

FRANKENSTEIN CREATED WOMAN

FRANKENSTEIN CRIOU A MULHER

DIRETOR: Terence Fisher

PAÍS: Inglaterra

COMPANHIA PRODUTORA: Seven Arts / Hammer Film Productions

ANO DE PRODUÇÃO: 1966

DURAÇÃO: 92'

IDIOMA ORIGINAL: Inglês

PRODUÇÃO: Anthony Nelson Keys

ARGUMENTO: John Elder

ROTEIRO: John Elder

FOTOGRAFIA: Arthur Grant [cor]

MONTAGEM: James Needs

MÚSICA: James Bernard (supervisão: Philip Martell)

ELENCO: Peter Cushing, Susan Denberg, Thorley Walters, Robert Morris, Duncan Lamont, Peter Blythe, Barry Warren, Derek Fowlds, Alan MacNaughtan, Peter Madden, Philip Ray, Ivan Beavis, Colin Jeavons, Bartlett Mullins, Alec Mango

GÊNERO: Drama de horror

SINOPSE: Possivelmente inspirado na metempsicose das vacas indianas, o barão Frankenstein descobre uma técnica para a transferência de almas, colocando a de um jovem enforcado no corpo de uma pobre moça que morreu afogada. Porém, como o rapaz morreu injustamente, por um crime cometido por três playboys aristocratas riquinhos da alta sociedade, ele vai querer vingança e usa o seu novo corpitcho para obtê-la.

COMENTÁRIOS: A única coisa que não se pode dizer deste filme é que ele se atenha a clichês, já que não há quase nada em sua história que remeta ao original de Mary Shelley.

AVALIAÇÃO: ***

FRANKENSTEIN CONTRA O MONSTRO ESPACIAL

DIRETOR: Robert Gaffney

PAÍS: Estados Unidos

COMPANHIA PRODUTORA: Vernon Films / Seneca

ANO DE PRODUÇÃO: 1965

DURAÇÃO: 76'

IDIOMA ORIGINAL: Inglês

PRODUÇÃO: Robert McCarty

ARGUMENTO: George Garrett

ROTEIRO: George Garrett

FOTOGRAFIA: Saul Midwall [p&b]

MONTAGEM: Lawrence C. Keating

MÚSICA: Ross Gaffney

ELENCO: Marilyn Hanold, Jim Karen, Lou Cutell, Nancy Marshall, David Kerman, Robert Reilly

GÊNERO: Horror e ficção científica

SINOPSE: Após uma terrível guerra nuclear, a princesa Marcusan precisa repovoar o seu planeta devastado e vem à Terra em busca de mulheres gostosas. Ao mesmo tempo, o cientista Adam desenvolve um robô feito com órgãos humanos, Frank, a fim de que ele possa pilotar uma nave que vai realizar a longa e perigosa viagem à Marte. Pensando que a nave de Adam é um míssil de ataque, a princesa ordena que ela seja destruída. Ao perceber que Frank escapou, a princesa aterrisa sua nave e manda que ele seja eliminado, enquanto seus capangas começam a sequestrar beldades terráqueas.

COMENTÁRIOS: Um dos maiores desastres da história do cinema, que bem poderia ser um sucesso se embarcasse sem pudores na comédia.

AVALIAÇÃO: *

FREDDY VS. JASON

Freddy vs. Jason

DIRETOR: Ronny Yu

PAÍS: Estados Unidos

COMPANHIA PRODUTORA: New Line Cinema

ANO DE PRODUÇÃO: 2003

DURAÇÃO: 97'

IDIOMA ORIGINAL: Inglês

PRODUÇÃO: Sean S. Cunningham

ARGUMENTO: Wes Craven, Victor Miller

ROTEIRO: Damian Shannon, Mark Swift

FOTOGRAFIA: Fred Murphy [cor]

MONTAGEM: Mark Stevens

MÚSICA: Graeme Revell

ELENCO: Monica Keena, Kelly Rowland, Jason Ritter, Christopher George Marquette [Chris Marquette], Lochlyn Munro, Katharine Isabelle, Brendan Fletcher, Zacharias Ward [Zack Ward], Robert Englund, Ken Kirzinger, Tom Butler, Kyle Labine, Paula Shaw, Garry Chalk, Jesse Hutch, David Kopp, Brent Chapman, Spencer Stump, Joelle Antonissen, Alistair Abell, L. E. Moko, Chris Gauthier, Colby Johansson, Kimberley Warnat, Kevin Hansen, Alex Green, Odessa Munroe, Jamie

Mayo, Blake Mawson, Viv Leacock, Tony Willett, Claire Riley, Sharon Peters, Sarah Anne Hepher, Kirsti Forbes, Taryn McCulloch, Eileen Pedde, Tyler Foley, Jacqueline Stewart, Laura Boddington, Colton Schock, Spencer Doduk, Anysha Berthot

GÊNERO: Horror

SINOPSE: Tendo perdido seus poderes maléficos, por ter sido esquecido pelas novas gerações de moradores da rua Elm, o psicopata onírico Freddy Krueger decide ressuscitar o célebre psicopata lacustre Jason Voorhees, a fim de que este faça matanças que evoquem a sua própria lembrança (uma espécie de "papagaio come milho e periquito leva a fama"). Porém, Freddy perde o controle sobre Jason e os dois se enfrentam numa batalha (i)mortal.

COMENTÁRIOS: Desavergonhado caça-níqueis que só pode divertir aqueles que riem até de desastre de trem.

AVALIAÇÃO: **

FRIDAY THE 13TH – PART 2

SEXTA-FEIRA 13 – PARTE 2

DIRETOR: Steve Miner

PAÍS: Estados Unidos

COMPANHIA PRODUTORA: Georgetown Productions

ANO DE PRODUÇÃO: 1981

DURAÇÃO: 87'

IDIOMA ORIGINAL: Inglês

PRODUÇÃO: Steve Miner, Dennis Murphy

ARGUMENTO: Victor Miller

ROTEIRO: Ron Kurz

FOTOGRAFIA: Peter Stein [cor]

MONTAGEM: Susan E. Cunningham

MÚSICA: Harry Manfredini

ELENCO: Amy Steel, John Furey, Adrienne King, Kirsten Baker, Stu Charno, Warrington Gillette, Walt Gorney, Marta Kober, Tom McBride, Bill Randolph, Lauren-Marie Taylor, Russell Todd, Betsy Palmer, Cliff Cudney, Jack Marks, Jerry Wallace, David Brand, China Chen, Carolyn Louden, Jaime Perry, Tom Shea, Jill Voight

GÊNERO: Horror para adolescentes

SINOPSE: Paul trabalha treinando jovens para serem monitores de acampamento. Ele decide reabrir um antigo acampamento abandonado, apesar de saber que o local fica nas proximidades do campo Crystal Lake, onde – há alguns anos – ocorreu uma chacina de jovens e onde – segundo uma lenda local – mora o psicopata assassino imortal Jason Vorhees. Chega a primeira turma de alunos e Paul começa a trabalhar, junto com sua assistente Giny. Porém, Jason está mesmo por lá e logo começa a fazer suas vítimas, dizimando os jovens aprendizes.

COMENTÁRIOS: Nesta primeira sequência de uma das mais famosas séries de filmes de horror, a figura de Jason ainda não está totalmente definida e ele usa um saco na cabeça (ao contrário da máscara de hóquei que viria a caracterizá-lo mais tarde).

AVALIAÇÃO: **

SEXTA-FEIRA 13 – PARTE 3

DIRETOR: Steve Miner

PAÍS: Estados Unidos

COMPANHIA PRODUTORA: Jason Inc.

ANO DE PRODUÇÃO: 1982

DURAÇÃO: 91'

IDIOMA ORIGINAL: Inglês

PRODUÇÃO: Frank Mancuso Jr., Tony Bishop

ARGUMENTO: Victor Miller, Ron Kurz

ROTEIRO: Martin Kitrosser, Carol Watson

FOTOGRAFIA: Gerald Feil [cor]

MONTAGEM: George Hively

MÚSICA: Harry Manfredini

ELENCO: Dana Kimmel, Paul Kratka, Tracie Savage, Jeffrey Rogers, Catherine Parks, Larry Zerner, David Katims, Rachel Howard, Richard Brooker, Nick Savage, Gloria Charles, Kevin O'Brien, Terry Ballard, Annie Gaybis, Cheri Maugans, Terence McCorry, Charlie Messenger, Gianni Standaart, Steve Susskind, Perla Walter, David Wiley, Steve Miner

GÊNERO: Horror de psicopata para adolescentes

SINOPSE: A jovem Chris resolve levar uma turma de amigos para passar uma temporada na casa de campo de seus pais. Porém, para azar da garota, a propriedade fica nas proximidades do acampamento Crystal Lake, local onde o psicopata zumbi imortal e onipresente Jason costuma realizar suas chacinas periódicas. Assim, com uma boa provisão de jovens, Jason terá muito trabalho e se divertirá bastante (provavelmente, muito mais do que os espectadores).

COMENTÁRIOS: Realizado em 3D, este é um dos mais inócuos exemplares da série, repetindo quase todas as situações de seus antecessores.

AVALIAÇÃO: **

FRIDAY THE 13TH PART VIII – JASON TAKES MANHATTAN

SEXTA-FEIRA 13 – PARTE 8: JASON ATACA NOVA IORQUE

DIRETOR: Rob Hedden

PAÍS: Estados Unidos

COMPANHIA PRODUTORA: Horror Inc.

ANO DE PRODUÇÃO: 1989

DURAÇÃO: 100'

IDIOMA ORIGINAL: Inglês

PRODUÇÃO: Randolph Cheveldave

ARGUMENTO: Rob Hedden (or: Victor Miller)

ROTEIRO: Rob Hedden

FOTOGRAFIA: Bryan England [cor]

MONTAGEM: Steve Mirkovich

MÚSICA: Fred Mollin

ELENCO: Jensen Daggett, Scott Reeves, Barbara Bingham, Peter Mark Richman, Martin Cummins, Gordon Currie, Alex Diakun, V. C. Dupree, Saffron Henderson, Kelly Hu, Sharlene Martin, Warren Munson, Kane Hodder, Todd Shaffer, Tiffany Paulsen, Timothy Burr Mirkovich, cão Ace, Fred Henderson,

Sam Sarkar, Michael Benyaer, Roger Barnes, Amber Pawlick, Vinny Capone, Peggy Hedden, David Longworth

GÊNERO: Horror para adolescentes

SINOPSE: Um grupo de jovens, para comemorar sua formatura, decide fazer um cruzeiro de iate para Nova Iorque. Porém, no barco, além dos jovens, de dois professores e da tripulação, está também o psicopata-homicida-imortal Jason Voorhees, liberto de seu cativeiro subaquático e mais uma vez ressuscitado por uma descarga elétrica bastante oportuna. Jason logo começa a fazer suas vítimas, dizimando quase todos os viajantes. Quando restam apenas três jovens e os dois professores, um incêndio faz o barco naufragar e os sobreviventes reúnem-se num bote salva-vidas, conseguindo remar até Manhattan. Mas Jason também vai para a Big Apple, já que está muito interessado na estudante Heather, que lembra bastante uma das 485 garotas que ele já chacinou.

COMENTÁRIOS: Apesar de ser um pouco mais rica e ousada que suas antecessoras, esta nova continuação não foge aos clichês da série e pouco acrescenta ao que já nos cansamos de ver.

AVALIAÇÃO: ***

DAS GEHEIMNIS DES GELBEN GRABES

(Cf. L'etrusco uccide ancora)

THE GIANT BEHEMOTH

(Cf. Behemoth, the sea monster)

HALLOWEEN III: SEASON OF THE WITCH

O DIA DAS BRUXAS III

DIRETOR: Tommy Lee Wallace

PAÍS: Estados Unidos

COMPANHIA PRODUTORA: Dino De Laurentiis Corporation

ANO DE PRODUÇÃO: 1982

DURAÇÃO: 96'

IDIOMA ORIGINAL: Inglês

PRODUÇÃO: Debra Hill, John Carpenter

ARGUMENTO: Tommy Lee Wallace

ROTEIRO: Tommy Lee Wallace

FOTOGRAFIA: Dean Cundey [cor]

MONTAGEM: Millie Moore

MÚSICA: John Carpenter, Alan Howarth

ELENCO: Tom Atkins, Stacey Nelkin, Dan O'Herlihy, Michael Currie, Ralph Strait, Jadeen Barbor, Bradley Schachter, Garn Stephens, Nancy Kyes, Jon Terry, Al Berry, Wendy Wessberg, Essex Smith, Maidie Norman, John McBride, Loyd Catlett, Paddi Edwards, Norman Merrill, Patrick Pankurst, Dick Warlock, Martin Cassidy, Michelle Walker, Joshua Miller, Jeffrey D. Henry, Michael W. Green

GÊNERO: Horror

SINOPSE: Dan Challis é um médico que socorre um homem em estado de choque, que pouco depois é assassinado em pleno hospital. Dan resolve investigar o caso e se une a Ellie, filha da vítima, que dirige uma pequena loja de brinquedos. Seguindo a pista do morto, os dois resolvem visitar o último lugar onde ele foi visto em condição normal: uma pequena cidade do interior na qual se localiza a maior fábrica de máscaras para Halloween do mundo. Chegando lá, tudo parece normal, até que Dan começa a desconfiar de que existe alguma coisa errada, já que toda a população parece estar unida em torno do milionário irlandês Conal Cochran, o dono da fábrica. Dan e Ellie aprofundam as investigações, até que a moça acaba sendo sequestrada pelos empregados de Conal. Diante disso, Dan invade a fábrica e descobre a terrível verdade: todos os funcionários são robôs construídos por Conal, que tem um maléfico plano para ser executado justamente na noite do Halloween.

COMENTÁRIOS: Curiosamente, esta sequência cheia de absurdos e pessimamente roteirizada não tem absolutamente nada a ver com a série original, que conta as aventuras do psicopata homicida imortal Michael Myers.

AVALIAÇÃO: *

HALLOWEEN 4 – THE RETURN OF MICHAEL MYERS

HALLOWEEN 4: O RETORNO DE MICHAEL MYERS

DIRETOR: Dwight H. Little

PAÍS: Estados Unidos

COMPANHIA PRODUTORA: Trancas International Films

ANO DE PRODUÇÃO: 1988

DURAÇÃO: 88'

IDIOMA ORIGINAL: Inglês

PRODUÇÃO: Paul Freeman (executivo: Moustapha Akkad)

ARGUMENTO: Dhani Lipsius, Larry Rattner, Benjamin Ruffner, Alan B. McElroy

ROTEIRO: Alan B. McElroy

FOTOGRAFIA: Peter Lyons Collister [cor]

MONTAGEM: Curtiss Clayton

MÚSICA: Alan Howarth

ELENCO: Donald Pleasence, Ellie Cornell, Danielle Harris, Michael Pataki, Beau Starr, Kathleen Kinmont, Sasha Jenson, Gene Ross, Carmen Filpi, Raymond O'Connor, George P. Wilbur, Jeff Olson, Karen Alston, Nancy Borgenicht, David Jensen, Rand Kennedy, Don Glover, Robert Conder, Richard Jewkes, Jordan Bradley, Richy Cumba, Stephanie Dees, Leslie L. Rohland, M. J. McDonnell, Harlow Marks, Richard Stay, Danny Ray, Michael Flynn, Beverly Booth Rowland, George Sullivan, Ron Harrison, Tami Sanders, Walt Logan Field, Michael Ruud, Eric Hart, Don Ré Sampson

GÊNERO: Horror

SINOPSE: Dez anos depois de matar mais de uma dúzia de pessoas, enquanto tentava eliminar sua irmã, o psicopata Michael Myers está sendo transferido para outro hospital, já que está muito queimado e em coma desde a sua internação, além de dar calafrios em todos os funcionários do estabelecimento. Porém, os médicos que transportam Michael têm pouca sorte, pois está chegando o Halloween e ele – como sempre – revive para que outras pessoas deixem de viver. Livre e cheio de vontade de lotar o jazigo perpétuo de sua família, Michael volta para sua cidade em busca de sua pequena sobrinha Jamie, que ficou órfã e foi adotada pela família Carruthers. Tomando conhecimento do caso, o dr. Loomis corre para Haddonfield, tentando evitar mais um massacre inevitável.

COMENTÁRIOS: Esta quarta parte retoma a trajetória assassina de Michael Myers, após uma terceira parte completamente independente. Apesar das inevitáveis repetições e dos infalíveis clichês, trata-se de uma continuação interessante, especialmente pelas atuações do veterano Pleasence e da jovem Danielle Harris.

AVALIAÇÃO: ***

HALLOWEEN 5

HALLOWEEN V – A VINGANÇA DE MICHAEL MYERS

DIRETOR: Dominique Othenin-Girard

PAÍS: Estados Unidos

COMPANHIA PRODUTORA: Magnum Pictures

ANO DE PRODUÇÃO: 1989

DURAÇÃO: 96'

IDIOMA ORIGINAL: Inglês

PRODUÇÃO: Ramsey Thomas

ROTEIRO: Michael Jacobs, Dominique Othenin-Girard, Shem Bitterman

FOTOGRAFIA: Robert Draper [cor]

MONTAGEM: Charles Tetoni

MÚSICA: Alan Howarth

ELENCO: Donald Pleasence, Danielle Harris, Ellie Cornell, Beau Starr, Jeffrey Landman, Tamara Glynn, Jonathan Chapin, Matthew Walker, Wendy Kaplan, Betty Carvalho, Troy Evans, Frank Como, David Ursin, Harper Roisman, Karen Alston, Max Robinson, Stanton Davis, Jack North, Russ McGinn, Jon Richard Platten, Jay Bernard, Angela Montoya, Patrick White, Steve Anderson, Fenton Quinn, Frank Kanig, Donre Sampson, John Gilbert, Tom Jacobsen, Donald L. Shanks

GÊNERO: Horror

SINOPSE: Chega a véspera do Halloween e, mais uma vez, o psicopata imortal e onipresente Michael Myers sai do limbo para exterminar alguns jovens desavisados, enquanto caça sua pequena sobrinha (com a qual mantém uma estranha ligação psíquica).

COMENTÁRIOS: Nada de novo, nesta continuação bastante tediosa.

AVALIAÇÃO: **

HALLOWEEN 666: CURSE OF MICHAEL MYERS

(Cf. Halloween: The curse of Michael Myers)

HALLOWEEN: THE CURSE OF MICHAEL MYERS / HALLOWEEN 666: CURSE OF MICHAEL MYERS

HALLOWEEN 6 – A ÚLTIMA VINGANÇA

DIRETOR: Joe Chappelle

PAÍS: Estados Unidos

COMPANHIA PRODUTORA: Nightfall

ANO DE PRODUÇÃO: 1995

DURAÇÃO: 96'

IDIOMA ORIGINAL: Inglês

PRODUÇÃO: Paul Freeman (executivo: Moustapha Akkad)

ARGUMENTO: Debra Hill, John Carpenter

ROTEIRO: Daniel Farrands

FOTOGRAFIA: Billy Dickson [cor]

MONTAGEM: Randolph K. Bricker

MÚSICA: Alan Howarth

ELENCO: Donald Pleasence, Paul Stephen Rudd, Marianne Hagan, Kim Darby, Bradford English, Keith Bogart, Mariah O'Brien, Leo Geter, Mitchell Ryan, J. C. Brandy, Devin Gardner, Susan Swift, George P. Wilbur, Janice Knickrehm, Alan Echeverria, Hildur Ruriks, Sheri Hicks, Tom Procter, Bryan Morris, Lee Ju Chew, Raquelle Anderson, Kristine Summers, Elyse Donaldson, A. Michael Lerner

GÊNERO: Horror para adolescentes

SINOPSE: A pequena cidade de Haddonfield, no Illinois, prepara-se para voltar a comemorar o Halloween, após o trauma causado pelos assassinatos cometidos pelo gigapsicopata Michael Myers. Porém, ao contrário do que pensam seus conterrâneos, Michael está vivo e é mantido em cativeiro por um bizarro cientista louco, que conseguiu fazê-lo gerar um filho com sua prima Jamie Lloyd. Quando Jamie foge com a criança, Michael é solto para capturá-la e extermina a moça, que antes consegue pôr seu filho em segurança. A criança é encontrada pelo jovem Tommy Doyle, um dos poucos sobreviventes dos massacres de Michael. Enquanto isso, este último volta à cidade e ataca a família que estava morando em sua velha casa. Os únicos sobreviventes são Kara Strode e seu filhinho, que se refugiam justamente na casa de Tommy. O dr. Sam Loomis logo intervém no caso, mas Kara é sequestrada e levada para o hospício onde Michael estivera internado.

COMENTÁRIOS: Sexta parte de uma das séries menos imaginativas e originais que o cinema já produziu. A partir de um enredo dos mais primários, vemos um verdadeiro festival de clichês em torno da figura de Michael, um assassino descerebrado e indestrutível que não gosta nem um pouco da vida em família. Na verdade, podemos dizer que Michael Myers é um anarquista que solapa os três pilares da sociedade norte-americana: a tradição (o Halloween), a família e a propriedade (as vidas de suas vítimas, que ele rouba sem piedade).

AVALIAÇÃO: **

HALLOWEEN H20: 20 YEARS LATER

HALLOWEEN H20

DIRETOR: Steve Miner

PAÍS: Estados Unidos

COMPANHIA PRODUTORA: Nightfall

ANO DE PRODUÇÃO: 1998

DURAÇÃO: 95'

IDIOMA ORIGINAL: Inglês

PRODUÇÃO: Paul Freeman (executivo: Moustapha Akkad)

ARGUMENTO: Robert Zappia (or: Debra Hill, John Carpenter)

ROTEIRO: Robert Zappia, Matt Greenberg

FOTOGRAFIA: Daryn Okada [cor]

MONTAGEM: Patrick Lussier

MÚSICA: John Ottman

ELENCO: Jamie Lee Curtis, Adam Arkin, Michelle Williams, Adam Hann-Byrd, Jodi Lyn O'Keefe, Janet Leigh, Branden Williams, Nancy Stephens, Beau Billingslea, Josh Hartnett, L L

Cool J, Joseph Gordon-Levitt, Matt Winston, Larisa Miller, Emmalee Thompson, David Blanchard, John Cassini, Jody Wood, Lisa Gay Hamilton, Chris Durand, Tom Kane (voz)

GÊNERO: Horror

SINOPSE: 20 anos depois de escapar de Michael Myers, seu irmão psicopata e homicida, Laurie Strode ainda carrega o trauma, o que a levou a tornar-se uma alcóolatra. Ocultando-se sob o nome falso de Keri Tate, ela mudou-se para Los Angeles, onde dirige a sofisticada escola Hillcrest. Agora, seus problemas são de ordem bem mais prática, já que sua paranoia incomoda seu filho John, um adolescente que acredita que o tio já está devidamente morto depois de levar tantos tiros, facadas e pauladas. Porém, Michael não é de se entregar facilmente e, na véspera de mais um Halloween, descobre o esconderijo da irmã e ruma para a escola, cheio de vontade de ser filho único. Sem desconfiar de nada, Laurie prepara-se para passar o feriado com o namorado Will Brennan, enquanto os estudantes – inclusive John e sua namorada – vão fazer uma excursão pelo interior.

COMENTÁRIOS: Sétima parte da saga do psicopata imortal Michael Myers. Comemorando os 20 anos da série, os produtores resolveram dar um pouco de dignidade a este episódio trazendo de volta sua heroína original Jamie Lee Curtis (Donald Pleasence não está presente por um motivo justificável: sua morte). Porém, embora mais bem cuidado que os exemplares anteriores, H20 não consegue resolver o problema básico da série: o esgotamento de seu tema. Na verdade, estamos diante de mais uma pouco criativa reciclagem das matanças de um serial killer semi-humano, que ressurge periodicamente para reduzir a população de adolescentes dos Estados Unidos (seu único mérito). Aqui, as mortes são (relativamente) poucas e sem maiores requintes, o que situa o filme em má posição no ranking do cinema sangue & tripas.

AVALIAÇÃO: ***

Hannibal

DIRETOR: Ridley Scott

PAÍS: Inglaterra / Estados Unidos

COMPANHIA PRODUTORA: Scott Free

ANO DE PRODUÇÃO: 2001

DURAÇÃO: 131'

IDIOMA ORIGINAL: Inglês

PRODUÇÃO: Dino De Laurentiis, Martha De Laurentiis, Ridley Scott

ARGUMENTO: Thomas Harris

ROTEIRO: David Mamet, Steven Zaillian

FOTOGRAFIA: John Mathieson [cor]

MONTAGEM: Pietro Scalia

MÚSICA: Hans Zimmer

ELENCO: Anthony Hopkins, Julianne Moore, Ray Liotta, Frankie R. Faison, Giancarlo Giannini, Francesca Neri, Zeljko Ivanek, Hazelle Goodman, David Andrews, Francis Guinan, Enrico Lo Verso, Mark Margolis, Ivano Marescotti, Fabrizio Gifuni, Ennio Coltorti, Gary Oldman, James Opher, Alex Corrado, Marco Greco, Robert Rietti, Terry Serpico, Boyd Kestner, Peter Shaw, Kent Linville, Don McManus, Harold Ginn, Ted Koch, William Powell Blair II, Aaron Craig, Andrea Piedimonte, Ian Iwataki, Ajay Naidu, Kelly Piper, Bruce MacVittie, Giannina Facio, Andrew C. Boothby, Kenneth W. Smith, Judie Aronson, Tom Trigo, Sam Wells, Ric Young, Joseph M. West Jr., Roberta Armani, Johannes Kiebranz, Bruno Lazzaretti, Danielle de Niese

GÊNERO: Drama criminal com elementos horroríficos.

SINOPSE: A agente Clarice Starling, agora uma veterana do FBI, comanda uma batida atrás de traficantes de drogas, que sai do controle e termina em um massacre. Caindo em desgraça, Clarice tem a oportunidade de reabilitar-se colaborando com o multimilionário Mason Verger, que se transformou em um monstro graças ao dr. Hannibal Lecter (que tentou comê-lo) e há anos deseja se vingar. Usando sua grande influência, Mason recoloca Clarice no caso, descobrindo que Hannibal está vivendo disfarçado em alguma parte da Europa. De fato, o psicopata canibal está em Florença, onde é bibliotecário. Ao descobrir sua identidade, um policial italiano, o inspetor Pazzi, o denuncia a Mason – que oferece uma recompensa milionária por Lecter. Porém, Pazzi acaba sendo assassinado por Hannibal, que consegue fugir. Achando que Lecter está ligado a Clarice, Mason mexe seus pauzinhos de ouro e consegue fazer com que ela seja suspensa do FBI por ocultação de provas, contando com o fato de que Hannibal irá procurá-la.

COMENTÁRIOS: O filme – com locações em Florença – dá continuidade a "O silêncio dos inocentes" (Jonathan Demme, 1991) e é a terceira parte das aventuras do psicopata canibal gourmê mais amado do planeta (se considerarmos o filme "Manhunter", de 1986, que não foi protagonizado por Anthony Hopkins). Dirigido pelo competentíssimo Ridley Scott, estamos diante de um raro caso de continuação que é superior ao modelo, com uma produção bem mais requintada e uma história bastante diversificada. Embora consideremos muito discutível a mitificação de psicopatas homicidas, fica evidente que se trata de um filme superior aos seus congêneres, com o charme indiscutível de Hopkins e uma brilhante participação de Gary Oldman (como o hediondo milionário).

AVALIAÇÃO: ****

THE HAUNTED

A CASA DAS ALMAS PERDIDAS

DIRETOR: Robert Mandel

PAÍS: Estados Unidos

COMPANHIA PRODUTORA: FNM Films / 20th Television

ANO DE PRODUÇÃO: 1991

DURAÇÃO: 100'

IDIOMA ORIGINAL: Inglês

PRODUÇÃO: Daniel Schneider

ARGUMENTO: Robert Curran, Jack Smurl, Janet Smurl, Ed Warren, Lorraine Warren

ROTEIRO: Darrah Cloud

FOTOGRAFIA: Michael Margulies [cor]

MONTAGEM: Farrel Levy

MÚSICA: Richard Bellis

ELENCO: Sally Kirkland, Jeffrey DeMunn, Louise Latham, George D. Wallace, Joyce Van Patten, William O'Connell, Stephen Markle, Diane Baker, Cassie Yates, Allison Barron, Krista Murphy, Ashley Bank, Michelle Collins, John O'Leary, Jake Jacobs, Parker Whitman, Hope Garber, Sharon Conely, Benj Thall, Freyda Thomas, Julie Payne, Gibby Brand, Michael Prince, Mark Chaet, Claudette Roach, John Mallory Asher, Tim Rich, Julie Hickman, Anthony De Lan

GÊNERO: Drama familiar sobrenatural

SINOPSE: Após perderem sua residência numa catástrofe natural, Jack e Janet Smurl levam sua família para uma nova casa em uma outra cidade. Mas o que eles não sabem é que a casa é assombrada por alguns espíritos de porco, que vão causando sempre pequenos problemas para os Smurl. Porém, com o passar do tempo, os acontecimentos tornam-se cada vez mais sérios, até que Janet e suas filhas sofrem danos com o ataque das almas penadas. Em desespero, Janet acha que está ficando louca, até que seu marido também testemunha ocorrências sobrenaturais. Católica fervorosa, ela procura a ajuda da sua Igreja para um exorcismo, mas é mal recebida e seu pedido ignorado pelos padres, que preferem continuar correndo atrás de criancinhas e bebendo o vinho da missa. Diante disso, a família resolve recorrer a um casal de pesquisadores especializados na caça de fantasmas.

COMENTÁRIOS: Telefilme supostamente baseado em fatos reais – o que não pode nos espantar, em se tratando de católicos norte-americanos. Porém, o clima piegas e a tentativa de fazer proselitismo religioso tornam tudo aterrorizantemente chato.

AVALIAÇÃO: **

HAUNTED CHANGI

DIRETOR: Tony Kern

PAÍS: Singapura

COMPANHIA PRODUTORA: Mythopolis Pictures

ANO DE PRODUÇÃO: 2010

DURAÇÃO: 78'/81'

IDIOMA ORIGINAL: Inglês

PRODUÇÃO: Tony Kern, Genevieve Woo

ARGUMENTO: Tony Kern

ROTEIRO: Tony Kern

FOTOGRAFIA: Tony Kern [cor]

MONTAGEM: Tony Kern

ELENCO: Andrew Lua, Sheena Chan, Faridino Assalam, Audi Khalid

GÊNERO: Horror

SINOPSE: Equipe formada por quatro jovens cineastas resolve realizar um documentário explorando um hospital abandonado de Singapura, célebre pela sua reputação de ser mal-assombrado. Tudo começa como uma brincadeira, mas os jovens logo vão descobrir que as lendas sobre o hospital Changi não são exatamente inverídicas.

COMENTÁRIOS: Documentário *fake*, dentro da linha popularizada por "A bruxa de Blair" (e que tem se transformando em um verdadeiro subgênero, especialmente no cinema asiático). Este exemplar não é dos melhores, desperdiçando o cenário sugestivo e não conseguindo criar a menor empatia com o espectador.

AVALIAÇÃO: **

HAUNTED HONEYMOON

LUA-DE-MEL ASSOMBRADA

DIRETOR: Gene Wilder

PAÍS: Estados Unidos

COMPANHIA PRODUTORA: Orion Pictures

ANO DE PRODUÇÃO: 1986

DURAÇÃO: 82'

IDIOMA ORIGINAL: Inglês

PRODUÇÃO: Susan Ruskin

ROTEIRO: Gene Wilder, Terence Marsh

FOTOGRAFIA: Fred Schuler [cor]

MONTAGEM: Christopher Greenbury

MÚSICA: John Morris

ELENCO: Gene Wilder, Gilda Radner, Dom DeLuise, Jonathan Pryce, Paul L. Smith, Peter Vaughan, Bryan Pringle, Jim Carter, Eve Ferret, Roger Ashton-Griffiths, Jo Ross, Ann Way, Julann Griffin, R. J. Bell, Billy J. Mitchell, Will Kenton, Don Fellows, Lou Hirsch, Christopher Muncke, Bill Bailey, David Healy, Howard Swinson, Edward Wiley, Andrea Browne, Matt Zimmerman, Barbara Rosenblat, William Hootkins, Francis Drake, Mac McDonald, Colin Bruce, John Bloomfield, Sally Osborn, Alastair Haley, cão Scampi, Andy Ross, Claire Deniz, Paul Henessey, Brian Kershaw, Don Morgan, Ernest Mothle, Zorak Okai, Robert Turrell, Justin Ward

GÊNERO: Comédia de terror

SINOPSE: Nos anos 1940, Larry Abbott é um bem-sucedido ator radiofônico, protagonizando uma famosa novela de terror. Às vésperas de seu casamento com Vicky, estrela da radionovela, Larry decide levá-la para conhecer sua família, numa soturna mansão onde ele foi criado. Porém, Larry atravessa um momento difícil, já que sofre de ansiedade crônica (provocada por um trauma de infância, quando ele viu sua mãe ser atingida por um raio). Na mansão, um estranho clima cerca a família, já que existe uma maldição e alguns parentes parecem interessados em eliminar a velha tia, de quem são herdeiros. Ao mesmo tempo, um tio de Larry – que é psiquiatra – pretende curar o rapaz pregando-lhe sustos, contando para isso com a colaboração de Vicky.

COMENTÁRIOS: O filme homenageia as novelas radiofônicas dos anos 40 e o próprio cinema B da época (seguindo o exemplo de obras semelhantes, como "Murder by death" e "Clue"), mas falta humor e criatividade e tudo se arrasta no mais puro marasmo.

AVALIAÇÃO: ***

A HAUNTED HOUSE

INATIVIDADE PARANORMAL

DIRETOR: Michael Tiddes

PAÍS: Estados Unidos

COMPANHIA PRODUTORA: Baby Way Productions

ANO DE PRODUÇÃO: 2012

DURAÇÃO: 87'

IDIOMA ORIGINAL: Inglês

PRODUÇÃO: Marlon Wayans, Rick Alvarez (coprodução: Michael Tiddes)

ARGUMENTO: Marlon Wayans, Rick Alvarez

ROTEIRO: Marlon Wayans, Rick Alvarez

FOTOGRAFIA: Steve Gainer [cor]

MONTAGEM: Suzanne Hines

MÚSICA: Andy Ross

ELENCO: Marlon Wayans, Essence Atkins, Cedric the Entertainer, Nick Swardson, David Koechner, Dave Sheridan, Affion Crockett, JB Smoove, Andrew Daly, Alanna Ubach, Robin Thede, Marlene Forte, Jordenn Thompson

GÊNERO: Comédia de terror satírica escatológica

SINOPSE: Depois de um longo namoro, Malcolm decide convidar sua namorada Kisha para viver com ele, em sua casa num subúrbio de Los Angeles. Porém, Kisha não preveniu seu amado de que carrega uma maldição, já que fez um pacto com o Diabo. Assim, a casa de Malcolm passa a ser cenário de estranhos fenômenos sobrenaturais que vão colocar em risco o seu relacionamento. Quando Kisha é possuída pelo capeta, Malcolm se vê obrigado a buscar a ajuda de um médium, um padre e um caça-fantasma.

COMENTÁRIOS: Apesar dos irmãos Wayans terem abandonado a franquia "Todo mundo em pânico", Marlon investe no mesmo modelo nesta paródia dos mais recentes sucessos do cinema de horror (especialmente a série "Atividade paranormal"). Infelizmente, a história não tem muita graça, as situações são repetitivas e abusa-se demasiadamente da escatologia e do mau-gosto (que parecem ser a atual praga das comédias de Hollywood).

AVALIAÇÃO: **

THE HAUNTED HOUSE PROJECT

(Cf. Pyega)

THE HAUNTED PALACE

O CASTELO ASSOMBRADO

DIRETOR: Roger Corman

PAÍS: Estados Unidos

COMPANHIA PRODUTORA: American International Pictures / Alta Vista Productions

ANO DE PRODUÇÃO: 1963

DURAÇÃO: 85'

IDIOMA ORIGINAL: Inglês

PRODUÇÃO: Roger Corman

ARGUMENTO: Edgar Allan Poe, H. P. Lovecraft

ROTEIRO: Charles Beaumont

FOTOGRAFIA: Floyd Crosby [cor]

MONTAGEM: Ronald Sinclair

MÚSICA: Ronald Stein

ELENCO: Vincent Price, Debra Paget, Lon Chaney [Lon Chaney Jr.], Frank Maxwell, Leo Gordon, Elisha Cook Jr., John Dierkies, Milton Parsons, Cathie Merchant, Guy Wilkerson, Stanford Jolley, Harry Ellerbe, Barboura Morris, Darlene Lucht, Bruno Ve Sota

GÊNERO: Horror

SINOPSE: Charles Dexter Ward e sua esposa Ann chegam à remota cidadezinha americana de Arkham, onde ele herdou uma velha propriedade. O casal é recebido com extraordinária frieza, descobrindo que um dos antepassados de Charles, Joseph Curwen, fôra queimado como satanista pela população, que ele amaldiçoara. Mesmo passados 100 anos, o povo não se esquecia do fato e os diversos casos de aberrações congênitas, entre as crianças da cidade, eram creditados a isso. Não querendo enfrentar o ódio dos vizinhos, Charles se dispõe a partir e providenciar a venda da propriedade – um castelo europeu, importando peça por peça por Joseph. Porém, tendo que passar a noite no castelo, Charles começa a sofrer a influência dos poderes de Curwen, um fervoroso adorador das forças primevas que dominaram o planeta antes do advento da humanidade. Aos poucos, Curwen vai possuindo o corpo e a mente de seu parente, deixando a esposa de Charles seriamente preocupada.

COMENTÁRIOS: Baseado no romance "O caso de Charles Dexter Ward", de H. P. Lovecraft, com um elenco interessante e eficiente. Por questões de mercado, já que Lovecraft ainda não era muito popular, Corman inseriu o filme em sua série sobre Edgar Allan Poe, usando um poema para justificar essa grande picaretagem.

AVALIAÇÃO: ***

THE HAUNTING

A CASA AMALDIÇOADA

DIRETOR: Jan De Bont

PAÍS: Estados Unidos

COMPANHIA PRODUTORA: Dreamworks Pictures

ANO DE PRODUÇÃO: 1999

DURAÇÃO: 112'

IDIOMA ORIGINAL: Inglês

PRODUÇÃO: Susan Arnold, Donna Arkoff Roth, Colin Wilson

ARGUMENTO: Shirley Jackson

ROTEIRO: David Self

FOTOGRAFIA: Karl Walter Lindenlaub [cor]

MONTAGEM: Michael Kahn

MÚSICA: Jerry Goldsmith

ELENCO: Liam Neeson, Catherine Zeta-Jones, Owen Wilson, Bruce Dern, Lili Taylor, Marian Seldes, Alix Koromzay, Todd Field, Virgínia Madsen, Michael Cavanaugh, Tom Irwin, Charles Gunning, Saul Priever, M. C. Gainey, Hadley Eure, Kadina Halliday, Alessandra Benjamin, Karen Gregan, Brandon Jarrett,

Mary McNeal, William Minkin

GÊNERO: Horror

SINOPSE: David Marrow é um pesquisador do comportamento humano e estuda o contágio do medo entre indivíduos. Para aprimorar seu trabalho, ele decide reunir algumas cobaias humanas num ambiente controlado, escolhendo para isso uma velha mansão isolada do mundo. Sob pretexto de uma pesquisa sobre insônia, David atrái para a casa três pessoas bastante diferentes: o jovem descerebrado Luke, a exuberante e liberal Theo e a problemática Eleanor (traumatizada pelos anos que passou cuidando da mãe inválida e dominadora). Logo, estranhos fenômenos começam a ocorrer na mansão, que é assombrada pelo fantasma de seu construtor, o pervertido milionário Hugh Crain.

COMENTÁRIOS: Refilmagem do clássico "Desafio ao além" (Robert Wise, 1963), com muito mais efeitos especiais e muito menos talento e inteligência. Ao contrário do original – que trabalhava com a sugestão e com sutis nuances psicológicas – este filme apela descaradamente para a ação e os efeitos especiais (bastante elaborados e sofisticados), além de apresentar cenários de uma riqueza impressionante. Porém, como costuma acontecer no cinema hollywoodiano, o excesso visual corresponde a uma crônica pobreza em outros setores (como roteiro e elenco). Com as alterações no argumento original de Shirley Jackson, fica difícil entender os objetivos da experiência do dr. Marrow (que mais parece um paspalhão do que um cientista brilhante), a razão da escolha de suas cobaias (poucas, para o que seria um experimento em larga escala) e a própria história de Hugh Crain (tão confusa que nem o roteirista deve ser capaz de explicá-la).

AVALIAÇÃO: ***

O MISTÉRIO DE SEACLIFF INN

DIRETOR: Walter Klenhard

PAÍS: Estados Unidos

COMPANHIA PRODUTORA: Timothy Marx Productions

ANO DE PRODUÇÃO: 1994

DURAÇÃO: 94'

IDIOMA ORIGINAL: Inglês

PRODUÇÃO: Timothy Marx

ARGUMENTO: Walter Klenhard, Tom Walla

ROTEIRO: Walter Klenhard, Tom Walla

FOTOGRAFIA: Ronn Schmidt [cor]

MONTAGEM: Scott Smith

MÚSICA: Shirley Walker

ELENCO: Ally Sheedy, William R. Moses, Lucinda Weist, Tom McCleister, Maxine Stuart, Shannon Cochran, Louise Fletcher, Jay W. MacIntos, James Horan, Mary Weaver, Frederick Dai, Wallace E. Smith

GÊNERO: Drama de horror

SINOPSE: Mark e sua esposa Susan estão a fim de largar a vida de yuppies da metrópole e vão para uma remota região litorânea, procurar uma velha casa para montarem uma hospedaria. Susan apaixona-se por uma bela mansão, mas sua velha dona não se interessa em vendê-la. Misteriosamente, a mulher morre no dia seguinte e, poucos meses depois, Susan e o marido chegam para se estabelecer. Porém, a morte da velha não foi acidental, já que a casa é habitada pelo fantasma de um de seus antigos donos, que assassinara sua esposa. Como a morta é parecida com Susan, o fantasma passa a atormentá-la, possivelmente para combater o tédio da eternidade.

COMENTÁRIOS: Telefilme morno sobre fantasmas e assombrações – que, como bem sabemos, não costumam mesmo ter muita substância.

AVALIAÇÃO: **

O FOGUETE ERRANTE

DIRETOR: David Lowell Rich

PAÍS: Estados Unidos

COMPANHIA PRODUTORA: Columbia Pictures Corporation

ANO DE PRODUÇÃO: 1959

DURAÇÃO: 76'

IDIOMA ORIGINAL: Inglês

PRODUÇÃO: Harry Romm

ARGUMENTO: Raphael Hayes

ROTEIRO: Raphael Hayes

FOTOGRAFIA: Ray Cory [p&b]

MONTAGEM: Danny B. Landres

MÚSICA: Mischa Bakaleinikoff

ELENCO: "The Three Stooges" [Moe Howard, Larry Fine, Joe DeRita], Jerome Cowan, Anna Lisa, Bob Colbert, Don Lamond (voz)

GÊNERO: Comédia de ficção científica

SINOPSE: Os Três Patetas trabalham como zeladores de um laboratório de pesquisas, onde uma cientista tenta elaborar um novo combustível para foguetes. Ao saberem que a moça – por quem eles têm uma devoção paternal – pode perder seu emprego, já que não consegue resultados concretos, eles decidem ajudá-la. Usando seus parcos conhecimentos químicos, Moe produz um combustível e resolve experimentá-lo em um foguete que caiu perto do laboratório, num dos testes fracassados. Porém acidentalmente, o combustível funciona e o trio de panacas vai parar no planeta Vênus, onde se envolve em muitas confusões.

COMENTÁRIOS: Longa-metragem do período final da carreira dos Três Patetas (que protagonizaram quase 200 comédias curtas entre 1933 e 1959). Com um humor circense de qualidade duvidosa, nossos heróis investem na epopeia espacial, tal como tornariam a fazer poucos anos depois ("Os Três Patetas em órbita", 1962).

AVALIAÇÃO: ***

THE HAZING / DEAD SCARED

Jovens amaldiçoados

DIRETOR: Rolfe Kanefsky

PAÍS: Estados Unidos

COMPANHIA PRODUTORA: Honey Creek Pictures

ANO DE PRODUÇÃO: 2004

DURAÇÃO: 87'

IDIOMA ORIGINAL: Inglês

PRODUÇÃO: Tom Seidman (coprodução: Jim Rosenthal)

ARGUMENTO: Rolfe Kanefsky

ROTEIRO: Rolfe Kanefsky

FOTOGRAFIA: Tom Callaway [cor]

MONTAGEM: Larry Maddox

MÚSICA: Christopher Farrell

ELENCO: Philip Andrew, Charmaine DeGrate, Jeremy Maxwell, Nectar Rose, Parry Shen, Tiffany Shepis, David Tom, Brooke Burke [Brooke Burke-Charvet], Brad Dourif, Jeff Le-Beau, Robert Donavan, Mary Rings, E.P. McKnight, Tess Hall (voz), Berry Thomas, Bernadette Wilkes, Chad Herr

GÊNERO: Horror para adolescentes

SINOPSE: É hora do Halloween e uma turma de estudantes aproveita a ocasião para realizar os rituais de iniciação da sua fraternidade. Como parte do processo, um grupo de calouros vai parar numa velha casa assombrada, com a missão de passar a noite no local. Porém, acidentalmente, dois dos estudantes quase provocam a morte de um de seus professores, que nas horas de folga é um satanista psicopata e assassino. Como era de se esperar, enquanto agoniza no hospital, o espírito do professor ferido vai assombrar a casa e provocar horas de muito medo.

COMENTÁRIOS: Nada além dos clichês mais surrados e das situações mais repetitivas, numa produção obviamente destinada aos festivais de cinema de horror promovidos durante o Halloween.

AVALIAÇÃO: ***

HEARTSTOPPER

O DEVORADOR DE ALMAS

DIRETOR: Bob Keen

PAÍS: Canadá

COMPANHIA PRODUTORA: Fix It In Post

ANO DE PRODUÇÃO: 2006

DURAÇÃO: 85'

IDIOMA ORIGINAL: Inglês

PRODUÇÃO: Kate Harrison, Lewin Webb

ARGUMENTO: Vlady Pildysh

ROTEIRO: Vlady Pildysh, Warren P. Sonoda

FOTOGRAFIA: David Mitchell [cor]

MONTAGEM: Mitchell Lackie

MÚSICA: Eric Cadesky, Nick Dyer

ELENCO: Meredith Henderson, James Binkley, Nathaniel Stephenson, Laura De Carteret, Robert Englund, Scott Gibson, Michael Cram, Ted Ludzik, Lori Hallier, John Bayliss, Wayne Flemming, Celine Lepage, David Roche, Drew Carnwith, Amy Lalonde, Chris Cordell, Geoff Scovell, Lisa Young, Kris Ryan, Kaleigh Levin, Mark Day, Shannon Boodram, Kristen Broderick, Hailey Colby, Katanya Darling-Schotkamp, Ellen Furey, Marisa Giles, Melody MacDougall, Sara Vanderlinden, Nick Catalano, Jeremy Chow, Richard Henley, Graham Hines, Steve Popp Jr.

GÊNERO: Horror

SINOPSE: Psicopata assassino é executado na cadeira elétrica. Porém, como ele é um servo bem-amado de Satã, ressuscita no necrotério de um hospital e parte em busca de uma jovem que também está internada lá – após uma tentativa de suicídio – a fim de apoderar-se do seu corpo para não precisar gastar dinheiro como uma plástica e uma lipo.

COMENTÁRIOS: Nada que não tenha sido visto e revisto em produções do mesmo baixo nível e baixo orçamento.

AVALIAÇÃO: **

HELL OF THE LIVING DEAD

(Cf. Virus)

HELLRAISER

HELLRAISER — RENASCIDO DO INFERNO

DIRETOR: Clive Barker

PAÍS: Inglaterra

COMPANHIA PRODUTORA: Film Futures

ANO DE PRODUÇÃO: 1987

DURAÇÃO: 93'

IDIOMA ORIGINAL: Inglês

PRODUÇÃO: Christopher Figg

ARGUMENTO: Clive Barker

ROTEIRO: Clive Barker

FOTOGRAFIA: Robin Vidgeon [cor]

MONTAGEM: Richard Marden

MÚSICA: Christopher Young

ELENCO: Andrew Robinson, Clare Higgins, Sean Chapman, Robert Hines, Ashley Laurence, Oliver Smith, Antony Allen, Leon Davis, Michael Cassidy, Frank Baker, Kenneth Nelson, Gay Baynes, Niall Buggy, Dave Atkins, Oliver Parker, Pamela Sholto, Doug Bradley, Nicholas Vince, Simon Bamford, Grace

Kirby, Sharon Bower, Raul Newney

GÊNERO: Horror satânico

SINOPSE: Após o misterioso desaparecimento de seu irmão Frank (um tipinho de caráter e comportamento bastante duvidosos), Larry Cotton resolve mudar-se para a velha casa da família, junto com sua esposa Julia – enquanto Kirsty, a filha adolescente de seu primeiro casamento, quer ser mais livre e vai morar numa pensão na cidade. O que Larry ignora é que seu irmão se envolveu com as ciências ocultas e foi raptado por um grupo de seres infernais – os Cenobitas – que o mantêm em um universo paralelo, sofrendo os extremos da dor e do prazer. Porém, durante a mudança, Larry se fere acidentalmente e rega com seu sangue o chão do sótão, despertando Frank. Este, tendo escapado dos Cenobitas, voltou à vida como um cadáver putrefato, necessitando de carne e sangue novos para se recompor. Para isso, ele busca a ajuda de Julia, de quem foi amante e que ainda se conserva apaixonada por ele. Julia passa, então, a atrair homens para sua casa, matando-os e deixando que Frank se sirva de seus corpos para voltar a ser (ou a parecer) humano.

COMENTÁRIOS: Interessante filme de horror escrito e dirigido por Clive Barker (que, em certa época, foi considerado o sucessor de Stephen King – se é que isso representa alguma coisa de positivo). Barker cria uma inteligente ficção sobre uma dimensão infernal, onde bizarros pesquisadores sádicos entretêm-se proporcionando aos seres humanos o cúmulo da dor e do prazer, que por vezes se confundem. O filme aproveita com habilidade o moderno gosto pelo sangue & tripas e, ao contrário das produções atuais, não parece feito para adolescentes descerebrados (ao contrário das suas lastimáveis continuações).

AVALIAÇÃO: ****

RENASCIDO DO INFERNO II

DIRETOR: Tony Randel

PAÍS: Inglaterra

COMPANHIA PRODUTORA: Film Futures

ANO DE PRODUÇÃO: 1988

DURAÇÃO: 99'

IDIOMA ORIGINAL: Inglês

PRODUÇÃO: Christopher Figg

ARGUMENTO: Clive Barker

ROTEIRO: Peter Atkins

FOTOGRAFIA: Robin Vidgeon [cor]

MONTAGEM: Richard Marden

MÚSICA: Christopher Young

ELENCO: Clare Higgins, Ashley Laurence, Kenneth Cranham, Imogen Boorman, William Hope, Doug Bradley, Sean Chapman, Doug Bradley, Barbie Wilde, Simon Bamford, Nicholas Vince, Oliver Smith, Angus McInnes, Deborah Joel, James Tillitt, Bradley Lavelle, Edwin Craig, Ron Travis, Oliver Parker, Catherine Chevalier

GÊNERO: Horror satânico

SINOPSE: Após suas dramáticas experiências do filme anterior, Kirsty Cotton vai recuperar-se num sanatório. Porém, o dono do estabelecimento – o dr. Philip Channard – está interessado em conhecer os mistérios ocultos da mente e acaba evocando Julia, a madrasta de Kirsty, que estava pegando um bronzeado no Inferno. Julia torna-se amante de Channard, mas Kirsty descobre o que está acontecendo e luta para devolver sua madrasta para o além. Quando Philip vai conhecer o Inferno, na companhia de Julia, Kirsty os segue, achando que a alma de seu pai precisa de ajuda. Com a colaboração de uma garota muda, Kirsty percorre os corredores do labirinto infernal, descobrindo – para seu horror – que quem a convocou foi o seu pervertido tio Frank.

COMENTÁRIOS: Continuação oportunista do clássico "Hellraiser", reciclando de modo bastante inferior a obra original.

AVALIAÇÃO: ***

HELLRAISER III – HELL ON EARTH

INFERNO NA TERRA – HELLRAISER 3

DIRETOR: Anthony Hickox

PAÍS: Estados Unidos

COMPANHIA PRODUTORA: Fifth Avenue Entertainment

ANO DE PRODUÇÃO: 1992

DURAÇÃO: 93'/97'

IDIOMA ORIGINAL: Inglês

PRODUÇÃO: Lawrence Mortorff, Christopher Figg (executivo: Clive Barker)

ARGUMENTO: Peter Atkins, Tony Randel (or: Clive Barker)

ROTEIRO: Peter Atkins

FOTOGRAFIA: Gerry Lively [cor]

MONTAGEM: James D. R. Hickox (supervisão: Christopher Cibelli)

MÚSICA: Randy Miller

ELENCO: Terry Farrell, Doug Bradley, Paula Marshall, Kevin

Bernhardt, Ashley Laurence, Lawrence Mortorff, Ken Carpenter, Sharon Hill, Rob Treveiler, Chris Frederick, Lawrence Kuppin, Sharon Percival, Philip Hyland, David Young, Brent Bolthouse, Peter Atkins, Paul Vincent Coleman, Peter Boynton, Anthony Hickox, George Lee, Aimée Leigh, Ron Norris, Steve Painter, Shanna Teare, Bobby Bragg, Bob Stephens, Clayton Hill, Young Bobby Knoop, James D. R. Hickox, Tonya Saunders, Angela Thomas, Kim Ball, Cassandra Perry, Anna Marie Issacs, Flame, John Bush, Joey Vera, Phil Sandoval, Jeff Duncan, Gonzo

GÊNERO: Horror satânico

SINOPSE: J. P. Monroe, jovem milionário e dono de uma boate da moda, está existencialmente entediado e passa seu tempo colecionando aberrações. Numa galeria de arte, ele encontra a estátua na qual foram transformados os cenobitas – no filme anterior – e a compra, logo sendo dominado pelo perverso líder dos sádicos torturadores do além-mundo. Ele tenta oferecer um sacrifício aos cenobitas – na forma da jovem Terri – mas é ele quem acaba sendo apanhado na câmara de horrores do Inferno. Enquanto isso, a repórter Joanne 'Joey' Summerskill investiga a morte bárbara de um jovem e começa a se interessar pelo mistério dos cenobitas, já que vem sofrendo com estranhos pesadelos, nos quais vê um soldado da 1ª Guerra. Joanne acolhe Terri em sua casa, a fim de saber mais sobre o caso, mas a garota é novamente atraída para a boate de Monroe. Numa visão, Joanne fica sabendo que o soldado de seu sonho é, na verdade, o líder dos cenobitas, que foi exilado no Inferno após utilizar o cubo mágico do mal.

COMENTÁRIOS: Além de não acrescentar nada de novo ao seu original, mesmo com a presença de Clive Barker como produtor executivo, esta continuação envereda pelo humor (ou, mais sinceramente, pelo tédio).

AVALIAÇÃO: ***

Hellraiser: Inferno

DIRETOR: Scott Derrickson

PAÍS: Estados Unidos

COMPANHIA PRODUTORA: Neo Art & Logic

ANO DE PRODUÇÃO: 2000

DURAÇÃO: 99'

IDIOMA ORIGINAL: Inglês

PRODUÇÃO: W. K. Border, Joel Soisson (coprodutores: Jesse Berdinka, David Jordan)

ARGUMENTO: Clive Barker

ROTEIRO: Paul Harris Boardman, Scott Derrickson

FOTOGRAFIA: Nathan Hope [cor]

MONTAGEM: Kirk Morri

MÚSICA: Walter Werzowa

ELENCO: Craig Sheffer, Nicholas Turturro, Nicholas Sadler, Matt George, Noelle Evans, Sasha Berrese, Michael Shamus Wiles, Kathryn Joosten, Carmen Argenziano, James Remar, Doug Bradley, Lindsay Taylor, Jessica Elliot, Christopher Neiman, Christopher Kriesa, Brian Sostek, Thomas Crouch, J. B. Gaynor, Tim James, Coco Leigh, Ian Barford, Daniel Gavin, Paul Hayes, Evan Okada, Winifred Freedman, Michael Denny, Timothy Oman, Lindley Gardner, Cliff Cadaver, Ron Altamare, Rachel Currence, Darlene Levin, Maureen Sue Levin, Brad Parker, Ray Miceli, Lynn Speier, Trisha Kara, Kazuhiro Yokoyama, Akihiro Noguchi

GÊNERO: Horror satânico

SINOPSE: Joseph Thorne é um policial veterano que há muito endureceu na profissão e só quer saber de achacar marginais e de cheirar a sua cocaína. Após a morte de um de seus amigos de juventude, barbaramente assassinado por desconhecidos, Joseph inicia uma investigação, pois desconfia que o matador pode estar de posse de uma criança (cujo dedo foi achado no local do crime). Ele encontra também uma estranha caixa que, ao ser aberta, provoca nele uma estranha alucinação. Pouco depois, uma prostituta com quem Joseph teve um encontro amoroso também é assassinada e o rapaz passa a achar que está sendo vítima de alguma perseguição. Com seus informantes, ele descobre que o responsável por toda a carnificina é um tal Engenheiro, homem misterioso e muito poderoso. Enquanto investiga, Joseph torna-se o principal suspeito dos crimes, que continuam ocorrendo.

COMENTÁRIOS: Quinta parte da série "Hellraiser", que afundava mais a cada nova continuação (provavelmente em busca de uma nova entrada para o Inferno).

AVALIAÇÃO: **

THE HIDEOUS SUN DEMON

DIRETOR: Robert Clarke (codireção: Tom Boutross)

PAÍS: Estados Unidos

COMPANHIA PRODUTORA: Clarke-King Enterprises

ANO DE PRODUÇÃO: 1959

DURAÇÃO: 74'

IDIOMA ORIGINAL: Inglês

PRODUÇÃO: Robert Clarke

ARGUMENTO: Robert Clarke, Phil Hiner

ROTEIRO: E. S. Seeley Jr.

FOTOGRAFIA: John Morrill, Vilis Lapenieks, Stan Follis [p&b]

MONTAGEM: Tom Boutross

MÚSICA: John Seely

ELENCO: Robert Clarke, Patricia Manning, Nan Peterson, Patricia Whyte, Fred La Porta, Peter Similuk, Bill Hampton, Robert Garry, Donna King [Donna Conkling], Xandra Conkling, Del Courtney, Cass Richards, Helen Joseph, Darryl Westbrook, Bill Currie, Pearl Driggs, Fran Leighton, Bob Hafner, John Murphy, Tony Hilder, Chuck Newell, David Sloan

GÊNERO: Horror

SINOPSE: Gil é um cientista nuclear que, por descuido — já que tem problemas com a bebida — é exposto a uma fortíssima dose de radiação. Porém, hospitalizado, ele surpreende os médicos por não apresentar qualquer sequela do seu acidente. No entanto, alguns dias depois, levado para um simples banho de sol, Gil sofre uma reação violenta, adquirindo a aparência de um hediondo lagarto. Saindo do sol, Gil recupera a forma humana, mas fica profundamente abalado e resolve se isolar do mundo, indo para sua remota casa de campo. No entanto, durante um passeio noturno, ele se interessa por uma jovem cantora, o que pode comprometer a sua frágil estabilidade física e mental.

COMENTÁRIOS: Um roteiro totalmente absurdo, apelando para os efeitos misteriosos da radioatividade sobre os seres humanos, tema que obcecava os diretores e roteiristas dos anos 50.

AVALIAÇÃO: **

GUERREIROS DO UNIVERSO

DIRETOR: Klaus Knoesel, Holger Neuhäuser

PAÍS: Alemanha

COMPANHIA PRODUTORA: Centropolis / Claussen+Wöbke

ANO DE PRODUÇÃO: 1994

DURAÇÃO: 100'

IDIOMA ORIGINAL: Inglês

PRODUÇÃO: Ute Emmerich, Jakob Claussen, Thomas Wöbke

ARGUMENTO: Poul Anderson

ROTEIRO: Jürgen Egger, Robert G. Brown

FOTOGRAFIA: Wolfgang Aichholzer [cor]

MONTAGEM: Ueli Christen

MÚSICA: "4.Stock"

ELENCO: John Rhys-Davies, Rick Overton, Michael Des Bar-
res, Catherine Punch, Patrick Brymer, Debbie Lee Carrington,
Ray Cokes, Rinaldo Talamonti, Frank Kanakusen, Tahareh
Becker, Holger Neuhäuser, Werner Baum, Tim Luna, Fabian
Rösler, Bobby Knoesel, Hans Schödel, Jophi Ries, Jochen
Nickel, Klaus Stiglmeier, Klaus Knoesel, El Bimbo, Manuela
Riva, Mark Needham, Catharina Prym, Christian Prym, Sarah
Prym, Michael-Dominic Prym, Andrea Prym-Bruck, Robert G.
Brown, Nancy Spungen, Patrick Fraley (voz), Hal Rayle (voz),
Judi Durand (voz), Susan Silo (voz), Irene Bachleitner, Brenda
Fürst, Modesta Köhler, Lyle Tiomico, Neary-Rosa Mello, Ina
Bures, Isabella Fischer, Zahra Djebali, Gita Swamy, Kim Dal-
berg, Jean Schoch, Klaudia Liebick, Ursula Dietrich, Michaela
Kraut, Angeles Castillo, Sigrid Bannert, Angela Schopferer, Judy

Hsiao

GÊNERO: Comédia medieval de ficção científica

SINOPSE: Na Inglaterra do século 14, o casamento do cavaleiro sir Roger é perturbado pela chegada de um mensageiro, que lhe comunica um pedido de ajuda dos cruzados que lutam no Oriente. Sir Roger e seus cavaleiros preparam-se para partir, quando subitamente seu castelo é atacado por uma nave espacial alienígena. Porém, os bravos ingleses conseguem aniquilar os invasores e capturar o único sobrevivente, Branithar, decidindo utilizar o veículo aéreo para chegar mais rápido à Terra Santa. Mas o pequeno ET sabota a nave e leva sir Roger, sua esposa lady Catherine, o frade Parvus e um grupo de cavaleiros para uma estação espacial, de onde seu planeta planejou a invasão da Terra.

COMENTÁRIOS: Filme tedioso e repleto de clichês medíocres, com produção executiva do diretor Roland Emmerich. Seus realizadores pensaram em alguma coisa como o Monty Python e fizeram alguma coisa como Os Três Patetas.

AVALIAÇÃO: **

HILLBILLYS IN A HAUNTED HOUSE

UM BIRUTA NA CASA DO ESPANTO

DIRETOR: Jean Yarbrough

PAÍS: Estados Unidos

COMPANHIA PRODUTORA: Woolner Brothers Pictures

ANO DE PRODUÇÃO: 1967

DURAÇÃO: 86'

IDIOMA ORIGINAL: Inglês

PRODUÇÃO: Bernard Woolner

ARGUMENTO: Duke Yelton

ROTEIRO: Duke Yelton

FOTOGRAFIA: Vaughn Wilkins [cor]

MONTAGEM: Holbrook Todd (supervisão: Roy Livingston)

MÚSICA: Hal Borne

ELENCO: Ferlin Husky, Joi Lansing, Don Bowman, John Carradine, Lon Chaney, Linda Ho, Basil Rathbone, Molly Bee, Medrle Haggard, Sonny James, Jim Kent, Marcella Wright, Richard Webb, Larry Barton, George Barrows, Pat Patterson, Allen Jung, James Nusser, Jay Jasin, Marshall Wright, Virginia Lee

GÊNERO: Comédia musical de terror

SINOPSE: Um casal de cantores country, Woody Weatherby e Boots Malone, e seu empresário Jeepers dirigem-se para Nashville, onde vão apresentar um show musical. Porém, diante da ameaça de uma tempestade, eles resolvem passar a noite em uma casa deserta, que tem fama de ser mal-assombrada. No entanto, a verdadeira assombração da casa é um grupo de espiões, que usa o local como base para roubar segredos militares de uma base das proximidades. Diante da chegada dos estranhos, os espiões entram em alerta e se preparam para eliminá-los.

COMENTÁRIOS: Uma história absolutamente idiota e primária e um trio de protagonistas bastante medíocre (em especial Husky e Bowman, que eram realmente cantores de country music), coadjuvados por velhos astros decadentes. Não é de espantar que esse filme frequente as listas de piores produções da história do cinema.

AVALIAÇÃO: *

VIAGEM MALDITA

DIRETOR: Alexandre Aja

PAÍS: Estados Unidos

COMPANHIA PRODUTORA: Craven-Maddalena Films

ANO DE PRODUÇÃO: 2006

DURAÇÃO: 107'

IDIOMA ORIGINAL: Inglês

PRODUÇÃO: Wes Craven, Marianne Maddalena, Peter Locke

ARGUMENTO: Wes Craven

ROTEIRO: Alexandre Aja, Gregory Levasseur

FOTOGRAFIA: Maxime Alexandre [cor]

MONTAGEM: Baxter

MÚSICA: tomandandy [Tom Hajdu, Andy Milburn] (supervisão: David Franco)

ELENCO: Aaron Stanford, Kathleen Quinlan, Vinessa Shaw, Emilie de Ravin, Dan Byrd, Tom Bower, Billy Drago, Robert Joy, Ted Levine, Desmond Askew, Ezra Buzzington, Michael Bailey Smith, Laura Ortiz, Maxime Giffard, Maisie Camilleri Preziosi, Greg Nicotero, Ivana Turchetto, Judith Jane Vallette, Adam Perrell

GÊNERO: Horror escatológico

SINOPSE: Típica família da pequena burguesia norte-americana viaja de carro pelo deserto e encontra pela frente uma estranha e violenta comunidade, composta por seres humanos deformados pelas experiências nucleares realizadas naquele local há algumas décadas.

COMENTÁRIOS: Um verdadeiro festival de sangue, vísceras e cadáveres, retomando algumas situações do clássico homônimo de Wes Craven (1977).

AVALIAÇÃO: ***

THE HILLS HAVE EYES II

O RETORNO DOS MALDITOS

DIRETOR: Martin Weisz

PAÍS: Estados Unidos

COMPANHIA PRODUTORA: Craven-Maddalena Films

ANO DE PRODUÇÃO: 2007

DURAÇÃO: 90'

IDIOMA ORIGINAL: Inglês

PRODUÇÃO: Wes Craven, Marianne Maddalena, Peter Locke (coprodutores: Tina Anderson, Jonathan Craven, Cody Zwieg)

ARGUMENTO: Wes Craven

ROTEIRO: Wes Craven, Jonathan Craven

FOTOGRAFIA: Sam McCurdy [cor]

MONTAGEM: Kirk Morri, Sue Blainey

MÚSICA: Trevor Morris (supervisão: David Franco)

ELENCO: Michael McMillian, Jessica Stroup, Jacob Vargas, Flex Alexander, Lee Thompson Young, Daniella Alonso, Eric Edelstein, Reshad Strik, Ben Crowley, Michael Bailey Smith, Derek Mears, David Reynolds, Jeff Kober, Jay Acovone, Philip Pavel, Archie Kao, Cécile Breccia, Tyrell Kemlo, Joseph Bedde-lem, Fatiha Quatili, Jason Oettlé, Jeremy Goei, Gaspar Szabó

GÊNERO: Horror escatológico

SINOPSE: Um grupo de soldados em treinamento vai fazer uma entrega de suprimentos em uma base militar no meio do deserto, descobrindo que todos os que estavam lá foram mortos por criaturas mutantes, que vivem escondidas em minas abandonadas desde que a área foi utilizada para testes nucleares, há algumas décadas.

COMENTÁRIOS: Se o primeiro filme ainda tinha alguns méritos, esta continuação mergulha em uma mistura abominável de tédio e escatologia.

AVALIAÇÃO: **

THE HILLS RUN RED

COLINAS DE SANGUE

DIRETOR: Dave Parker

PAÍS: Estados Unidos

COMPANHIA PRODUTORA: Dark Castle Home Entertainment

ANO DE PRODUÇÃO: 2009

DURAÇÃO: 81'

IDIOMA ORIGINAL: Inglês

PRODUÇÃO: Robert Meyer Burnett, Jonathan Tzachor, John Carchietta, Carl Morano, Roee Sharon Peled (coprodução: Charles V. Bender, Ethan Erwin)

ARGUMENTO: John Carchietta

ROTEIRO: John Dombrow (teleplay: David J. Schow)

FOTOGRAFIA: Ilan Rosenberg [cor]

MONTAGEM: Harold Parker

MÚSICA: Frederik Wiedmann

ELENCO: Sophie Monk, Tad Hilgenbrinck, Janet Montgomery, Alex Wyndham, Ewan Bailey, Joy McBrinn, William Sadler, Raicho Vasilev, Michael Straub, Hristo Mitzkov, Georgi Dimitrov [Bomba], Ekaterina Temelkova, Danko Iordanov, Ithai Dyakov, Petya Ivanova, Elene Mshvidobadze

GÊNERO: Horror

SINOPSE: Tyler é um jovem cinéfilo obcecado pelo filme de terror *The hills run red*, uma produção do início dos anos 80 que foi proibida pelo seu excesso de violência e desapareceu sem deixar vestígios, assim como seu diretor, Wilson Concannon, e seu elenco. Quando consegue localizar Alexa, a filha de Concannon – que, ainda criança, participou do filme – Tyler tem a ideia de realizar um documentário sobre "The hills run red", enquanto busca encontrar uma cópia. Embora revele que seu pai faleceu há alguns anos, Alexa concorda em guiar Tyler até a casa dele, que fica no meio de um bosque bastante afastado de qualquer centro urbano. Juntamente com sua namorada Serina e seu amigo Lalo, que colaboram nas filmagens, Tyler segue Alexa em uma aventura que se revelará bastante perigosa.

COMENTÁRIOS: Telefilme de horror com locações na Bulgária e um nível de produção bem acima da média. No entanto, a história não passa de uma colcha de retalhos que mistura diversos sucessos do gênero, como *A bruxa de Blair*, *O massacre da serra elétrica* e *Sexta-feira 13*.

AVALIAÇÃO: ***

O BURACO

DIRETOR: Nick Hamm

PAÍS: Inglaterra

COMPANHIA PRODUTORA: Cowboy Films / Granada Film

ANO DE PRODUÇÃO: 2001

DURAÇÃO: 102'

IDIOMA ORIGINAL: Inglês

PRODUÇÃO: Lisa Bryer, Jeremy Bolt, Pippa Cross (coprodução: Suzanne Warren)

ARGUMENTO: Guy Burt

ROTEIRO: Ben Court, Caroline Ip

FOTOGRAFIA: Denis Crossan [cor]

MONTAGEM: Niven Howie

MÚSICA: Clint Mansell (supervisão: Liz Gallacher)

ELENCO: Thora Birch, Desmond Harrington, Daniel Brocklebank, Laurence Fox, Keira Knightley, Steven Waddington, Embeth Davidtz, Emma Griffiths Malin, Gemma Powell, Gemma Craven, Anastasia Hille, Kelly Hunter, Maria Pastel, Celia Montague, Kevin Trainor, Lolita Chackrabarti, Claire Cox, Jennifer Hochman, Jack Tanner

GÊNERO: Horror psicológico

SINOPSE: Duas adolescentes, alunas de uma rígida escola britânica, resolvem escapar de uma viagem de estudos e passar alguns dias divertidos com dois rapazes, num antigo abrigo subterrâneo abandonado há longo tempo. Porém, quando eles decidem voltar para casa, descobrem que o abrigo está trancado por fora. Com pouca água e comida, e sem nenhuma comunicação com o exterior, eles esperam por um improvável resgate, enquanto vão enlouquecendo pelo longo confinamento.

COMENTÁRIOS: Boas doses de suspense e uma trama bem elaborada garantem o interesse.

AVALIAÇÃO: ***

EL HOMBRE Y EL MONSTRUO

O HOMEM E O MONSTRO

DIRETOR: Rafael Baledon

PAÍS: México

COMPANHIA PRODUTORA: Cinematografica A.B.S.A.

ANO DE PRODUÇÃO: 1959

DURAÇÃO: 79'

IDIOMA ORIGINAL: Espanhol

PRODUÇÃO: Abel Salazar

ARGUMENTO: Raul Zenteno

ROTEIRO: Alfredo Salazar

FOTOGRAFIA: Raul Martinez Solares [p&b]

MONTAGEM: Carlos Savage

MÚSICA: Gustavo C. Carrion

ELENCO: Enrique Rambal, Abel Salazar, Martha Roth, Ofelia Guilmain, Ana Laura Baledon, José Chavez, Mari Carmen Vela, Carlos Suarez

GÊNERO: Drama de horror

SINOPSE: Ricardo trabalha em uma empresa de espetáculos

musicais e viaja para o interior do México a fim de visitar o pianista Samuel, um pianista brilhante que abandonou sua carreira e vive como um eremita juntamente com sua mãe. O objetivo de Ricardo é combinar os detalhes do retorno de Samuel, mas ele logo descobre que o pianista não está interessado em retomar sua carreira, e sim em apresentar ao mundo sua discípula Laura, uma pianista talentosíssima. Porém, do que Ricardo e Laura não podem suspeitar é que Samuel, louco de desejo de se tornar o maior pianista do mundo, fez um pacto com o Diabo, que lhe deu o dom da música mas, em troca, condenou-o a se transformar em um terrível monstro toda vez que toca piano. Desesperado, Samuel planeja sacrificar Laura para libertar a sua alma.

COMENTÁRIOS: Uma história tremendamente incoerente a mal desenvolvida, na qual tudo é previsível.

AVALIAÇÃO: **

HOMICIDAL

TRAMA DIABÓLICA

DIRETOR: William Castle

PAÍS: Estados Unidos

COMPANHIA PRODUTORA: William Castle Productions

ANO DE PRODUÇÃO: 1961

DURAÇÃO: 88'

IDIOMA ORIGINAL: Inglês

PRODUÇÃO: William Castle

ARGUMENTO: Robb White

ROTEIRO: Robb White

FOTOGRAFIA: Burnett Guffey [p&b]

MONTAGEM: Edwin Bryant

MÚSICA: Hugo Friedhofer

ELENCO: Glenn Corbett, Patricia Breslin, Eugenié Leontovich, Alan Bunce, Richard Rust, James Westerfield, Gilbert Green, Jean Arless [Joan Marshall], William Castle

GÊNERO: Drama criminal de horror

SINOPSE: Uma jovem, dizendo chamar-se Miriam Webster, hospeda-se sozinha em um hotel e propõe a um camareiro que se case com ela naquela mesma noite, em troca de uma gorda bolada. Como o casamento será anulado no dia seguinte, o rapaz aceita o trato e leva a moça até um juiz de paz, em plena madrugada. Porém, logo depois da cerimônia, a garota assassina o juiz de paz e foge para sua casa, em uma localidade remota. Lá, revela-se que ela é, de fato, Emily, a enfermeira que cuida de Helga, a velha babá da verdadeira Miriam e de seu meio-irmão Warren, que sofreu um AVC e está em uma cadeira de rodas. Fingindo ser afetuosa com Helga e Miriam, Emily está, na verdade, intimamente envolvida com Warren em um complô para eliminar a garota.

COMENTÁRIOS: Sempre aspirando o mesmo sucesso de seu ídolo Alfred Hitchcock, Castle investe, desta vez, em uma trama com toques de *Psicose*, embora esteja muitíssimo longe da inteligência e da qualidade de seu modelo. Na verdade, a genialidade de Castle não se manifestava propriamente nas telas, mas na maneira de transformar seus filmes banais em grandes eventos populares.

AVALIAÇÃO: ***

A HORRIPILANTE FERA HUMANA

DIRETOR: René Cardona

PAÍS: México

COMPANHIA PRODUTORA: Cinematografica Calderon / Unistar Pictures

ANO DE PRODUÇÃO: 1968

DURAÇÃO: 84'

IDIOMA ORIGINAL: Espanhol

PRODUÇÃO: Guillermo Calderon Stell

ARGUMENTO: René Cardona, René Cardona Jr.

ROTEIRO: René Cardona, René Cardona Jr.

FOTOGRAFIA: Raul Martinez Solares [cor]

MONTAGEM: Jorge Bustos

MÚSICA: Antonio Diaz Conde

ELENCO: José Elias Moreno, Carlos Lopez Moctezuma, Norma Lazareno, Agustin Mtz. Solares [Agustin Martinez Solares], Armando Silvestre, Javier Rizo, Gerardo Cepeda, Noelia Noel, Gina Morett

GÊNERO: Horror

SINOPSE: O dr. Krallman é um médico e cientista desesperado com o estado de saúde de seu filho Júlio, que está morrendo de leucemia. Para tentar salvar o rapaz, Krallman resolve realizar uma experiência ousada, implantando nele o coração de um gorila (que, por ser mais poderoso, poderia combater melhor a doença). Porém, a experiência — aparentemente bem-sucedida — tem um resultado inesperado, já que Julio se converte em uma fera com uma sede descontrolada de sexo e sangue. Depois que seu filho foge e faz algumas vítimas, Krallman resolve apelar para outra experiência louca, removendo o coração de gorila e colocando em seu lugar o de uma jovem lutadora, que estava em coma devido a um acidente no ringue.

COMENTÁRIOS: Mais uma mistureba típica do cinema mexicano, juntando uma lutadora mascarada, um cientista louco e um monstro tarado. A versão consultada por nós foi a norte-americana, dublada em inglês, com o acréscimo de algumas sequências filmadas por Jerald Intrator e a indicação da Unistar Pictures como produtora.

AVALIAÇÃO: ***

THE HORROR AT 37,000 FEET

HORROR NAS ALTURAS

DIRETOR: David Lowell Rich

PAÍS: Estados Unidos

COMPANHIA PRODUTORA: CBS Television Network

ANO DE PRODUÇÃO: 1973

DURAÇÃO: 74'

IDIOMA ORIGINAL: Inglês

PRODUÇÃO: Anthony Wilson

ARGUMENTO: V. X. Appleton

ROTEIRO: Ron Austin, Jim Buchanan

FOTOGRAFIA: Earl Rath [cor]

MONTAGEM: Bud S. Isaacs

MÚSICA: Morton Stevens

ELENCO: Chuck Connors, Buddy Ebsen, Tammy Grimes, Lyn Loring, Jane Merrow, France Nuyen, William Shatner, Roy Thinnes, Paul Winfield, Will Hutchins, Darleen Carr, Brenda Benét, Russell Johnson, H. M. Wynant, Mia Bendixsen, Gerald Saunderson Peters, Robert Donner, Peter Ashton, Veronica Anderson

GÊNERO: Drama de horror

SINOPSE: Sem ter nada melhor em que gastar toda a sua grana, o arquiteto milionário norte-americano Allan O'Neil decide desmontar as ruínas de uma abadia medieval inglesa, que estava em uma das propriedades da família de sua esposa Sheila, e levá-la para os Estados Unidos, onde pretende usar o tesouro arquitetônico como objeto decorativo. Para transportar sua preciosa carga, Allan freta o compartimento de carga de um avião no qual também viajará com a esposa e alguns poucos passageiros problemáticos. Porém, a tal abadia está cheia de poderes malignos e não pretende aceitar a humilhação de residir nas terras do Tio Sam. Assim, o avião é imobilizado no ar, enquanto acontecimentos bizarros vão deixando os passageiros desavisados de cabelos em pé.

COMENTÁRIOS: Bom exemplar da era de ouro dos telefilmes norte-americanos, misturando elementos de horror com uma trama típica do cinema catástrofe.

AVALIAÇÃO: ***

THE HOUSE BY THE CEMETERY

(Cf. Quella villa accanto al cimitero)

VAMPIROS DE ALMAS

DIRETOR: Don Siegel

PAÍS: Estados Unidos

COMPANHIA PRODUTORA: Walter Wanger Pictures

ANO DE PRODUÇÃO: 1955

DURAÇÃO: 80'/76'

IDIOMA ORIGINAL: Inglês

PRODUÇÃO: Walter Wanger

ARGUMENTO: Jack Finney

ROTEIRO: Daniel Mainwaring

FOTOGRAFIA: Ellsworth Fredericks [p&b]

MONTAGEM: Robert S. Eisen

MÚSICA: Carmen Dragon

ELENCO: Kevin McCarthy, Dana Wynter, Larry Gates, King Donovan, Carolyn Jones, Jean Willes, Ralph Dumke, Virginia Christine, Tom Fadden, Kenneth Patterson, Guy Way, Eileen Stevens, Beatrice Maude, Jean Andren, Bobby Clark, Everett Glass, Dabbs Greer, Pat O'Malley, Guy Rennie, Marie Selland, Sam Peckinpah, Harry J. Vejar

GÊNERO: Ficção científica e horror

SINOPSE: Jovem médico descobre que sua pequena cidade está sendo dominada por seres alienígenas, que se desenvolvem dentro de vagens gigantes e assumem a forma e a mente dos seres humanos (embora não tenham qualquer emoção). Em desespero, ele tenta salvar a si e à sua amada, ao mesmo tempo em que luta para advertir os ainda humanos do perigo terrível que está para abater-se sobre eles.

COMENTÁRIOS: Clássico absoluto do *sci-fi* anticomunista dos anos 50, no qual alienígenas robotizados e sequiosos de poder tomavam o lugar dos soviéticos comedores de criancinhas. A versão de 80 minutos contém um prólogo e uma conclusão impostos pelos produtores na época do lançamento, suavizando bastante o impacto da narrativa original.

AVALIAÇÃO: ****

JEEPERS CREEPERS II

OLHOS FAMINTOS 2

DIRETOR: Victor Salva

PAÍS: Estados Unidos

COMPANHIA PRODUTORA: Myriad Pictures / United Artists / American Zoetrope Pictures

ANO DE PRODUÇÃO: 2003

DURAÇÃO: 101'

IDIOMA ORIGINAL: Inglês

PRODUÇÃO: Tom Luse

ARGUMENTO: Victor Salva

ROTEIRO: Victor Salva

FOTOGRAFIA: Don E. Fauntleroy [cor]

MONTAGEM: Ed Marx

MÚSICA: Bennett Salvay

ELENCO: Ray Wise, Eric Nenninger, Garikayi Mutambirwa, Nicki Aycox, Marieh Delfino, Diane Delano, Thom Gossom Jr., Billy Aaron Brown, Lena Cardwell, Al Santos, Travis Schiffner, Kasan Butcher, Josh Hammond, Tom Tarantini, Drew Tyler

Bell, Luke Edwards, Justin Long, Jonathan Breck, Shaun Fleming, Bob Papenbrook, Jon Powell, Marshall Cook, Joe Reegan, Stephanie Denise Griffin

GÊNERO: Horror

SINOPSE: A criatura diabólica do filme anterior necessita, para garantir a sua sobrevivência, alimentar-se durante 23 dias a cada período de 23 anos, recolhendo partes de corpos humanos para recompor o seu. Chegando ao seu penúltimo dia de atividade, ela ataca uma fazenda, levando um adolescente. No último dia, seu alvo é um ônibus cheio de estudantes, que está voltando de um jogo em uma cidade distante e fica avariado em uma estrada deserta. Depois que a criatura leva o treinador, a motorista e o supervisor da equipe, os jovens se trancam no veículo e terão que lutar desesperadamente para não caírem nas garras do monstro insaciável.

COMENTÁRIOS: Continuação inferior, em todos os aspectos, sem deixar de ser um bom entretenimento.

AVALIAÇÃO: ***

JESSE JAMES MEETS FRANKENSTEIN'S DAUGHTER

DIRETOR: William Beaudine

PAÍS: Estados Unidos

COMPANHIA PRODUTORA: Circle Productions

ANO DE PRODUÇÃO: 1965

DURAÇÃO: 84'

IDIOMA ORIGINAL: Inglês

PRODUÇÃO: Carroll Case

ARGUMENTO: Carl Hittleman

ROTEIRO: Carl Hittleman

FOTOGRAFIA: Lothrop Worth [cor]

MONTAGEM: William Austin

MÚSICA: Raoul Kraushaar

ELENCO: John Lupton, Narda Onyx, Cal Bolder, Estelita, Jim Davis, Steven Geray, Rayford Barnes, William Fawcett, Nestor Paiva, Roger Creed, Rosa Turich, Felipe Turich, Fred Stromsoe, Dan White, Page Slattery, Mark Norton

GÊNERO: Faroeste de horror

SINOPSE: Perseguidos na Europa, por conta das suas nefandas experiências com seres humanos, Maria e Rudolph, netos do célebre cientista Victor Frankenstein, mudam-se para as proximidades de uma remota aldeola do Oeste norte-americano, onde continuam suas pesquisas para criar a vida em corpos mortos. Depois de um assalto frustrado, o lendário pistoleiro Jesse James procura auxílio para o seu companheiro Hank, que levou um tiro no ombro e está muito mal. Por indicação de uma jovem mexicana, que ele encontrou pelo caminho, Jesse leva Hank justamente para ser tratado pelos irmãos Frankenstein, que são tidos na região como simples médicos. A presença de Hank, um gigante musculoso, acende imediatamente a cobiça de Maria, que percebe nele a cobaia perfeita para repetir o maior experimento de seu avô.

COMENTÁRIOS: Produção paupérrima, realizada pelo diretor mais rápido e prolífico do Oeste e de todas as outras regiões dos Estados Unidos. Este filme, que não tem qualquer intenção cômica, é uma espécie de irmão gêmeo de "Billy the Kid vs. Dracula".

AVALIAÇÃO: **

JODIDOS KABRONES

DIRETOR: Manolito Motosierra

PAÍS: Espanha

COMPANHIA PRODUTORA: AGP Producciones / Olga Underground

ANO DE PRODUÇÃO: 2012

DURAÇÃO: 63'

IDIOMA ORIGINAL: Espanhol

PRODUÇÃO: Sr. Guijarro [Manolito Motosierra], Kiko Underground

ROTEIRO: Manolito Motosierra

FOTOGRAFIA: Kiko Navarro [cor]

MONTAGEM: Kiko Navarro

MÚSICA: David Prats

ELENCO: Ricardo Pastor, Miriam Larragay, Manuel Rodríguez, José Luis Tolosa, Sonia Ayala, Pedro Garcia Oliva, Juan Carlos Gascón, Yolanda Berenguer, Raul Dario Gandoy, Marino, Xima Perpinya Mira, Tam Sempere Miró, José M. Guijarro [Manolito Motosierra], Mayama Lia Garcia, Maria Angeles Rico [Maria A. Rico Perez], Jaime Martinez Moltó, Lourdes De Saedeleer, Yolanda Diaz Dengra, Diego Gonzalez, José Martinez, Domingo Fermín, Concepción Diaz, Maria del Mar Hernandez, Tamara Piñero, Sylvia Castelló, Hilario Blas Montes, Maria José Bernal Garcia, Hilario Blas Bernal, Pablo Blas Bernal, Juan Antonio Cantó, J´osé Antonio Vicedo, Rubén Mancera, Miguel Angel Bernabeu, Encarni Clemente, Sylvia Costeció, Antonio Martinez, Trinidad Perez, Cristina Rastrollo, Sarah Mullor, Adrian Coll Lopez, Alex Cortes Segui, Adrian Momcho Albadalejo, J. Ferran Albert i Castellá, Claudia Fenollar Llopis, Marta Fenollar Llopis, Maria Sanchis Lopez, Diana Marbore Garcia, Alister

Bonmati Navarro, Abigail Bonmati Navarro, Manolo Sala

GÊNERO: Horror em tom de comédia

SINOPSE: Lucia e Richi são um casal de espanhois que estão percorrendo o célebre "Caminho de Santiago", uma espécie de turismo espiritual dos tempos pós-modernos. Em uma trilha, Richi é atropelado por um automóvel e fere a perna, não tendo condições de prosseguir. Outro peregrino, que estava nas proximidades, indica ao casal a localização de um pequeno albergue, cuja placa ele viu numa beira de estrada. Lucia e Richi vão para lá, sem saber que estão entrando no antro de uma sádica família de canibais psicóticos.

COMENTÁRIOS: Um arremedo de história serve para justificar uma enxurrada de efeitos especiais na base do sangue & tripas, neste *trash* proposital sem nenhuma originalidade.

AVALIAÇÃO: **

JOGO DO COPO

JOGO DO COPO

DIRETOR: Amanda Maya

PAÍS: Brasil

COMPANHIA PRODUTORA: Latin America Film Institute

ANO DE PRODUÇÃO: 2013-2014

DURAÇÃO: 80'

IDIOMA ORIGINAL: Português

PRODUÇÃO: Tristan Aronovich

ARGUMENTO: "fatos reais"

ROTEIRO: Tristan Aronovich

FOTOGRAFIA: Tristan Aronovich [cor]

MONTAGEM: Tristan Aronovich

ELENCO: Larissa Vaiano, Murillo Meola, Rafael Pucca, Mari Neves [Mariana Neves], Bruna Zanotto, Renata Souza, José Júnio, Renata Curan, Flávia Nucci, Vitor Moreno, Bruna Villa, Andrei Alan, Marcela Lino, Maria Eugênia de Paula, Yasmim Coelho, Yasmim Stunges, Djalma França, Rodrigo Mosca, Armando Fonseca, Amanda Maya

GÊNERO: Drama de horror

SINOPSE: Uma turma de estudantes de teatro ocupa um casarão abandonado, onde os jovens pretendem promover uma festa de halloween para arrecadar fundos. Para animar a festa, uma das estudantes traz uma série de artefatos bizarros que ela roubou do quarto de uma prima que se dedica à bruxaria. Um dos objetos, um tabuleiro ouija, chama a atenção de alguns dos jovens, que se dispõem a testá-lo. Porém, ao fazerem uso do tabuleiro, eles libertam um espírito demoníaco, que passa a atormentá-los.

COMENTÁRIOS: Horror em produção semiamadora, realizada como trabalho de conclusão de curso do Instituto Stanislavsky.

AVALIAÇÃO: **

JOHANNES ROBERTS' FOREST OF THE DAMNED

(Cf. Forest of the damned)

JOHN CARPENTER'S CHRISTINE

(Cf. Christine)

LEPRECHAUN V

DIRETOR: Rob Spera

PAÍS: Estados Unidos

COMPANHIA PRODUTORA: Trimark Pictures

ANO DE PRODUÇÃO: 2000

DURAÇÃO: 90'

IDIOMA ORIGINAL: Inglês

PRODUÇÃO: Bruce David Eisen, Mike Upton, Darin Spillman (coprodutores: Michael Flannigan, Rob Spera)

ARGUMENTO: William Wells, Alan Reynolds, Rob Spera, Doug Hall (or: Mark Jones)

ROTEIRO: Doug Hall, Jon Huffman

FOTOGRAFIA: Michael Mickens [cor]

MONTAGEM: J. J. Jackson

MÚSICA: Nicholas Rivera (supervisão: Joel C. High)

ELENCO: Warwick Davis, Ice-T, A. T. Montgomery, Rashaan Nall, Red Grant, Bebe Drake, Dan Martin, Lobo Sebastian, Chloe Hunter, Ivory Ocean, Daya Vaidya, Chrystee Pharris, Lori J. Jones, Jack Ong, Bleu DaVinci, Donna Perkins, Eric Mansker, Steven M. Porter

GÊNERO: Comédia musical de horror

SINOPSE: Três jovens cantores de rap precisam muito de dinheiro e decidem assaltar a casa de um rico e famoso produtor musical. Porém, durante o assalto, eles libertam um terrível duende, que passa a persegui-los para recuperar o seu pote de ouro (roubado pelo tal produtor).

COMENTÁRIOS: Lançado diretamente em vídeo, este filme —

de uma série das mais medíocres – conta com as participações de diversas figuras do mundo do rap.

AVALIAÇÃO: **

MATILHA DA MALDIÇÃO

DIRETOR: Clyde Anderson [Claudio Fragasso]

PAÍS: Estados Unidos / Espanha / Porto Rico

COMPANHIA PRODUTORA: Continental Motion Pictures

ANO DE PRODUÇÃO: 1985

DURAÇÃO: 88'

IDIOMA ORIGINAL: Inglês

PRODUÇÃO: Carlos Aured

ARGUMENTO: Clyde Anderson [Claudio Fragasso]

ROTEIRO: Clyde Anderson [Claudio Fragasso]

FOTOGRAFIA: José Garcia Galisteo [cor]

MONTAGEM: Antonio José Ochoa

MÚSICA: "grupo Dichotomy"

ELENCO: Alice Cooper, Victoria Vera, Carlos Santurio, Pepita James, Emilo Linder [Emilio Linder], José Sarsa [Pepa Sarsa], Charly Bravo, B. Barta Barri, Ricardo Palacios, Luis Maluenda, Pepita James, Fernando Conde, Fernando Baeza, Nino Bastida

GÊNERO: Horror

SINOPSE: Após quase vinte anos de ausência, o astro do rock Vincent Raven volta para a sua terra natal, nos cafundós dos Estados Unidos, a fim de realizar um videoclip. Com ele, segue a equipe técnica do filme, que se hospedará na casa de sua família (que está vazia, já que Vincent não tem mais parentes vivos). Logo na chegada, o grupo é surpreendido pela notícia de que uma matilha de cães selvagens está atacando a cidade, já tendo feito diversas vítimas. O fato traz lembranças traumáticas para Vincent, já que sua saída da cidade foi provocada por um acontecimento trágico: vítima de uma doença metabólica, seu pai fôra acusado de ser um lobisomem e de chefiar uma matilha de cães, tendo sido linchado pelo povo furioso. Porém, não são só os cachorros que ameaçam a equipe de filmagem: além da presença de um velho louco, que atormenta Vincent, os assassinos de seu pai também querem pegá-lo – já que o consideram herdeiro da maldição familiar.

COMENTÁRIOS: O único interesse desse filme é ser estrelado pelo veterano rockstar Alice Cooper. A cópia consultada, com 84 minutos, não menciona a participação da Espanha e de Porto Rico na produção.

AVALIAÇÃO: **

LIFEFORCE

FORÇA SINISTRA

DIRETOR: Tobe Hooper

PAÍS: Inglaterra

COMPANHIA PRODUTORA: The Cannon Group

ANO DE PRODUÇÃO: 1985

DURAÇÃO: 116'

IDIOMA ORIGINAL: Inglês

PRODUÇÃO: Menahem Golan, Yoram Globus

ARGUMENTO: Colin Wilson

ROTEIRO: Dan O'Bannon, Don Jakoby

FOTOGRAFIA: Alan Hume [cor]

MONTAGEM: John Grover

MÚSICA: Henry Mancini

ELENCO: Steve Railsback, Peter Firth, Frank Finlay, Patrick Stewart, Michael Gothard, Nicholas Ball, Aubrey Morris, Nancy Paul, John Hallam, John Keegan, Mathilda May, Christopher Jagger, Bill Malin, Jerome Willis, Derek Benfield, John Woodnutt, James Forbes-Robertson, Peter Porteous, Katherine Schofield, Owen Holder, Jamie Roberts, Russell Sommers, Patrick Connor, Sidney Kean, Paul Cooper, Chris Sullivan, Milton Cadman, Ruper Baker, Gary Hildreth, Edward Evans, Nicholas Donnelly, Peter Lovstrom, Julian Firth, Carl Rigg, Elizabeth Morton, Geoffrey Frederick, David English, Emma Jacobs, Michael John Paliotti, Brian Carroll, Richard Oldfield, Christopher Barr, Burnell Tucker, Thom Booker, Michael Fitzpatrick, Richard Sharpe, John Golightly, William Lindsay, David Beckett, Sydney Livingstone, Ken Parry, John Edmunds, Haydn Wood

GÊNERO: Ficção científica com toques de horror e erotismo

SINOPSE: Nave espacial anglo-americana é enviada para analisar o cometa Halley, em sua passagem nas proximidades da Terra. Sem contato com a base, a missão encontra uma nave abandonada nas imediações do cometa e recolhe três corpos inanimados de aparência humana. Mais tarde, uma outra nave é mandada para investigar a primeira e descobre um quadro de morte e destruição, sem sobreviventes. Os corpos dos três alienígenas são recolhidos e levados para um centro de estudos britânico. Pouco depois, uma pequena nave de fuga chega à Terra trazendo o comandante da missão fracassada, o coronel americano Tom Carlsen. Porém, antes que Carlsen se recupere, um dos alienígenas – uma bela mulher – desperta e suga as forças de um dos guardas que a vigiavam, fugindo em seguida. Logo, os cientistas descobrem que se trata de uma espécie de vampira espacial, que se nutre da vitalidade dos seres humanos e transmite sua condição para suas vítimas.

COMENTÁRIOS: Além de alguns bons efeitos escatológicos (sempre presentes no trabalho de Hooper), o filme vale principalmente pelas cenas de nudez da atriz Mathilda May (que pode não ser tão perfeita quanto sua personagem, mas chega bastante perto). Baseado na novela *The space vampires*.

AVALIAÇÃO: ***

LA LUNE À UN MÈTRE

DIRETOR: Georges Méliès

PAÍS: França

COMPANHIA PRODUTORA: Star Film

ANO DE PRODUÇÃO: 1898

DURAÇÃO: 3'10

IDIOMA ORIGINAL: Mudo

PRODUÇÃO: Georges Méliès

ROTEIRO: Georges Méliès

FOTOGRAFIA: [p&b]

ELENCO: Georges Méliès

GÊNERO: Fantasia

SINOPSE: Cansado de tanto pesquisar os céus, um velho astrônomo adormece e tem um pesadelo, no qual acaba sendo devorado pela própria Lua.

COMENTÁRIOS: Típico exemplar dos filmes de "transforma-
ção", nos quais Méliès usava seus conhecimentos de mágica para
criar pequenos esquetes com uma incrível série de situações em
um ritmo vertiginoso.

AVALIAÇÃO: ****

THE MANITOU

MANITOU – O ESPÍRITO DO MAL

DIRETOR: William Girdler

PAÍS: Estados Unidos

COMPANHIA PRODUTORA: AVCO Embassy

ANO DE PRODUÇÃO: 1978

DURAÇÃO: 101'

IDIOMA ORIGINAL: Inglês

PRODUÇÃO: William Girdler

ARGUMENTO: Graham Masterton

ROTEIRO: William Girdler, Jon Cedar, Thomas Pope

FOTOGRAFIA: Michel Hugo [cor]

MONTAGEM: Bub Asman (supervisão: Gene Ruggiero)

MÚSICA: Lalo Schifrin

ELENCO: Tony Curtis, Michael Ansara, Susan Strasberg, Stella
Stevens, Jon Cedar, Ann Sothern, Burgess Meredith, Paul Man-
tee, Jeanette Nolan, Lurene Tuttle, Hugh Corcoran, Ann New-
man-Mantee, Beverly Kushida, Joe Gieb, Nick Dyrenforth, Jan
Heininger, Felix Silla, Michael Laren, Charles Kissinger, Cindy
Stanford, Loren Elaine, Tenaya, Michael Andreas

GÊNERO: Horror

SINOPSE: Harry Erskine é um falso médium, um tanto velhusco mas ainda charmoso, que é procurado por sua antiga parceira e namorada Karen, que está passando por um estranho problema de saúde. Há poucos dias, a moça percebeu um estranho tumor em sua nuca, que está crescendo em um ritmo bastante acelerado e que deve ser removido cirurgicamente no dia seguinte, já que pode ameaçar a sua vida. Passando a noite com Karen, Harry ouve a garota falar dormindo em uma língua estranha. No dia seguinte, enquanto Karen vai para o hospital, Harry atende mais uma de suas clientes idosas. Porém, a mulher tem um terrível ataque e acaba se atirando pela escada, após falar a mesma língua desconhecida. Ao mesmo tempo, a cirurgia de Karen não pode ocorrer, já que seu estado se agrava e o médico que ia operá-la tenta cortar sua própria mão com o bisturi. Diante de acontecimentos tão bizarros, Harry chega à conclusão de que Karen está exposta a alguma poderosa força sobrenatural. Com a ajuda de alguns amigos ocultistas, ele descobre que sua amada está sendo vítima de uma macumba indígena e fará de tudo para salvá-la.

COMENTÁRIOS: Um filme absolutamente constrangedor, que tenta se levar a sério e que só serve para atestar a decadência de alguns velhos astros.

AVALIAÇÃO: **

MANOS – THE HANDS OF FATE

Manos – As mãos do destino

DIRETOR: Harold P. Warren
PAÍS: Estados Unidos

COMPANHIA PRODUTORA: Norm-Iris

ANO DE PRODUÇÃO: 1966

DURAÇÃO: 74'/69'

IDIOMA ORIGINAL: Inglês

PRODUÇÃO: Harold P. Warren

ARGUMENTO: Harold P. Warren

ROTEIRO: Harold P. Warren

FOTOGRAFIA: Robert Guidry [cor]

MONTAGEM: James Sullivan, Ernie Smith

MÚSICA: Robert Smith Jr., Russ Huddleston

ELENCO: Tom Neyman, John Reynolds, Diane Mahree, Hal Warren [Harold P. Warren], Stephanie Nielson, Sherry Proctor, Robin Redd, Jackey Neyman, Bernie Rosenblum, Joyce Molleur, William Bryan Jennings, Jay Hall, Bettie Burns, Lelanie Hansard, Pat Coburn, Pat Sullivan, George Cavender

GÊNERO: Horror satânico

SINOPSE: Um casal e sua filhinha se perdem numa estrada deserta e vão parar em uma casa remota, onde encontram um indivíduo bastante estranho, que deixa que eles passem a noite ali. Porém, eles ignoram que o local é a residência de um dos servos do deus Manos, uma entidade pagã sanguinária e violenta.

COMENTÁRIOS: Este filme, uma produção quase totalmente amadora, foi realizado na cidade de El Paso, Texas, por um vendedor, que se propôs a mostrar seus duvidosos talentos cinematográficos. É considerada — e não sem uma certa razão — como uma das piores películas de todos os tempos.

AVALIAÇÃO: *

LA MANSIÓN DE CTHULHU

Mansão macabra

DIRETOR: J. P. Simon [Juan Piquer Simon]

PAÍS: Espanha / Estados Unidos

COMPANHIA PRODUTORA: Filmagic / Golden Pictures

ANO DE PRODUÇÃO: 1991

DURAÇÃO: 88'

IDIOMA ORIGINAL: Espanhol

PRODUÇÃO: Jose G. Maesso, J. P. Simon [Juan Piquer Simon]

ARGUMENTO: H. P. Lovecraft

ROTEIRO: J. P. Simon [Juan Piquer Simon]

FOTOGRAFIA: Julio Bragado [cor]

MONTAGEM: Antonio Gimeno

MÚSICA: Tim Souster, Jeff Espinoza

ELENCO: Frank Finlay, Marcia Layton, Luis Fernando Alves, Brad Fischer, Melanie Shatner, Kaethe Cherney, Paul Birchard, Frank Braña, Ronal Feabal [Ronald Faval], Pascal Mudazi [Pascal Muzadi], Emilio Linder, Jack Jamison, Angel Blanco, Jorge Bernal, Ivan Almagro, Jeff Espinoza, Steve Jordan

GÊNERO: Horror

SINOPSE: Chandu é um velho mágico que entrou em decadência após a perda de sua esposa, que era sua partner e morreu durante a execução de um de seus truques. Atuando em um parque, ele agora trabalha com sua filha, que se reencontrou com ele depois de um longo afastamento. Uma noite, após sua função, Chandu e sua filha são sequestrados por uma quadrilha de bandidos, que cometeram um assassinato no parque e fogem no seu carro, indo buscar refúgio na mansão do mágico. Porém, a presença dos marginais vai despertar as forças maléficas que estão ocultas na casa, e que, invocadas por Chandu, provocaram a morte de sua esposa.

COMENTÁRIOS: Mais uma exploração ridícula da obra de Lovecraft, cuja única ligação com este filme está no título. De resto, trata-se de uma produção paupérrima, na qual 90% do tempo é gasto com lero-lero e os outros 10% perdidos com efeitos especiais de filmes caseiros.

AVALIAÇÃO: *

LA MANSIÓN DE LAS SETE MOMIAS

A MANSÃO DAS SETE MÚMIAS

DIRETOR: Rafael Lanuza

PAÍS: Guatemala

COMPANHIA PRODUTORA: Cinematografica Tikal

ANO DE PRODUÇÃO: 1977

DURAÇÃO: 91'

IDIOMA ORIGINAL: Espanhol

ARGUMENTO: Rafael Lanuza

ROTEIRO: Rafael Lanuza

FOTOGRAFIA: Armando Castillon [cor]

MONTAGEM: José W. Bustos

MÚSICA: Luis Hernandez Bretón

ELENCO: Blue Demon, Maria Cardinal, Superzan, Claudio Lanuza, Laura Fierro, Manuel Palacios, Enrique Bremermann, Ed-

gar Echeverria, Julio Santos, Alfonso Milian, Rolando Cluss-
mann, Fulvio Echeverria, Carlos Alvarez, Raúl Valencia, Guillermo Camero, Carlos Valdéz, Mario A. Reyes

GÊNERO: Horror e pancadaria

SINOPSE: Os lutadores Blue Demon e Superzan vão visitar An-
tigua, no interior da Guatemala, a convite do colega Rodrigo. Na
cidade, eles se envolvem com o drama da namorada de Rodrigo,
Sofia, que precisa realizar uma série de ritos para salvar a alma de
seu falecido pai, que vendeu a dita cuja para o Diabo em uma
encarnação passada, e ainda se apossar de um enorme tesouro do
tempo dos conquistadores espanhois. Os ritos até que não seriam
tão difíceis, mas as sete múmias que vigiam o tesouro vão complicar bastante a situação.

COMENTÁRIOS: Esta aventura internacional de lutadores
mascarados mexicanos é uma extraordinária combinação de
aberrações, com um elenco medíocre (a começar pelos lutadores
protagonistas), uma produção paupérrima e uma história sem nenhum nexo ou elemento de interesse. Caso se tratasse de uma produção norte-americana, não resta dúvida de que estaria em boa
parte das listas dos piores filmes de todos os tempos.

AVALIAÇÃO: *

LA MANSIÓN DE LOS MUERTOS VIVIENTES

A MANSÃO DOS MORTOS-VIVOS

DIRETOR: Jess Franco [Jesus Franco]

PAÍS: Espanha

COMPANHIA PRODUTORA: Golden Films Internacional

ANO DE PRODUÇÃO: 1982

DURAÇÃO: 97'

IDIOMA ORIGINAL: Espanhol

PRODUÇÃO: Jesus Franco

ARGUMENTO: D. Khunne [Jesus Franco]

ROTEIRO: Jesus Franco

FOTOGRAFIA: Joan Almirall [Jesus Franco] [cor]

MONTAGEM: Jesus Franco

MÚSICA: Pablo Villa [Jesus Franco]

ELENCO: Candy Coster [Lina Romay], Robert Foster [Antonio Mayans], Mabel Escaño, Albino Graziani, Mamie Kaplan, Jasmina Bell, Eva León

GÊNERO: Horror erótico

SINOPSE: Quatro garçonetes alemãs reúnem suas gorjetas e vão passar as férias em um luxuoso hotel das ilhas Canárias. Porém, estranhamente, o hotel (assim como tudo nas redondezas) parece estar completamente deserto, com exceção do gerente e de um jardineiro bizarro. Logo, as moças vão descobrir que o belo hotel está servindo de fachada para as atividades de um culto satânico, ligado aos inquisidores que atuaram na ilha durante o século 18.

COMENTÁRIOS: Desperdício de belas locações, com alguma nudez e lesbianismo.

AVALIAÇÃO: **

MANSQUITO / MOSQUITOMAN

MosquitoMan

DIRETOR: Tibor Takacs

PAÍS: Alemanha

COMPANHIA PRODUTORA: Equity Pictures Medienfonds

ANO DE PRODUÇÃO: 2004

DURAÇÃO: 92'

IDIOMA ORIGINAL: Inglês

PRODUÇÃO: Boaz Davidson, Ken Badish, David Varod

ARGUMENTO: Boaz Davidson, Ray Cannella, Ken Badish

ROTEIRO: Mike Hurst

FOTOGRAFIA: Emil Topuzov [cor]

MONTAGEM: Ellen Fine

MÚSICA: Joseph Conlan, Sophia Morizet (supervisão: Ashley Miller)

ELENCO: Corin Nemec, Musetta Vander, Matthew Jordon [Matthew Austin Jordan], Patrick Dreikhaus [Patrick Dreikauss], Jay Benedict, Christa Campbell, Ivo Tonchev, Vladimir Nikolov, Dimitir Spasov, Ivan Urukov, Cara McDermott, Peter Mechkov, Jonas Tlakington, Gvenga Akunkova, Mariana Stanicheva, Vasil Bojanski, Nikolay Iliev, Harry Anichkin, Birislav Iliev, Velizar Peev, Hristo Mitzkanov, Michaela Marinova, Jude Isa, Jane Badeyaleo, Tesfaye Mohary, Michael Ozondes, Franklin Vallette, Atanas Srebrev, Velizar Binev, Eduard McDermott, Ulian Vergov, Robert Anista, Svilena Kidess, Mattew Brunwasser, Petia Silianova, Kitodar Todorov, Valentin Stoyanov, Antony Argirov, Jordan Bikov

GÊNERO: Horror e ficção científica

SINOPSE: Os Estados Unidos estão sendo assolados por um vírus transmitido pela picada de mosquitos, que está matando milhares de pessoas. Na pressa de desenvolver uma vacina, o ambicioso diretor de um grande laboratório de pesquisas consegue a cessão de um criminoso condenado, Ray Erickson, para servir como cobaia humana. Porém, ao chegar ao laboratório, Ray consegue escapar e vai parar justamente no setor onde estão sendo realizadas mutações genéticas nos mosquitos, a fim de torná-los inócuos. Com o tiroteio, as instalações são destruídas e Ray é contaminado com o DNA dos mosquitos mutantes, transformando-se em uma aberração monstruosa e sanguinária.

COMENTÁRIOS: A história mais do que desgastada (claramente inspirada no clássico "The fly") junta-se ao elenco de segunda linha e à total falta de inspiração do diretor, para gerar um filmeco mais aberrante que o tal Homem Mosquito. Locações na Bulgária.

AVALIAÇÃO: **

MARK OF THE VAMPIRE

A MARCA DO VAMPIRO

DIRETOR: Tod Browning

PAÍS: Estados Unidos

COMPANHIA PRODUTORA: Metro-Goldwyn-Mayer

ANO DE PRODUÇÃO: 1935

DURAÇÃO: 60'

IDIOMA ORIGINAL: Inglês

PRODUÇÃO: Tod Browning

ROTEIRO: Guy Endore, Bernard Schubert

FOTOGRAFIA: James Wong Howe [p&b]

MONTAGEM: Ben Lewis

MÚSICA: Edward Ward (?)

ELENCO: Lionel Barrymore, Elizabeth Allan, Bela Lugosi, Lionel Atwill, Jean Hersholt, Henry Wadsworth, Donald Meek, Jessie Ralph, Ivan Simpson, Franklyn Ardell, Leila Bennett,

June Gittelson, Carol Borland, Holmes Herbert, Michael Visaroff

GÊNERO: Horror

SINOPSE: Na Tchecoslováquia, um nobre é misteriosamente assassinado e algumas pessoas ligadas a ele suspeitam de um ataque de vampiros. Com a ajuda de um especialista em fenômenos do além, um inspetor de polícia investiga o caso, enquanto tenta proteger a filha da vítima de uma ameaça desconhecida.

COMENTÁRIOS: Refilmagem do clássico (hoje desaparecido) "London after midnight", de 1927.

AVALIAÇÃO: ***

MARS ATTACKS!

Marte ataca!

DIRETOR: Tim Burton

PAÍS: Estados Unidos

COMPANHIA PRODUTORA: Warner Bros.

ANO DE PRODUÇÃO: 1996

DURAÇÃO: 106'

IDIOMA ORIGINAL: Inglês

PRODUÇÃO: Tim Burton, Larry Franco

ARGUMENTO: Jonathan Gems (or: "The Topps Company")

ROTEIRO: Jonathan Gems

FOTOGRAFIA: Peter Suschitzky [cor]

MONTAGEM: Chris Lebenzon

MÚSICA: Danny Elfman

ELENCO: Jack Nicholson, Glenn Close, Annette Bening, Pierce

Brosnan, Danny DeVito, Martin Short, Sarah Jessica Parker, Michael J. Fox, Rod Steiger, Tom Jones, Lukas Haas, Natalie Portman, Jim Brown, Lisa Marie, Sylvia Sidney, Christina Applegate, Joe Don Baker, Pam Grier, Paul Winfield, Jack Black, Brian Haley, O-Lan Jones, Janice Rivera, Ray J, Brandon Hammond, Jerzy Skolimowski, Timi Prulhiere, Barbet Schroeder, Chi Hoang Cai, Tommy Bush, Joseph Maher, Gloria M. Malgarini, Betty Bunch, Gloria Hoffmann, Willie Garson, John Roselius, Michael Reilly Burke, Valerie Wildman, Richard Irving, Jonathan Emerson, Tamara 'Gingir' Curry, Rebecca Broussard, Vinny Argiro, Steve Valentine, Coco Leigh, Jeffrey King, Enrique Castillo, Don Lamoth, C. Wayne Owens, Joseph Patrick Moynihan, Roger Peterson, John Finnegan, Ed Lambert, John Gray, Gregg Daniel, J. Kenneth Campbell, Jeanne Mori, Rance Howard, Richard Assad, Velletta Carlson, Kevin Mangan, Rebeca Silva, Josh Weinstein, Juian Barnes, Ken Thomas, Darelle Porter Holden, Cristi Black, Sharon Hendrix, Frank W. Welker (voz)

GÊNERO: Comédia de ficção científica

SINOPSE: O governo norte-americano recebe a notícia de que uma esquadrilha de naves espaciais marcianas se dirige para a Terra. Apesar das advertências dos militares, o presidente Dale acredita que a visita é de paz e prepara seu povo para o contato amistoso com os alienígenas (que nunca haviam sido detectados, já que habitavam o subsolo do planeta vermelho). Os marcianos aterrizam e, durante a recepção, atacam a multidão e realizam um massacre, pondo-se em fuga. Mesmo com as manifestações inamistosas, o presidente insiste em contatar os marcianos pacificamente, mas estes iniciam um ataque em massa ao nosso planeta.

COMENTÁRIOS: Com um elenco cheio de estrelas (até o cantor Tom Jones vira herói de ação), o filme é muito divertido e aproveita com inteligência os efeitos especiais (principalmente com os

marcianos, num excelente trabalho de animação computadori-
zada). Sem ser uma comédia brilhante, é, entretanto, um excelente passatempo (é bom ver este tema tratado como merece, ou
seja, sem a menor seriedade).

AVALIAÇÃO: ***

MÁS NEGRO QUE LA NOCHE

DIRETOR: Carlos Enrique Taboada

PAÍS: México

COMPANHIA PRODUTORA: Conacine / Sindicato de Traba-
jadores de la Producción Cinematografica de la Republica Mexicana

ANO DE PRODUÇÃO: 1975

DURAÇÃO: 102'

IDIOMA ORIGINAL: Espanhol

ROTEIRO: Carlos Enrique Taboada

FOTOGRAFIA: Daniel Lopez [cor]

MONTAGEM: Carlos Savage

MÚSICA: Raul Lavista

ELENCO: Claudia Islas, Susana Dosamantes, Lucia Mendez,
Helena Rojo, Pedro Armendariz [Pedro Armendariz Jr.], Julian
Pastor, Alicia Palacios, Tamara Garina, Enrique Ponton

GÊNERO: Drama de suspense e horror

SINOPSE: Ofélia, uma jovem atriz, vive com três amigas em um
apartamento alugado, até o dia em que recebe a notícia de que
herdou uma grande propriedade de sua tia Susana, que ela não
via desde que era criança. Logo, Ofélia e suas amigas vão morar

no casarão, que é isolado e cheio de elementos decorativos bizarros, além de contar com uma criada bastante tenebrosa. Como única recomendação, a falecida pedira a Ofélia que cuidasse do seu gato preto de estimação, Bequer, único ser que ela realmente (e sabiamente) amava. Porém, como as amigas de Ofélia detestam gatos, elas se descuidam de Bequer e ele aparece morto. No entanto, os maus tratos ao felino custarão caro às moças, já que o fantasma da velha Susana volta para se vingar.

COMENTÁRIOS: Filme de baixo orçamento, com poucas cenas de tensão e nenhum efeito especial.

AVALIAÇÃO: ***

MATADOURO

Matadouro

DIRETOR: Carlos Júnior

PAÍS: Brasil

COMPANHIA PRODUTORA: ?

ANO DE PRODUÇÃO: 2012

DURAÇÃO: 71'

IDIOMA ORIGINAL: Português

PRODUÇÃO: Carlos Júnior

ARGUMENTO: Carlos Júnior

ROTEIRO: Carlos Júnior

FOTOGRAFIA: [cor]

MONTAGEM: Carlos Júnior

MÚSICA: Carlos Júnior (incidental)

ELENCO: Daisy Cris, Juliano Pires, Robson Mosquim, Carlos Júnior, Fabíola Antico, Bruno Diego, Kauane dos Santos, Mylena Vendramini

GÊNERO: Drama de horror

SINOPSE: Cinco jovens – três rapazes e duas moças – estão fazendo uma viagem de automóvel quando o veículo enguiça em plena estrada. Uma das garotas entra no mato e desaparece, sendo seguida por um dos rapazes. Logo, os cinco são capturados por um psicopata sádico, que os leva para um celeiro onde os submete a bárbaras torturas.

COMENTÁRIOS: O filme – uma produção amadora – utiliza o recurso do *found footage* (com imagens que simulam uma filmagem caseira) e tem um enredo bastante simplório. Na primeira metade do filme, os personagens não param de rir, e na segunda eles não param de chorar e gritar histericamente. É o primeiro longa de Carlos Júnior.

AVALIAÇÃO: **

MATADOURO – PT. 2: PRELÚDIO

MATADOURO – PT. 2: PRELÚDIO

DIRETOR: Carlos Júnior

PAÍS: Brasil

COMPANHIA PRODUTORA: CJr.

ANO DE PRODUÇÃO: 2013

DURAÇÃO: 72'

IDIOMA ORIGINAL: Português

PRODUÇÃO: Josiane Antico, Daisy Cris, Mara Lúcia Tavares, Carlos Júnior

ARGUMENTO: Carlos Júnior

ROTEIRO: Carlos Júnior

FOTOGRAFIA: [cor]

MONTAGEM: Carlos Júnior

MÚSICA: Carlos Júnior (incidental)

ELENCO: Fabíola Antico, Thiago dos Santos, Ana Carolina, Carlos César Gonçalves, Cammila Sanches, Leandro Martins, Brunno Alexandre, Kelly Andrade, DW Douglas, Maicon Amaral, Bruno Henrique Gordon, Ricardo Araújo, Fernando Novaes, Ailton Ricardo, Stephanie Berlini, Laura Marafanti, Bruno Diego, Lucas Zanata

GÊNERO: Drama de horror em estilo "found footage"

SINOPSE: Um grupo de jovens descerebrados se reúne para uma grande festa de Natal em um sítio bastante remoto. Porém, a festinha – movida a álcool e drogas – só começa a ficar animada quando um psicopata passa a agir, submetendo a rapaziada a uma longa sessão de tortura e mortes.

COMENTÁRIOS: Sequência – ou, mais precisamente, prequel – de "Matadouro", realizado pelo mesmo diretor em 2012.

AVALIAÇÃO: **

MATANGO / ATTACK OF THE MUSHROOM PEOPLE

MATANGO, A ILHA DA MORTE

DIRETOR: Ishiro Honda

PAÍS: Japão

COMPANHIA PRODUTORA: Toho

ANO DE PRODUÇÃO: 1963

DURAÇÃO: 89'

IDIOMA ORIGINAL: Japonês

PRODUÇÃO: Tomoyuki Tanaka

ARGUMENTO: William Hope Hodgson

ROTEIRO: Takeshi Kimura

FOTOGRAFIA: Hajime Koizumi [cor]

MONTAGEM: Reiko Kaneko

MÚSICA: Sadao Bekku

ELENCO: Akira Kubo, Kumi Mizuno, Hiroshi Koizumi, Kenji Sahara, Hiroshi Tachikawa, Yoshio Tsuchiya, Miki Yashiro

GÊNERO: Drama de horror

SINOPSE: Rico empresário está levando um grupo de amigos para um passeio no seu iate quando uma tempestade deixa o barco à deriva. Os sete vão parar em uma ilha deserta, onde se instalam na carcaça de um navio que também naufragou por ali. Ao mesmo tempo em que a falta de comida vai dificultando o relacionamento entre os náufragos, eles têm de enfrentar uma estranha e sedutora ameaça que parece assombrar a ilha.

COMENTÁRIOS: Embora seja apresentado como um filme de horror, trata-se bem mais de um drama de relacionamento, mostrando como uma situação de desespero dissolve a fina camada de civilidade que recobre os seres humanos. A parte propriamente horrorífica é bastante fraca, com toscos monstros-cogumelo tentando conquistar a adesão – e o paladar – de humanos refratários.

AVALIAÇÃO: **

THE MATRIX

Matrix

DIRETOR: "The Wachowski Brothers" [Andy Wachowski, Larry Wachowski]

PAÍS: Estados Unidos

COMPANHIA PRODUTORA: Silver Pictures

ANO DE PRODUÇÃO: 1999

DURAÇÃO: 136'

IDIOMA ORIGINAL: Inglês

PRODUÇÃO: Joel Silver, Dan Cracchiolo

ARGUMENTO: "The Wachowski Brothers" [Andy Wachowski, Larry Wachowski]

ROTEIRO: "The Wachowski Brothers" [Andy Wachowski, Larry Wachowski]

FOTOGRAFIA: Bill Pope [cor]

MONTAGEM: Zach Staenberg

MÚSICA: Don Davis

ELENCO: Keanu Reeves, Laurence Fishburne, Carrie-Anne Moss, Hugo Weaving, Gloria Foster, Joe Pantoliano, Marcus Chong, Paul Goddard, Robert Taylor, Julian Arahanga, Matt Doran, Belinda McClory, Anthony Ray Parker, David Aston, Marc Gray, Ada Nicodemou, Deni Gordon, Rowan Witt, Elenor Witt, Tamara Brown, Janaya Pender, Adryn White, Natalie Tjen, Bill Young, David O'Connor, Jeremy Ball, Fiona Johnson, Harry Lawrence, Steve Dodd, Luke Quinton, Lawrence Woodward, Michael Butcher, Bernie Ledger, Robert Simper, Chris Scott, Nigel Harbach, Martin Grelis

GÊNERO: Ficção científica

SINOPSE: Thomas Anderson é um comportado funcionário de uma empresa de informática que nas horas vagas atua como hacker, sob o pseudônimo de Neo. Um dia, ele é procurado pela bela Trinity – também uma *hacker* – que se oferece para pô-lo em contato com Morpheus, líder de uma organização de hackers. Neo, um rebelde por natureza, vai encontrar-se com Morpheus, que lhe revela um extraordinário segredo: o mundo em que ele vive é apenas uma projeção manipulada por um sistema de computadores, já que o planeta foi dominado por máquinas há mais de um século. A fim de se suprirem com energia, as máquinas criam seres humanos em uma ciclópica rede de casulos, usando a realidade virtual para alimentar seus cérebros. Libertando-se de seu casulo, Neo vai viver na nave espacial de Morpheus, juntamente com os outros membros da organização. Dispondo de um sistema de computadores, Morpheus interfere frequentemente na matrix (o mundo virtual), sendo combatido por agentes criados pelas máquinas. Acreditando que Neo é o escolhido para libertar os seres humanos – de acordo com uma velha profecia – Morpheus prepara-o para combater as máquinas, ensinando-o a utilizar contra elas a sua própria realidade virtual.

COMENTÁRIOS: Clássico desde o seu lançamento, "Matrix" é sem dúvida uma das melhores produções americanas dos anos 90. O filme tem o notável mérito de combinar com perfeição o uso massivo de efeitos especiais, a ação violenta e ininterrupta e uma história inteligente e bem alinhavada (três características que raramente se misturam em qualquer cinema). Como se não bastasse, temos uma atuação convincente de Laurence Fishburn e a presença cativante de Carrie-Anne Moss (a revelação do filme, juntamente com a dupla de diretores). Um magnífico exemplo de que o cinema comercial não precisa ser necessariamente imbecil, repetitivo e vulgar.

AVALIAÇÃO: *****

Mega piranha

DIRETOR: Eric Forsberg

PAÍS: Estados Unidos

COMPANHIA PRODUTORA: The Asylum

ANO DE PRODUÇÃO: 2010

DURAÇÃO: 93'

IDIOMA ORIGINAL: Inglês

PRODUÇÃO: David Michael Latt

ARGUMENTO: Eric Forsberg

ROTEIRO: Eric Forsberg

FOTOGRAFIA: Bryan Olinger [cor]

MONTAGEM: Bill Parker, Daniel Maldonado

MÚSICA: Chris Ridenhour

ELENCO: Paul Logan, Tiffany, David Labiosa, Barry Williams, Jude Gerard Prest, Jesse Daly, Cooper Harris, William Morse, Clint Browning, Matt Lagan, Jonathan Nation, Jesel Ortloff, Lola Forsberg, Jillian Easton, Joseph Porter, Robert Don, Anthony Wemyss, Alejandro Tierno, Myles Cranford, Jay Beyers, Eric Forsberg, Carl Watts, Ryan Sherman, Natalie Nastulozykova, Fernando Huc, Edward Flores, Sal Rodriguez, Nick Garrison, Gregory Paul Smith, John Napoleon, David Dustin Kenyon, Anthony Casasda, Norman Boara, Jason Young, Denry Lopez, Jason Ferguson, Gary Stephens, Sydney Richards, Rudolph Neal Jr., Stanley Reneav, George Griffith, Gilroy Thurton, Louis Jones, Jason Thurton, Isaac Stephens, Kathryn Fernandez, Anthony Rodriguez, Arthur Romeo, Ray Mirabal, Fernando Reynoso, Edward Flores, Steven Roughan,

Walter Rodriguez, Claudia Botero, Veronica Marin, Ryan Robinson, Fabio A. Ortega, David Gutierrez, Mark Martene, Jonathan Gomez, Carlos Escobar, Diana K. Cabuto, Jim Fulton, Lizzy Allen, Adam Rady

GÊNERO: Ficção científica de monstros mutantes

SINOPSE: Durante um passeio de barco pelo rio Orinoco, na Amazônia venezuelana, o embaixador norte-americano e seus acompanhantes são assassinados. Como as autoridades da Venezuela são ridículas e incompetentes, já que foram escolhidas pelo Hugo Chavez, o governo ianque envia um de seus superagentes, Jason Fitch, para investigar o caso. Porém, Fitch logo vai descobrir que não está lidando com simples terroristas sanguinários ou fanáticos genocidas. Através de uma bióloga, que é sua compatriota, o agente fica sabendo que o responsável pela matança foi um cardume de piranhas mutantes, produto de experiências genéticas destinadas a aumentar o tamanho dos peixes para melhorar a alimentação da população bolivariana. Como a experiência foi feita com *know-how* norte-americano, os resultados foram muito além dos esperados e as piranhas saíram de controle, entrando em um perigoso processo de crescimento que pode levá-las a devorar toda a humanidade.

COMENTÁRIOS: Mais um dos insanos telefilmes de monstros feitos para o canal Syfy, com um enredo cheio de clichês e efeitos especiais inacreditáveis. Locações em Belize.

AVALIAÇÃO: **

MEN IN BLACK

MIB – Homens de preto

DIRETOR: Barry Sonnenfeld

PAÍS: Estados Unidos

COMPANHIA PRODUTORA: Amblin Entertainment / Mac-
Donald Parkes Productions

ANO DE PRODUÇÃO: 1997

DURAÇÃO: 98'

IDIOMA ORIGINAL: Inglês

PRODUÇÃO: Walter F. Parkes, Laurie MacDonald (coprodutor: Graham Place)

ARGUMENTO: Lowell Cunningham

ROTEIRO: Ed Solomon

FOTOGRAFIA: Don Peterman [cor]

MONTAGEM: Jim Miller

MÚSICA: Danny Elfman

ELENCO: Tommy Lee Jones, Will Smith, Linda Fiorentino,
Vincent D'Onofrio, Rip Torn, Tony Shalhoub, Siobhan Fallon,
Mike Nussbaum, Jon Gries, Sergio Calderón, Carel Struycken,
Fredric Lane, Richard Hamilton, Kent Faulcon, John Alexan-
der, Keith Campbell, Ken Thorley, Patrick Breen, Becky Ann
Baker, Sean Whalen, Harsh Nayyar, Michael Willis, Willie C.
Carpenter, Peter Linari, David Cross, Charles C. Stevenson Jr.,
Boris Leskin, Steve Rankin, Andy Prosky, Michael Goldfinger,
Alpheus Merchant, Norma Jean Groh, Bernard Gilkey, Sean
Plummer, Michael Kaliski, Richard Arthur, Debbie Lee Carring-
ton, Verne Troyer, Mykal Wayne Williams, Tim Blaney (voz)

GÊNERO: Comédia de ficção científica

SINOPSE: James é um jovem policial que, após perseguir tenaz-
mente um estranho marginal, recebe um convite para participar
de um teste para agentes de um programa altamente secreto, do
qual ele não sabe absolutamente nada. Ele é aprovado e vai tra-

balhar na MIB, uma agência secreta de monitoramento das atividades dos extraterrestres, que há longos anos estão asilados na Terra, fazendo-se passar por cidadãos normais. Junto com seu parceiro e treinador, o agente Kay, ele terá que enfrentar a ameaça de um ataque de terríveis vilões alienígenas.

COMENTÁRIOS: Bons efeitos especiais e muito bom humor são as características deste interessante espetáculo, baseado nos quadrinhos da Marvel.

AVALIAÇÃO: ***

MEN IN BLACK II

MIB – HOMENS DE PRETO II

DIRETOR: Barry Sonnenfeld

PAÍS: Estados Unidos

COMPANHIA PRODUTORA: Amblin Entertainment / MacDonald Parkes Productions

ANO DE PRODUÇÃO: 2002

DURAÇÃO: 88'

IDIOMA ORIGINAL: Inglês

PRODUÇÃO: Walter F. Parkes, Laurie MacDonald (coprodutor: Graham Place)

ARGUMENTO: Robert Gordon (or: Lowell Cunningham)

ROTEIRO: Robert Gordon, Barry Fanaro

FOTOGRAFIA: Greg Gardiner [cor]

MONTAGEM: Steven Weisberg, Richard Pearson

MÚSICA: Danny Elfman

ELENCO: Tommy Lee Jones, Will Smith, Lara Flynn Boyle, Johnny Knoxville, Rosario Dawson, Tony Shalhoub, Patrick Warburton, Jack Kehler, Rip Torn, David Cross, Colombe Jacobsen, Peter Spellos, Michael Rivkin, Michael Bailey Smith, Lenny Venito, Howard Spiegel, Alpheus Merchant, Jay Johnston, Joel McKinnon Miller, Derek Cecil, Sean Rouse, Peter Spruyt, Kevin Cotteleer, Marty Belafsky, Rick Baker, Martha Stewart, Michael Jackson, Sid Garza-Hillman, Tom Whitenight, Nick Cannon, Andre Blair, Jeremy Howard, Mary Stein, Marty Klebba, John Alexander, Denise Cheshire, Ernie Grunwald, Chloe Sonnenfeld, John Berton, William E. Jackson, Doug Jones, Biz Markie, Peter Graves, Linda Kim, Paige Brooks, Stephanie Kemp, Barry Sonnenfeld, Victoria Jones, Michael Garvey, Michael Dahlen, Kevin Grevioux, Derek Mears, Sonny Tipton, John Richardson, Philip Goodwin, Tim Blaney (voz)

GÊNERO: Comédia de ficção científica

SINOPSE: Ameaçados por uma poderosa alienígena, os Homens de Preto são obrigados a recrutar novamente o agente K, aposentado e "amnesiado" na primeira aventura. Junto com seu parceiro, o agente J, K vai buscar uma misteriosa pedra interplanetária que pode destruir a Terra se não for enviada de volta ao seu planeta natal.

COMENTÁRIOS: Embora não tenha muitas novidades em relação ao primeiro filme, trata-se de um espetáculo muito simpático e divertido.

AVALIAÇÃO: ***

THE MEPHISTO WALTZ

BALADA PARA SATÃ

DIRETOR: Paul Wendkos

PAÍS: Estados Unidos

COMPANHIA PRODUTORA: QM Productions [Quinn Martin Productions]

ANO DE PRODUÇÃO: 1971

DURAÇÃO: 108'

IDIOMA ORIGINAL: Inglês

PRODUÇÃO: Quinn Martin

ARGUMENTO: Fred Mustard Stewart

ROTEIRO: Ben Maddow

FOTOGRAFIA: William W. Spencer [cor]

MONTAGEM: Richard Brockway

MÚSICA: Jerry Goldsmith

ELENCO: Alan Alda, Jacqueline Bisset, Barbara Parkins, Brad Dillman, William Windom, Kathleen Widdoes, Pamelyn Ferdin, Curt Lowens, Gregory Morton, Janee Michelle, Lilyan Chauvin, Khigh Dhiegh, Alberto Morin, Barry Kroeger, Terence Scammell, Curt Jurgens [Curd Jürgens]

GÊNERO: Horror satânico

SINOPSE: Myles Clarkson é um ex-pianista que, por insegurança, trocou sua promissora carreira pela crítica musical. Indo entrevistar o célebre Duncan Ely, tido como o maior pianista vivo, Myles é extraordinariamente bem recebido e logo se torna amigo íntimo dele e de sua bela filha Roxanne. Esta amizade desagrada bastante Paula, a esposa de Myles, que se sente pouco à vontade junto aos novos amigos, cheios de riqueza e de sofisticação decadente. Ely convence Myles a voltar a estudar piano, declarando-se entusiasmado com seu talento. Porém, as coisas são bem mais assustadoras do que parecem, já que Duncan e Roxanne são adoradores do Diabo e estão executando um plano para se aproveitar de Myles.

COMENTÁRIOS: Além de uma história interessante, o filme também se destaca pelo elenco, com a beleza sutil de Barbara Harris e a talentosa exuberância de Jacqueline Bisset. Aparte alguns furos de roteiro (facilmente abstraídos), trata-se de uma obra que merece atenção.

AVALIAÇÃO: ***

MESA OF LOST WOMEN

DIRETOR: Herbert Tevos, Ron Ormond

PAÍS: Estados Unidos

COMPANHIA PRODUTORA: Howco Productions

ANO DE PRODUÇÃO: 1952

DURAÇÃO: 69'

IDIOMA ORIGINAL: Inglês

PRODUÇÃO: Ron Ormond, G. William Perkins, Melvin Gordon

ARGUMENTO: Herbert Tevos

ROTEIRO: Herbert Tevos

FOTOGRAFIA: Kark Struss, Gil Warrenton [p&b]

MONTAGEM: Hugh Winn, Ray H. Lockert (supervisão: W. Donn Hayes)

MÚSICA: Hoy S. Curtin

ELENCO: Jackie Coogan, Allan Nixon, Richard Travis, Lyle Talbot (voz), Mary Hill, Robert Knapp, Tandra Quinn, Chris Pin Martin, Harmon Stevens, Nico Lek, Kelly Drake, John Martin, George Burrows, Candy Collins, Delores Fuller, Dean Reisner, Doris Lee Price, Mona McKinnon, Sherry Moreland, Ginger

Sherry, Chris Randall, Dianne Fortier, Karna Greene, June Benbow, Katina Vea, Fred Kelsey, Samuel Wu

GÊNERO: Horror

SINOPSE: Um famoso cientista, o dr. Leland Masterson, se oferece para trabalhar com o dr. Araña, um colega que tem ousadas teorias sobre o desenvolvimento glandular e instalou o seu laboratório subterrâneo secreto em meio ao infernal deserto mexicano. Porém, Leland enlouquece após conhecer as monstruosas experiências de Araña, um louco que desenvolveu uma técnica capaz de transplantar hormônios entre corpos, criando híbridos de mulheres e tarântulas com poderes sobre-humanos – e que pretende conquistar o mundo com a ajuda de suas cobaias aracnídeas gostosonas. Leland é internado em um hospício, mas consegue escapar, voltando para o deserto com o objetivo de destruir Araña e suas belas assistentes. Armado, ele ameaça a noiva de um milionário e obriga um grupo de pessoas a embarcarem com ele em um avião, que acaba caindo justamente nas proximidades do laboratório de Araña.

COMENTÁRIOS: Um dos grandes clássicos do cinema *trash*, este filme é presença frequente nas listas das piores produções cinematográficas de todos os tempos. Porém, no fundo, não é muito diferente de centenas de outros filmes baratos do mesmo período. O mais difícil de suportar é mesmo a insistente música de guitarra, que surge ao longo de toda a narrativa.

AVALIAÇÃO: **

MESSIAH OF EVIL

ZUMBIS DO MAL

DIRETOR: Willard Huyck

PAÍS: Estados Unidos

COMPANHIA PRODUTORA: V-M Production

ANO DE PRODUÇÃO: 1973

DURAÇÃO: 90'

IDIOMA ORIGINAL: Inglês

PRODUÇÃO: Gloria Katz

ROTEIRO: Willard Huyck, Gloria Katz

FOTOGRAFIA: Stephen Katz [cor]

MONTAGEM: Scott Conrad

MÚSICA: Phillan Bishop

ELENCO: Michael Greer, Mariana Hill, Royal Dano, Elisha Cook Jr., Joy Bang, Anitra Ford, Charles Dierkop, Bennie Robinson, Morgan Fisher, Emma Truckman, Dyanne Simon, Herb Margolis, Alex Michaels, Walter Hill, Laurie Charlap-Hyman, B. W. L. Norton

GÊNERO: Horror

SINOPSE: A jovem Arletty viaja para uma pequena localidade no litoral da Califórnia, Point Dune, a fim de procurar seu pai, o conhecido pintor Joseph lang, que instalou seu estúdio ali. O objetivo da viagem é saber o que está acontecendo com Joseph, que manifestou sérias perturbações em suas últimas cartas. Chegando à casa do pai, Arletty não o encontra, embora encontre um diário no qual Joseph revela estar sofrendo de um grave distúrbio físico e mental. Enquanto espera a volta do pai, Arletty faz amizade com Thom, um jovem playboy europeu que está em Point Dune em busca de informações sobre uma antiga lenda local, que anuncia a chegada próxima de um sacerdote satânico, que trará morte e destruição. Porém, o que Arletty ignora é que a lenda é verdadeira, já que os habitantes de Point Dune estão se transformando em mortos-vivos famintos de carne humana.

COMENTÁRIOS: Mistura de zumbis e satanismo, que desperdiça bons atores e um clima excepcional em uma narrativa com pouca ação e ainda menos emoção.

AVALIAÇÃO: ***

MISS MUERTE

(Cf. Le diabolique Docteur Z)

MONDO CANNIBALE

(Cf. Les cannibales)

MONSTER DOG

(Cf. Leviatán)

MOSQUITOMAN

(Cf. Mansquito)

A MULHER DO DESEJO (A casa das sombras)

A MULHER DO DESEJO (A CASA DAS SOMBRAS)

DIRETOR: Carlos Hugo Christensen

PAÍS: Brasil

COMPANHIA PRODUTORA: Carlos Hugo Christensen Produções Cinematográficas

ANO DE PRODUÇÃO: 1975

DURAÇÃO: 87'

IDIOMA ORIGINAL: Português

PRODUÇÃO: Carlos Hugo Christensen

ARGUMENTO: Carlos Hugo Christensen (or: Nathaniel Hawthorne, Samuel Taylor Coleridge)

ROTEIRO: Carlos Hugo Christensen (diálogos: Orígenes Lessa)

FOTOGRAFIA: Antonio Gonçalves [cor]

MONTAGEM: Waldemar Noya

MÚSICA: Richard Wagner

ELENCO: José Mayer, Vera Fajardo, Palmira Barbosa, José Luiz Nunes, Neimar Fernandes, Ary Fontenelle, Ezequias Marques, Lígia Lira

GÊNERO: Drama de horror sobrenatural

SINOPSE: Marcelo, um jovem bancário belo-horizontino um tanto canastrão, fica surpreso ao receber a notícia de que herdou toda a fortuna de um velho tio que ele mal conhecia. Por exigência testamentária, ele muda-se com sua esposa Sônia para o casarão do falecido, em Ouro Preto, ignorando que está sendo vítima de uma diabólica armadilha satânica. Aos poucos, o rapaz vai sendo possuído pela alma penada do tio, que pretende ressuscitar e ainda apoderar-se de Sônia (que se parece muito com a mulher que ele mais amou quando estava vivo).

COMENTÁRIOS: Como é mencionado nos créditos, trata-se de um filme "inspirado num apontamento de Nathaniel Hawthorne e numa frase de Samuel Taylor Coleridge". Locações em Ouro Preto (MG).

AVALIAÇÃO: ***

THE MUMMY

A MÚMIA

DIRETOR: Karl Freund

PAÍS: Estados Unidos

COMPANHIA PRODUTORA: Universal Pictures

ANO DE PRODUÇÃO: 1932

DURAÇÃO: 73'

IDIOMA ORIGINAL: Inglês

PRODUÇÃO: Carl Laemmle Jr.

ARGUMENTO: Nina Wilcox Putnam, Richard Schayer

ROTEIRO: John L. Balderston

FOTOGRAFIA: Charles Stumar [p&b]

MONTAGEM: Milton Carruth

MÚSICA: James Dietrich (?)

ELENCO: Boris Karloff, Zita Johann, David Manners, Arthur Byron, Edward Van Sloan, Bramwell Fletcher, Noble Johnson, Kathryn Byron, Leonard Mudie, James Crane, Henry Victor

GÊNERO: Horror

SINOPSE: Nos anos 1920, um arqueólogo inglês consegue encontrar uma peça de extrema raridade: a múmia do sacerdote Imhotep, enterrada há 3700 anos. Porém, junto com ela está o pergaminho com o encantamento através do qual Ísis devolveu a vida a Osíris. Inadvertidamente, um dos assistentes do arqueólogo traduz o documento e ressuscita a múmia, que foge com o pergaminho. Dez anos depois, Frank, filho do mesmo arqueólogo, está realizando suas pesquisas e se prepara para deixar o Egito, quando recebe a visita de um homem misterioso, que lhe traz indicações sobre a localização de um túmulo. De fato, Frank segue as dicas e encontra a tumba da princesa Anck, também com 3700 anos. Na verdade, o homem misterioso é o próprio Imhotep, que fôra amaldiçoado por ter tentado ressuscitar a princesa, sua amada. Quando Imhotep tenta ressuscitar novamente Anck, ele descobre que a alma da moça está reencarnada em Helen, uma jovem anglo-egípcia.

COMENTÁRIOS: Este clássico pode ser considerado o protótipo dos filmes de múmia, estabelecendo toda uma mitologia cinematográfica que ainda persiste.

AVALIAÇÃO: *****

THE MUMMY

A MÚMIA

DIRETOR: Terence Fisher

PAÍS: Inglaterra

COMPANHIA PRODUTORA: Hammer Film Productions

ANO DE PRODUÇÃO: 1959

DURAÇÃO: 88'

IDIOMA ORIGINAL: Inglês

PRODUÇÃO: Michael Carreras

ROTEIRO: Jimmy Sangster

FOTOGRAFIA: Jack Asher [cor]

MONTAGEM: Alfred Cox (supervisão: James Needs)

MÚSICA: Franz Reizenstein (supervisão: John Hollingsworth)

ELENCO: Peter Cushing, Christopher Lee, Yvonne Furneaux, Felix Aylmer, Raymond Huntley, Eddie Byrne, George Pastell, Michael Ripper, George Woodbridge, Harold Goodwin, Denis Shaw, Gerald Lawson, Willoughby Gray, John Stuart, David Browning, Frank Sieman, Stanley Meadows, Frank Singuineau

GÊNERO: Drama de horror

SINOPSE: Egito, 1895: O arqueólogo Stephen Banning, juntamente com seu irmão e seu filho John, encontra a tumba de Ananka, uma sacerdotisa do deus Karnak. Porém, logo depois, ele é vítima de um estranho ataque de loucura e tem de voltar à Inglaterra, ficando internado em um hospício. Três anos depois, Mehemet Bey, adorador de Karnak, chega à Inglaterra em busca de vingança contra os violadores da sepultura de Ananka. Valendo-se da múmia do sacerdote Kharis, revivida por um encantamento e dotada de poderes sobrehumanos, Bey providencia o assassinato de Stephen e de seu irmão. Porém, durante este último crime, a múmia é vista por John, que tenta inutilmente convencer as autoridades de que também está sob uma ameaça de morte.

COMENTÁRIOS: Dando início ao aproveitamento dos personagens adquiridos da Universal, a Hammer retoma a série Kharis & Ananka, com quatro filmes realizados na primeira metade dos anos 40. O maior problema é que a trama é extremamente previsível e a ação se arrasta mais do que a própria múmia. Christopher Lee pouco aparece (a não ser em um *flashback*) e o personagem de Peter Cushing é um mosca-morta que precisa da ajuda da própria esposa para salvar a pele.

AVALIAÇÃO: ***

THE MUMMY LIVES

VINGANÇA ETERNA / A MÚMIA VIVE

DIRETOR: Gerry O'Hara

PAÍS: Estados Unidos

COMPANHIA PRODUTORA: Global Pictures

ANO DE PRODUÇÃO: 1993

DURAÇÃO: 97'

IDIOMA ORIGINAL: Inglês

PRODUÇÃO: Harry Alan Towers (executivos: Yoram Globus, Christopher Pearce)

ARGUMENTO: Edgar Allan Poe

ROTEIRO: Nelson Gidding

FOTOGRAFIA: Avi Koren [cor]

MONTAGEM: Danny Shik

MÚSICA: Dov Seltzer

ELENCO: Tony Curtis, Greg Wrangler, Jack Cohen, Muhamed Bakri, Mosko Alkelai, Leslie Hardy, Moshe Ivgi, Yosi Chiloach, Uri Gavriel, Yigal Naor, Eli Danker, Yossi Graber, Charlie Buzaglo, Rafi Weinstock, Amos Lavie, Hashem Hasin, Uri Mauda, Rivka Bachar, Claud Aviram, Shmeul Amir, Johnny Arbit, Babi Neeman, Ayelet Gabai. Brad Adamson (voz), Allan Clow (voz), Madhuri Bhatia (voz), Adrian Truss (voz), Alex Roder (voz)

GÊNERO: Horror

SINOPSE: Um inescrupuloso magnata britânico está financiando uma pesquisa arqueológica no Egito, que resulta na descoberta da tumba de Aziru, um velho e poderoso sacerdote do deus Tot sepultado há milênios. Interessado em se apoderar de alguns tesouros, antes que as autoridades confisquem tudo, o milionário ordena a violação do túmulo, o que desperta o espírito de Aziru. Mumificado vivo, por ter profanado uma das favoritas de Tot — a bela Kia — Aziru quer recuperar as boas graças de seu deus, devolvendo-lhe a moça — que, por uma feliz coincidência, está reencarnada na jovem Sandra, uma turista americana que está visitando o Egito. Recuperando sua forma humana e assumindo o papel de dr. Mohassid — um especialista em antiguidades faraônicas — Aziru se aproxima de Sandra, ao mesmo tempo em que busca vingar-se daqueles que invadiram seu túmulo.

COMENTÁRIOS: Horror em duplo sentido, como gênero e como realização. O personagem da múmia sempre exerceu forte atração sobre o imaginário ocidental, principalmente a partir do século 19. Porém, sua representação cinematográfica sempre deixou muito a desejar, possivelmente devido à sua grande falta de expressividade. Esta história segue o enredo típico destas produções, sempre tendo como base o clássico filme de Karl Freund, de 1932, ao qual nada acrescenta — embora pretenda ter se inspirado no conto "Some words with a mummy", de Poe). Como detalhe interessante — e lamentável — a presença do veterano Tony Curtis no papel da múmia. Vale a pena refletir sobre o fato de um ator que trabalhou com Billy Wilder decair tanto a ponto de entrar em um lixo como este. Locações no Egito.

AVALIAÇÃO: **

O fantasma da múmia

DIRETOR: Reginald LeBorg

PAÍS: Estados Unidos

COMPANHIA PRODUTORA: Universal Pictures

ANO DE PRODUÇÃO: 1943

DURAÇÃO: 61'

IDIOMA ORIGINAL: Inglês

PRODUÇÃO: Ben Pivar

ARGUMENTO: Griffin Jay, Henry Sucher

ROTEIRO: Griffin Jay, Henry Sucher, Brenda Weisberg

FOTOGRAFIA: William Sickner [p&b]

MONTAGEM: Saul Goodkind

MÚSICA: H. J. Salter

ELENCO: John Carradine, Robert Lowery, Ramsay Ames, Barton MacLane, George Zucco, Lon Chaney [Lon Chaney Jr.], Frank Reicher, Harry Shannon, Emmett Vogan, Lester Sharpe, Claire Whitney, Oscar O'Shea

GÊNERO: Horror

SINOPSE: Os sacerdotes do templo de Arkham (que deveria se chamar Karnak, mas mudou de nome) enviam outro emissário aos Estados Unidos, com a missão de encontrar a múmia de Kharis, pretensamente destruída num incêndio. O sacerdote Yousef consegue reviver Kharis, pois deseja usá-lo para recuperar a múmia da princesa Ananka, exposta em um museu desde sua retirada do Egito. Porém, quando Yousef se apodera de Ananka, esta se desfaz em pó, já que sua alma encarnou no corpo de uma jovem estudante egípcia, que começa a apresentar estranhos sintomas de envelhecimento.

COMENTÁRIOS: Continuação de "The mummy's tomb" (1942), este terceiro exemplar da tetralogia tem um enredo quase idêntico ao do filme anterior.

AVALIAÇÃO: **

THE MUMMY'S HAND

A MÃO DA MÚMIA

DIRETOR: Christy Cabanne

PAÍS: Estados Unidos

COMPANHIA PRODUTORA: Universal Pictures

ANO DE PRODUÇÃO: 1940

DURAÇÃO: 67'

IDIOMA ORIGINAL: Inglês

PRODUÇÃO: Ben Pivar

ARGUMENTO: Griffin Jay

ROTEIRO: Griffin Jay, Maxwell Shane

FOTOGRAFIA: Elwood Bredell [p&b]

MONTAGEM: Philip Cahn

MÚSICA: H. J. Salter

ELENCO: Dick Foran, Peggy Moran, Wallace Ford, Eduardo Ciannelli, George Zucco, Cecil Kelloway, Charles Trowbridge, Tom Tyler, Siegfried Arno, Eddie Foster, Harry Stubbs, Michael Mark, Mara Tartar, Leon Belasco

GÊNERO: Horror

SINOPSE: No Cairo, o arqueólogo americano Steve Banning está desempregado, sem dinheiro e pronto para voltar para seu país com o rabo entre as pernas. Por acaso, ele encontra num bazar um velho vaso quebrado. Acreditando que ele contém a indicação do túmulo perdido da princesa Ananka, o arqueólogo corre ao museu local para falar com o diretor, dr. Andoheb, que o recebe friamente e desqualifica sua descoberta. Apesar disso, Banning associa-se a um mágico americano, Solvani, que aceita patrocinar suas escavações em troca de uma parte do tesouro da tumba. Porém, o que Banning ignora é que Andoheb tem uma vida dupla, atuando também como sacerdote do templo secreto de Karnak, com a missão de proteger o túmulo da princesa Ananka dos saqueadores ianques e europeus.

COMENTÁRIOS: Primeiro filme da tetralogia Kharis & Ananka, as múmias românticas da Universal. Esta história pouco tem a ver com o clássico de Karl Freund, realizado em 1932, sendo muito mais uma comédia do que propriamente um filme de terror. O mais curioso – nesta produção B de baixíssimo orçamento e ainda menor criatividade – é o fato de que o vilão seja um homem interessado em proteger o patrimônio de seus antepassados, enquanto os heróis são meros aventureiros saqueadores de tumbas.

AVALIAÇÃO: **

THE MUMMY'S TOMB

A TUMBA DA MÚMIA

DIRETOR: Harold Young

PAÍS: Estados Unidos

COMPANHIA PRODUTORA: Universal Pictures

ANO DE PRODUÇÃO: 1942

DURAÇÃO: 71'

IDIOMA ORIGINAL: Inglês

PRODUÇÃO: Ben Pivar

ARGUMENTO: Neil P. Varnick

ROTEIRO: Griffin Jay, Henry Sucher

FOTOGRAFIA: George Robinson [p&b]

MONTAGEM: Milton Carruth

MÚSICA: H. J. Salter

ELENCO: Lon Chaney [Lon Chaney Jr.], Dick Foran, John Hubbard, Elyse Knox, George Zucco, Wallace Ford, Turhan Bey, Virginia Brissac, Cliff Clark, Mary Gordon, Paul E. Burns, Frank Reicher, Emmett Vogan

GÊNERO: Horror

SINOPSE: 20 anos depois das suas aventuras no Egito, o arqueólogo Steve Banning é um pacato viúvo, gozando da fortuna obtida com a descoberta da tumba da princesa Ananka. Porém, o sacerdote Andoheb não morreu de fato e ainda conserva a múmia de Kharis, encarregando seu sucessor de levá-la para os Estados Unidos, a fim de vingar-se de Steve e de seus descendentes amaldiçoados. O novo sacerdote de Karnak instala-se como zelador de um cemitério, próximo à mansão de Banning, e Kharis logo liquida com o veterano arqueólogo. O caso repercute na cidade e Babe Hanson comparece ao enterro de seu velho companheiro. Babe desconfia da culpabilidade da múmia de Kharis e convence disso o filho de Stephen, John, embora seja motivo de chacota das autoridades. Porém, logo a velha tia de John e Babe também são assassinados, levando o pânico à comunidade.

COMENTÁRIOS: Sequência de "The mummy's hand" (1940), com uma história ainda mais medíocre e uma produção ainda mais rampeira.

AVALIAÇÃO: **

MUNSTER, GO HOME!

MONSTROS, NÃO AMOLEM!

DIRETOR: Earl Bellamy

PAÍS: Estados Unidos

COMPANHIA PRODUTORA: Universal Pictures

ANO DE PRODUÇÃO: 1966

DURAÇÃO: 96'

IDIOMA ORIGINAL: Inglês

PRODUÇÃO: Joe Connelly, Bob Mosher

ROTEIRO: George Tibbles, Joe Connelly, Bob Mosher

FOTOGRAFIA: Benjamin H. Kline [cor]

MONTAGEM: Bud S. Isaacs

MÚSICA: Jack Marshall

ELENCO: Fred Gwynne, Yvonne de Carlo, Al Lewis, Butch Patrick, Debbie Watson, Terry-Thomas, Hermione Gingold, Robert Pine, John Carradine, Bernard Fox, Richard Dawson, Jeanne Arnold, Maria Lennard, Cliff Norton, Diana Chesney, Arthur Malet, Ben Wright

GÊNERO: Comédia de terror

SINOPSE: Ao ser comunicado de que herdou um castelo na Inglaterra, além de um título de nobreza, Herman Monstro resolve pegar a família e ir visitar seus novos domínios. Porém, o castelo é ocupado por outros parentes de lorde Monstro, que desejam afastar qualquer intruso. Isso se deve ao fato de que lady Effigie e seus dois filhos utilizam os subterrâneos do castelo como uma gráfica clandestina que imprime dinheiro falso. O plano inicial de lady Effigie é assustar a família Monstro, até que ela descobre com quem está lidando.

COMENTÁRIOS: Aventura cinematográfica com a família Monstro (*The Munsters*), personagens de uma clássica série de TV produzida entre 1964 e 1966. Ao contrário da sua versão televisiva — em preto e branco e bastante modesta — o filme investe na cor e em cenários variados. Porém, a história segue de perto o fundamento da série: uma típica família pequeno-burguesa, só que composta por criaturas monstruosas, que vivem em negativo os valores e padrões de beleza da sociedade norte-americana.

AVALIAÇÃO: ***

MURDER BY TELEVISION

Assassinato pela televisão

DIRETOR: Clifford Sanforth

PAÍS: Estados Unidos

COMPANHIA PRODUTORA: Cameo Pictures Corporation

ANO DE PRODUÇÃO: 1935

DURAÇÃO: 60'

IDIOMA ORIGINAL: Inglês

PRODUÇÃO: William M. Pizor

ARGUMENTO: Clarence Hennecke, Carl Coolidge

ROTEIRO: Joseph O'Donnell

FOTOGRAFIA: James Brown Jr., Arthur Reed [p&b]

MONTAGEM: Leslie Wilder

MÚSICA: Oliver Wallace

ELENCO: Bela Lugosi, June Collyer, Huntly Gordon, George Meeker, Henry Mowbray, Charles Hill Mailes, Claire McDowell, Hattie McDaniel, Allan Jung, Charles K. French, Larry Francis, Henry Hall, William 'Billy' Sullivan, William Tooker

GÊNERO: Drama de mistério com elementos de ficção científica

SINOPSE: O professor Houghland é um cientista que inventa um método revolucionário de transmissão de sinais de televisão, que permite alcançar qualquer ponto do planeta sem a necessidade de cabos e de torres. Seu invento é cobiçado pelas empresas de televisão do mundo inteiro, mas Houghland se recusa a vendê-lo, já que deseja que o governo norte-americano invista nele para beneficiar toda a humanidade do seu país. Durante a demonstração pública de seu invento – que acontece justamente durante uma festa em sua mansão – Houghland é misteriosamente assassinado e seus planos são roubados.

COMENTÁRIOS: Apesar da originalidade de seu tema, já que a televisão só se tornaria popular após o término da 2ª Guerra, o filme é tremendamente frustrante, já que carece de roteiro e não passa de uma apressada sucessão de clichês.

AVALIAÇÃO: **

MURDERS IN THE RUE MORGUE

Os assassinatos da Rua Morgue

DIRETOR: Robert Florey

PAÍS: Estados Unidos

COMPANHIA PRODUTORA: Universal Pictures

ANO DE PRODUÇÃO: 1932

DURAÇÃO: 61'

IDIOMA ORIGINAL: Inglês

PRODUÇÃO: Carl Laemmle Jr.

ARGUMENTO: Robert Florey (or: Edgar Allan Poe)

ROTEIRO: Tom Reed, Dale Van Every

FOTOGRAFIA: Karl Freund [p&b]

MONTAGEM: Milton Carruth

ELENCO: Sidney Fox, Bela Lugosi, Leon Waycoff [Leon Ames], Bert Roach, Betsy Ross Clarke, Brandon Hurst, D'Arcy Corrigan, Noble Johnson, Arlene Francis

GÊNERO: Horror

SINOPSE: Para tornar os homens mais inteligentes e bonitos, um cientista louco pretende promover uma miscigenação entre seres humanos e gorilas, utilizando seu gigantesco símio de estimação como cobaia. À procura de mulheres para cruzarem com o gorila, o cientistarado inicia um sádico festival de mortes, até que encontra a mulher ideal na forma da noiva de um jovem estudante de medicina parisiense.

COMENTÁRIOS: Apesar do título, este filme não tem a mais remota relação com o conto de Edgar Allan Poe (com exceção. é claro, da presença do gorila).

AVALIAÇÃO: ***

MY LITTLE EYE

O OLHO QUE TUDO VÊ

DIRETOR: Marc Evans

PAÍS: Inglaterra

COMPANHIA PRODUTORA: WT2 [Working Title]

ANO DE PRODUÇÃO: 2001

DURAÇÃO: 95'

IDIOMA ORIGINAL: Inglês

PRODUÇÃO: Jon Finn, Jane Villiers, David Hilton, Alan Greenspan

ARGUMENTO: David Hilton

ROTEIRO: David Hilton, James Watkins

FOTOGRAFIA: Hubert Taczanowski [cor]

MONTAGEM: Marguerite Arnold

MÚSICA: Bias

ELENCO: Sean CW Johnson, Kris Lemche, Stephen O'Reilly, Laura Regan, Jennifer Sky, Bradley Cooper, Nick Mennell

GÊNERO: Suspense e horror

SINOPSE: Cinco jovens são selecionados para participar de um *reality show* que será transmitido apenas pela internet. Em busca do prêmio de um milhão de dólares, eles aceitam ficar seis meses morando juntos em um velho casarão, perdido num local remoto em meio à neve, sendo vigiados por câmeras durante as 24 horas do dia. A condição para ganhar o prêmio é que nenhum dos cinco abandone a casa. Tudo vai correndo bem até que chega a última semana, com todos em uma violenta tensão. Estranhos acontecimentos começam a perturbar a vida do grupo, e alguns jovens desconfiam que se trata de uma pressão dos patrocinadores, que desejam poupar o dinheiro do prêmio.

COMENTÁRIOS: O filme procura criticar ao mesmo tempo dois fenômenos da comunicação de massa do século 21: a internet e os *reality shows*. A intenção até que é boa, mas o roteiro está cheio de furos e o elenco é bastante fraco.

AVALIAÇÃO: **

(Cf. Chikyu boeigun)

NERVO CRANIANO ZERO

DIRETOR: Paulo Biscaia Filho

PAÍS: Brasil

COMPANHIA PRODUTORA: Vigor Mortis / Locall

ANO DE PRODUÇÃO: 2011-2012

DURAÇÃO: 88'

IDIOMA ORIGINAL: Português

PRODUÇÃO: Diana Moro (executiva)

ARGUMENTO: Paulo Biscaia Filho

ROTEIRO: Paulo Biscaia Filho

FOTOGRAFIA: Maurício Baggio [cor]

MONTAGEM: Paulo Biscaia Filho

MÚSICA: Demian Garcia

ELENCO: Guenia Lemos, Leandro Daniel Colombo, Uyara Torrente, Karla Fragoso, Carolina Fauquemont, Wagner Corrêa, Michelle Rodrigues, Maria Rafart (voz), Chico Nogueira, Raquel Deliberali, Regina Vogue, Luiz Bertazzo, Marco Novack, Ana Cardon (voz), "A Banda Mais Bonita da Cidade" [Vinícius Misi, Rodrigo Lemos, Diego Plaça, Luís Bourscheidt], Júnior Ventura, Janete do Amaral, Rodrigo Nogueira, Diogo Cavazotti, Wagner Deczka, Daphne Garcez, André Opolz Filho, Isabela Cavallin, Ana Terra Viana, Dhi Ferreira

GÊNERO: Horror

SINOPSE: Bruna Bloch é uma bela escritora que, depois de muita luta, chegou ao sucesso com seu novo livro, "Onde os mortos comem". Obcecada pela fama e pelo dinheiro, Bruna sabe que o meio literário é volátil e cheio de armadilhas e está decidida a fazer qualquer sacrifício para se manter na lista dos best sellers. Para isso, ela se dispõe a ser submetida aos experimentos de seu ex-namorado, o dr. Bartholomeu Bava - um cientista que inventou um chip que provoca descargas de dopamina no cérebro, capazes de produzir surtos de inspiração e criatividade quase permanentes (além de prolongar excepcionalmente a vida humana). Porém, como Bartholomeu teve sua licença médica cassada justamente pelas consequências de suas experiências, que causaram a morte de sua esposa, Bruna resolve se garantir oferecendo a ele uma cobaia humana para um teste. Assim, ela contrata os serviços de Cristi, uma ingênua candidata a cantora que está quase na miséria.

COMENTÁRIOS: Baseado na peça teatral homônima, este filme é a segunda experiência em longa-metragem de Biscaia Filho, mais uma vez demonstrando uma louvável capacidade para desenvolver narrativas bastante originais.

AVALIAÇÃO: ***

NETHERWORLD

O RETORNO

DIRETOR: David Schmoeller

PAÍS: Estados Unidos

COMPANHIA PRODUTORA: Full Moon Entertainment5

ANO DE PRODUÇÃO: 1991

DURAÇÃO: 87'

IDIOMA ORIGINAL: Inglês

PRODUÇÃO: Thomas Bradford

ARGUMENTO: Billy Chicago, Charles Band

ROTEIRO: Billy Chicago

FOTOGRAFIA: Adolfo Bartoli [cor]

MONTAGEM: Carol Oblath, Andy Horvitch

MÚSICA: David Bryan, Larry Fast

ELENCO: Michael Bendetti, Denise Gentile, Anjanette Comer, Holly Floria, Robert Sampson, Holly Butler, Alex Datcher, Robert Burr, George Kelly, Mark Kemble, Barret O'Brian, Michael Lowry, David Schmoeller, Candice Williams, Robert La Brosse, Darlene Molero, Linda Ljoka, Kelsie Chance, Helga Cavignac, Marilyn Fornet, Nicole Barron, Jessica Carvin, Gregg Brazzel, Thomas Bradford, A. C. Santa Cruz, Adolfo García, James Locascio, Michele Ladner, Gloria Richardson, Helena Kramer, Stanley Watson, Troy Turner, Harold Scott, Nancy Buchan, Cynthia Carriere, Judith Weber, Samone Arrington, Patrick Mendelson, David Bryan, Edgar Winter

GÊNERO: Horror

SINOPSE: Com a morte de seu pai Noah, que o abandonara ainda bebê, o jovem Corey Thornton torna-se herdeiro de uma paradisíaca mansão nos cafundós da Louisiana. Ele chega para tomar posse de sua propriedade e, ao ler as últimas disposições deixadas por seu pai, percebe que o velho acreditava na possibilidade de voltar à vida, utilizando a magia dos vuduzeiros macumbófilos da região. Obedecendo às determinações de Noah, Corey envolve-se com a bruxa Delores, ao mesmo tempo em que flerta com Diana, filha da administradora da mansão. Através de Diana, Corey fica sabendo que seu pai era adepto de uma seita que utilizava seus poderes para aprisionar as almas de seus inimigos no corpo de pássaros, tal como ocorreu no caso do ditador Hugo Chavez. Impressionado, o rapaz resolve participar de uma experiência para tentar ressuscitar o velho.

COMENTÁRIOS: Horror de quinta categoria, realizado por um especialista que já teve momentos melhores. Além de sua história absurda e idiota, o filme tenta enveredar canhestramente pelo erotismo, mostrando que Schmoeller também não ficaria rico fazendo pornôs.

AVALIAÇÃO: **

NIGHT OF THE BIG HEAT

O demônio de fogo

DIRETOR: Terence Fisher

PAÍS: Inglaterra

COMPANHIA PRODUTORA: PFD – Planet Film Productions

ANO DE PRODUÇÃO: 1967

DURAÇÃO: 94'/91'

IDIOMA ORIGINAL: Inglês

PRODUÇÃO: Tom Blakeley

ARGUMENTO: John Lymington

ROTEIRO: Ronald Liles

FOTOGRAFIA: Reg Wyer [cor]

MONTAGEM: Rod Keys

MÚSICA: Malcolm Lockyer

ELENCO: Christopher Lee, Patrick Allen, Peter Cushing, Jane

Merrow, Sarah Lawson, William Lucas, Kenneth Cope, Percy Herbert, Tom Heathcote, Anna Turner, Jack Bligh, Sidney Bromley, Barry Halliday

GÊNERO: Horror e ficção científica

SINOPSE: Enquanto a Grã-Bretanha agoniza em um de seus típicos invernos rigorosos, uma de suas pequenas ilhas experimenta uma incrível onda de calor. Um cientista, trabalhando secretamente na região, acredita que tudo seja obra de extraterrestres, que estariam utilizando a ilha como uma base de operações para tentar invadir o nosso planeta. Com a ajuda do dono do pub local, responsável por matar a sede da rapaziada, o cientista tentará confirmar a sua tese e combater os perversos alienígenas.

COMENTÁRIOS: Produção bastante pobre e praticamente sem nenhuma ação, com Peter Cushing em um papel de mero coadjuvante.

AVALIAÇÃO: **

NIGHT OF THE BLOODY APES

(Cf. La horripilante bestia humana)

NIGHT OF THE CREEPS

A NOITE DOS ARREPIOS

DIRETOR: Fred Dekker

PAÍS: Estados Unidos

COMPANHIA PRODUTORA: Tri-Star Pictures

ANO DE PRODUÇÃO: 1986

DURAÇÃO: 88'

IDIOMA ORIGINAL: Inglês

PRODUÇÃO: Charles Gordon

ARGUMENTO: Fred Dekker

ROTEIRO: Fred Dekker

FOTOGRAFIA: Robert C. New [cor]

MONTAGEM: Michael N. Knue

MÚSICA: Barry DeVorzon

ELENCO: Jason Lively, Steve Marshall, Jill Whitlow, Tom Atkins, Wally Taylor, Bruce Solomon, Vic Polizos, Allan J. Kayser, Ken Heron, Alice Cadogan, June Harris, David Paymer, David Oliver, Dick Miller, Evelyne Smith, Ivan E. Roth, Daniel Frishman, Kevin Thompson, Joseph S. Griffo, Katherine Britton, Leslie Ryan, Dave Alan Johnson, Suzanne Snyder, Jay Wakeman, Elizabeth Cox, Emily Fiola, Russell Moss, Richard DeHaven, John J. York, Jim Townsend, Tex Donaldson, Jay Arlen Jones, Craig Schaefer, Richard Sassin, Robert Kerman, Jack Lightsy, Elizabeth Alda, Earl Ellis, Robert Kurtzman, Keith Werle, Beal Carrotes, Robert Kino, Todd Bryant, Dawn Schroder, Chris Dekker, Brian MacGregor

GÊNERO: Comédia de horror

SINOPSE: Alienígena vem ao nosso planeta com o objetivo de se apoderar dos seres humanos, a fim de transformá-los em zumbis e utilizar seus corpos para incubar suas larvas nojentas. Porém, os seus planos são frustrados e a única vítima que ele consegue dominar é presa e congelada, detendo o desenvolvimento das larvas. Quase 30 anos depois, participando de um ritual de iniciação na universidade, dois amigos têm que roubar um cadáver do necrotério e – obviamente – libertam o zumbi, que descongela e começa a espalhar uma contaminação fatal.

COMENTÁRIOS: Típico filme para adolescentes, com alguns

momentos inspirados. Algumas cópias apresentam um final alternativo.

AVALIAÇÃO: ***

NIGHT OF THE EAGLE / BURN, WITCH, BURN

A FILHA DE SATÃ

DIRETOR: Sidney Hayers

PAÍS: Inglaterra

COMPANHIA PRODUTORA: Alta Vista Productions

ANO DE PRODUÇÃO: 1962

DURAÇÃO: 87'

IDIOMA ORIGINAL: Inglês

PRODUÇÃO: Albert Fennell (executivos: Julian Wintle, Leslie Parkyn)

ARGUMENTO: Fritz Leiber

ROTEIRO: Richard Matheson, Charles Beaumont

FOTOGRAFIA: Reginald Wyer [p&b]

MONTAGEM: Ralph Sheldon

MÚSICA: William Alwyn (regência: Muir Mathieson)

ELENCO: Janet Blair, Peter Wyngarde, Margaret Johnston, Anthony Nicholls, Colin Gordon, Kathleen Byron, Reginald Beckwith, Jessica Dunning, Norman Bird, Judith Stott, Bill Mitchell

GÊNERO: Drama de horror

SINOPSE: Norman Taylor é um professor de sociologia que empreende uma verdadeira cruzada contra as supertições e crenças no sobrenatural. Um dia, por acaso, ele descobre que sua esposa Tansy é uma adepta da bruxaria, fazendo toda espécie de encantos para proteger e estimular a carreira do marido. Furibundo, Norman convence a mulher a abandonar todos os seus feitiços, deixando-a em um estado de grande apreensão. Essa apreensão é logo justificada, já que a vida profissional de Norman entra em colapso. Porém, o pior de tudo é que o fim das bruxarias de Tansy deixa Norman exposto ao ódio de um misterioso inimigo, que também tem poderes ocultos e quer destrui-lo.

COMENTÁRIOS: Uma ideia interessante, embora não muito criativa. Infelizmente, este filme tem pontos bastante fracos: o precário denvolvimento das situações, já que tudo acontece muito rápido, sem que se tenha tempo de amadurecer o drama dos protagonistas; o completo desinteresse pelas tramas e personagens sucundários e, principalmente, a conclusão acelerada e sem muito nexo. Baseado no romance "Conjure wife".

AVALIAÇÃO: ***

NIGHT OF THE GHOULS

A NOITE DAS ASSOMBRAÇÕES

DIRETOR: Edward D. Wood Jr.

PAÍS: Estados Unidos

COMPANHIA PRODUTORA: Wade Williams Productions

ANO DE PRODUÇÃO: 1958

DURAÇÃO: 69'

IDIOMA ORIGINAL: Inglês

PRODUÇÃO: Edward D. Wood Jr., Wade Williams

ARGUMENTO: Edward D. Wood Jr.

ROTEIRO: Edward D. Wood Jr.

FOTOGRAFIA: William C. Thompson [p&b]

MONTAGEM: Donald A. Davis

MÚSICA: Gordon Zahler (supervisão)

ELENCO: Criswell, Kenne Duncan, 'Duke' Moore, Valda Hansen, Tor Johnson, John Carpenter, Paul Marco, Don Nagel, Jeannie Stevens, Bud Osborne, Harvey B. Dunn, Thomas R. Mason [Tom Mason], Marcelle Hemphill, Margaret Mason, Clay Stone, James La Maida, Tony Cardoza, John Gautieri, Karen Hairston, Karl Johnson, Leonard Barnes, Frank Barbarick, Francis Misitano, David De Maring

GÊNERO: Horror

SINOPSE: O tenente Dan Bradford, um policial especializado em investigar fenômenos paranormais, vai examinar uma velha casa abandonada, que tem fama de assombrada e que já foi a morada de um cientista louco que queria criar super-humanos. Logo, Bradford vai descobrir que a casa está sendo habitada por um médium picareta, o Dr. Acula, que transformou o local em uma arapuca para explorar gente tão rica quanto crédula.

COMENTÁRIOS: Continuação de "Bride of the monster" (1955). Mais uma aula de como não fazer cinema, ministrada pelo supremo mestre Ed Wood.

AVALIAÇÃO: **

A NOITE DOS COELHOS

DIRETOR: William F. Claxton

PAÍS: Estados Unidos

COMPANHIA PRODUTORA: Metro-Goldwyn-Mayer

ANO DE PRODUÇÃO: 1972

DURAÇÃO: 88'

IDIOMA ORIGINAL: Inglês

PRODUÇÃO: A. C. Lyles

ARGUMENTO: Russell Braddon

ROTEIRO: Don Holliday, Gene R. Kearney

FOTOGRAFIA: Ted Voigtländer [cor]

MONTAGEM: John McSweeney

MÚSICA: Jimmie Haskell

ELENCO: Stuart Whitman, Janet Leigh, Rory Calhoun, DeForest Kelley, Paul Fix, Melanie Fullerton, Chris Morrell, Chuck Hayward, Henry Wills, Francesca Jarvis, William Elliott, Robert Hardy, Richard Jacome, Inez Perez, G. Leroy Gaintner, Evans Thornton, I. Stanford Jolley, Robert Gooden, Walter Kelley, Frank Kennedy, Don Starr, Peter O'Crotty, Phillip Avenetti, Russell Morrell, Donna Gelgur, Stephen deFrance, Sherry Hummer, Rick Hummer, Jerry Dunphy

GÊNERO: Horror de animais em fúria

SINOPSE: O fazendeiro Cole Hillman está tendo sérios problemas em suas terras, já que uma praga de coelhos ameaça suas plantações e a comida do seu gado. Como não quer utilizar nenhum veneno – pois foi justamente o extermínio dos coiotes da região pelos pesticidas que causou a praga dos coelhos – Hillman pede ajuda ao diretor de sua antiga universidade, que lhe indica o casal Roy e Gerry Bennett, especialistas em controle natural de pragas. Roy apanha alguns coelhos para testes e injeta em um deles um hormônio experimental. Porém, encantada com esse coelho, sua filhinha troca-o por um outro, a fim de salvá-lo. A menina adota o coelho como mascote, mas ele foge justamente quando ela está visitando as terras de Hillman. Como efeito do hormônio, o coelho começa a crescer desmesuradamente e, sendo quem é, se reproduz em grande velocidade, gerando centenas de roedores gigantes, carnívoros e extremamente agressivos. Os coelhos famintos logo passam a atacar os seres humanos, causando morte e destruição.

COMENTÁRIOS: Na longa série de bichos gigantes que põem em perigo o domínio do homem sobre a Terra, faltava o coelho, habitualmente conhecido como um animal pacífico e amedrontado que habita a cartola dos mágicos e só sai de seu retiro na Páscoa. Neste filme, os coelhos revelam o seu "lado negro", largando de lado as cenouras e estraçalhando pessoas inocentes para satisfazer sua sede de sangue e tripas frescas. O filme não traz nada de novo, com o velhíssimo esquema da praga causada pela ciência e, finalmente, resolvida por essa mesma ciência, que tem um lado bom e um lado mau. Como detalhe, a presença de um bom time de atores veteranos, que são obviamente desperdiçados. Cenas de violência contra animais.

AVALIAÇÃO: ***

NIGHT OF THE LIVING DEAD

A NOITE DOS MORTOS VIVOS

DIRETOR: George A. Romero

PAÍS: Estados Unidos

COMPANHIA PRODUTORA: Image Ten

ANO DE PRODUÇÃO: 1968

DURAÇÃO: 96'

IDIOMA ORIGINAL: Inglês

PRODUÇÃO: Russell W. Streiner, Karl Hardman

ROTEIRO: John Russo, George Romero [George A. Romero]

FOTOGRAFIA: "The Latent Image" [George A. Romero] [p&b]

MONTAGEM: George A. Romero, John Russo

MÚSICA: "diversos"

ELENCO: Duane Jones, Judith O'Dea, Karl Hardman, Marilyn Eastman, Keith Wayne, Judith Ridley, Kyra Schon, Charles Craig, Bill Heinzman, George Kosana, Frank Doak, Bill 'Chilly Billy' Cardille, A. C. McDonald, Samuel R. Solito, Mark Ricci, Lee Hartman, Jack Givens, R. J. Ricci, Paula Richards, John Simpson, Herbert Summer, Richard Ricci, William Burchinal, Ross Harris, Al Croft, Jason Richards, Dave James, Sharon Carroll, William Mogush, Steve Hutsko, Joann Michaels, Phillip Smith, Ella Mae Smith, Randy Burr

GÊNERO: Drama de horror

SINOPSE: A pedido de sua mãe, Barbara e seu irmão Johnny vão colocar uma coroa de flores no túmulo de seu pai, que está enterrado em um remoto cemitério a 100 milhas de onde eles moram. Subitamente, Barbara é atacada por um estranho velho, que perambulava pelo cemitério deserto. Ao tentar defendê-la, Johnny luta com o velho e acaba sendo morto. Perseguida, Barbara tenta fugir em seu carro, mas não tem a chave e é obrigada a desistir da ideia. Desesperada, a moça busca socorro e vai se refugiar em uma casa abandonada. Porém, seu desespero aumenta quando ela encontra um cadáver em seu esconderijo. Logo depois surge um homem, Ben, que lhe revela que existem muitas outras pessoas com o mesmo comportamento de seu agressor: irracionais, violentas e como que robotizadas. Enquanto buscam entender o que está acontecendo, Barbara e Ben lutam pela vida tentando evitar que os zumbis invadam a casa.

COMENTÁRIOS: Embora esteja longe de ser o primeiro filme de zumbis, este é certamente o maior clássico deste subgênero, servindo de modelo para centenas de imitações.

AVALIAÇÃO: ****

NIGHT OF THE LIVING DEAD

A NOITE DOS MORTOS VIVOS

DIRETOR: Tom Savini

PAÍS: Estados Unidos

COMPANHIA PRODUTORA: 21st Century Film Corporation

ANO DE PRODUÇÃO: 1990

DURAÇÃO: 92'

IDIOMA ORIGINAL: Inglês

PRODUÇÃO: Menahem Golan, John A. Russo, Russ Streiner (executiva: Menahem Golan, George A. Romero)

ARGUMENTO: John A. Russo, George A. Romero

ROTEIRO: George A. Romero

FOTOGRAFIA: Frank Prinzi [cor]

MONTAGEM: Tom Dubensky

MÚSICA: Paul McCollough

ELENCO: Tony Todd, Patricia Tallman, Tom Towles, McKee Anderson, William Butler, Kate Finneran, Bill Mosley, Heather

Mazur, David Butler, Zachary Mott, Pat Reese, William Cameron, Pat Logan, Berle Ellis, Bill 'Chilly Billy' Cardille, Greg Funk, Tim Carrier, John Hamilton, Dyrk Ashton, Jordan Berlant, Albert Shellhammer, Jay McDowell, Walter Berry, Kendal Kraft, David Grace, Stacie Foster, Charles Crawley

GÊNERO: Horror de zumbis

SINOPSE: Barbara e seu irmão Johnny vão visitar o túmulo da mãe, que fica num remotíssimo cemitério interiorano. Subitamente, a moça é atacada por um homem estranho, que acaba causando a morte de seu irmão. Ela tenta fugir e é atacada por mais seres estranhos – na verdade, zumbis – quebrando o carro e escondendo-se numa casa abandonada. A moça vê aumentar o número de zumbis, até que surge um estranho, Ben, que lhe revela que a doença está se espalhando pela região. Apesar das explicações do rádio, que dizem tratar-se de um surto de loucura coletiva, Ben desconfia de algo mais sério, já que pessoas aparentemente mortas estão andando pelas estradas, matando e devorando todos os que cruzam o seu caminho. Os dois encontram um grupo de sobreviventes, no porão, e Ben sugere que eles barriquem a casa, enquanto pensam num meio de fugir.

COMENTÁRIOS: Refilmagem – bastante inferior – do clássico homônimo de George Romero, de 1968, que exerceu uma profunda influência sobre a subsequente geração de cultores do cinema de horror (tendo tido diversas continuações e cópias). Aparentemente, a nova versão enriqueceria a história (já que o original era em preto-e-branco e tinha efeitos especiais paupérrimos). Porém, o encanto do filme de Romero está justamente no seu aparente amadorismo e na simplicidade de suas ideias. Com isso, o que era criativo transformou-se em clichê e, apesar de algumas preocupações críticas, a versão moderna perde de longe para o filmezinho C dos anos 60.

AVALIAÇÃO: ***

QUANDO DESCEM AS TREVAS

DIRETOR: William Castle

PAÍS: Estados Unidos

COMPANHIA PRODUTORA: Universal Pictures

ANO DE PRODUÇÃO: 1964

DURAÇÃO: 86'

IDIOMA ORIGINAL: Inglês

PRODUÇÃO: William Castle

ARGUMENTO: Robert Bloch

ROTEIRO: Robert Bloch

FOTOGRAFIA: Harold E. Stine [p&b]

MONTAGEM: Edwin H. Bryant

MÚSICA: Vic Mizzy

ELENCO: Robert Taylor, Barbara Stanwyck, Judith Meredith, Hayden Rorke, Rochelle Hudson, Marjorie Bennett, Jess Barker, Lloyd Bochner, Tetsu Komai

GÊNERO: Suspense e horror

SINOPSE: Irene é a dona de um salão de beleza que se casou com o cientista milionário Howard Trent. Cego e com ciúmes doentios da esposa, Trent suspeita que ela esteja envolvida com o seu advogado, Barry Moreland, já que Irene vive tendo sonhos eróticos e falando durante o sono. Porém, Trent morre num misterioso acidente em seu laboratório e Irene, enquanto espera receber a herança, resolve mudar-se para os fundos do seu salão. Mas seus sonhos, nos quais ela passeia com seu príncipe encantado, tornam-se cada vez mais reais e ela pensa estar enlouquecendo, indo buscar a ajuda de Barry. O advogado desconfia que a mulher está louca, até que resolve levá-la aos locais vistos nos sonhos e descobre provas de que ela realmente esteve lá.

COMENTÁRIOS: Um filme idiota, com uma história absurda e cheia de furos. Lamentável fim de carreira para Stanwyck e Taylor, dois astros veteranos que não mereciam o castigo de se verem envolvidos em uma tão lastimável produção.

AVALIAÇÃO: **

VIAJANTES NOTURNOS

DIRETOR: T. C. Blake [Robert Collector]

PAÍS: Estados Unidos

COMPANHIA PRODUTORA: The Vista Organization

ANO DE PRODUÇÃO: 1987

DURAÇÃO: 89'

IDIOMA ORIGINAL: Inglês

PRODUÇÃO: Robert Jaffe

ARGUMENTO: George R. R. Martin

ROTEIRO: Robert Jaffe

FOTOGRAFIA: Shelly Johnson [cor]

MONTAGEM: Tom Siiter (supervisão: Jay Cassidy)

MÚSICA: Doug Timm

ELENCO: Catherine Mary Stewart, Michael Praed, John Standing, Lisa Blount, Glenn Withrow, James Avery, Hélène Udy, Annabel Brooks, Michael Des Barres

GÊNERO: Ficção científica

SINOPSE: No distante século 21, o veterano cientista O'Branin consegue autorização para efetuar uma expedição espacial, em busca da origem de enigmáticos sinais de rádio que podem identificar a localização de uma força primordial do universo. Juntando uma equipe de especialistas, ele aluga a nave Nightflyer, pertencente ao misterioso capitão Royd. Após a partida, os viajantes descobrem, para sua preocupação, que a nave é inteiramente automatizada, sendo comandada mentalmente por Royd, que só aparece para seus passageiros na forma de um holograma.

COMENTÁRIOS: Filme bastante medíocre, com uma história confusa e efeitos especiais fuleiros.

AVALIAÇÃO: **

PANIC

(Cf. Bakterion)

THE PHANTOM OF THE OPERA

(Cf. Il fantasma dell'Opera)

THE POOL

(Cf. Swimming pool – Der tod feiert mit)

PROM NIGHT

A MORTE CONVIDA PARA DANÇAR

DIRETOR: Paul Lynch

PAÍS: Canadá

COMPANHIA PRODUTORA: SimCom

ANO DE PRODUÇÃO: 1980

DURAÇÃO: 91'

IDIOMA ORIGINAL: Inglês

PRODUÇÃO: Peter Simpson

ARGUMENTO: Robert Guza Jr.

ROTEIRO: William Gray

FOTOGRAFIA: Robert New [cor]

MONTAGEM: Brian Ravok

MÚSICA: Carl Zittrer, Paul Zaza

ELENCO: Leslie Nielsen, Jamie Lee Curtis, Casey Stevens, Eddie Benton [Anne-Marie Martin], Michael Tough, Robert Silverman, Pita Oliver, David Mucci, Marybeth Rubens, George Touliatos, Melanie Morse MacQuarrie, David Bolt, Jeff Wincott, David Gardner, Joy Thompson, Sheldon Rybowski, Antoinette Bower, Rob Garrison, Beth Amos, Sonia Zimmer, Sylvia Martin, Liz Stalker-Mason, Pam Henry, Ardon Bess, Lee Wildgen, Brock Simpson, Leslie Scott, Tammy Bourne, Dean Bosacki, Debbie Greenfield, Karen Forbes, Joyce Kite

GÊNERO: Horror *slasher*

SINOPSE: Um grupo de crianças brincam dentro de uma velha mansão abandonada quando surge uma intrusa, a pequena Kim. Irritados com a chegada da menina, elas a assustam e acidentalmente provocam a sua morte. Com medo do castigo, as crianças escondem o que aconteceu, mas a polícia desconfia de que se trata de um assassinato e um médico é acusado do crime, indo parar num hospício. Seis anos depois, as crianças se tornaram adolescentes e continuam vivendo na mesma comunidade, inclusive convivendo com os dois irmãos da menina morta – que nada sabem do que ocorreu. Porém, na véspera do baile de formatura da escola, os culpados pela morte de Kim recebem ameaças anônimas, ao mesmo tempo em que o médico escapa do hospício.

COMENTÁRIOS: Mais um caça-níqueis de quinta categoria que busca copiar os já surrados clichês da série *Halloween* (contando, inclusive, com a participação da atriz Jamie Lee Curtis). Porém, estamos diante de uma obra medíocre, que confunde cinema de horror com horror de cinema.

AVALIAÇÃO: **

THE PROPHECY II

ANJOS REBELDES 2

DIRETOR: Greg Spence

PAÍS: Estados Unidos

COMPANHIA PRODUTORA: NEO Motion Pictures

ANO DE PRODUÇÃO: 1997

DURAÇÃO: 84'

IDIOMA ORIGINAL: Inglês

PRODUÇÃO: Joel Soisson, W. K. Border (coprodutor: Denise Leong)

ARGUMENTO: Gregory Widen

ROTEIRO: Matthew Greenberg, Greg Spence

FOTOGRAFIA: Richard Clabaugh [cor]

MONTAGEM: Christopher Cibelli, Ivan Ladizinsky

MÚSICA: David Williams

ELENCO: Christopher Walken, Russell Wong, Jennifer Beals, Brittany Murphy, Steve Hytner, Bruce Abbott, William Prael, Glenn Danzig, Eric Roberts, Renée Victor, Elizabeth Dennehy, J. G. Hertzler, Nicki Micheaux, Tom Towles, Danny Strong, Dave Lea, Jenna Rose, Stephen Earnhart, Jake Eberle, James V. Krieg, Jim White, Ethan Embry, Donald Kavin, Stephen Ramsey, Gary Paul, Michael Jimenez, Gil Zuniga, Alma Collins, Leonard O. Turner, Paul Muni, Kathryn Morris, Michael Raimi

GÊNERO: Horror teológico

SINOPSE: Após Deus ter criado os homens, em um momento de depressão, os anjos sentiram inveja dos novos rivais e uma facção – comandada pelo arcanjo Gabriel – se propôs a destruí-los. Porém, anjos menos sanguinários se dispuseram a salvar a raça humana, travando-se uma longuíssima guerra celeste. Para acabar com tanto angelocídio, os anjos "humanistas" têm a ideia de produzir um novo ser, fruto do relacionamento entre um anjo e uma humana. Para isso, é designado o anjo Danyel, que consegue engravidar a enfermeira Valerie. Porém, o pérfido Gabriel também está no mundo infralunar, disposto a impedir o nascimento da criança. Perseguida, Valerie reencontra Danyel e fica sabendo da história, tendo provas de que seu futuro filho é fruto de uma velha profecia.

COMENTÁRIOS: O filme tenta explorar o modismo dos anjos, que tomou conta dos místicos antenados do final do milênio passado. Porém, os anjos deste filme não são nada angelicais, já que se dividem entre assassinos sanguinários e conquistadores sensuais. Trata-se, na verdade, de uma típica aventura demoníaca (no estilo da série *Warlock*), estrelada unicamente por anjos (já que os demônios nunca aparecem na história). Trata-se de um pressuposto interessante que, mesmo perdendo-se em alguns clichês estéreis, consegue fugir à mediocridade habitual do gênero.

AVALIAÇÃO: ***

THE PROPHECY 3: THE ASCENT

ANJOS REBELDES 3: O ASCENDENTE

DIRETOR: Patrick Lussier

PAÍS: Estados Unidos

COMPANHIA PRODUTORA: NEO Art & Logic

ANO DE PRODUÇÃO: 1999

DURAÇÃO: 84'

IDIOMA ORIGINAL: Inglês

PRODUÇÃO: Joel Soisson, W. K. Border

ARGUMENTO: Gregory Widen

ROTEIRO: Joel Soisson, Carl Dupré

FOTOGRAFIA: Nathan Hope [cor]

MONTAGEM: Peter Devaney Flanagan

MÚSICA: Steve Boeddeker (supervisão: Ed Gerrard)

ELENCO: Christopher Walken, Vincent Spano, Kayren Ann Butler, Brad Dourif, Jack McGee, Scott Cleverdon, Sandra Lafferty, Dave Buzzotta, Steve Hytner, Mark Prince Edwards, Tyrone Tann, Moriah Shining Dove Snyder, J. D. Rosen, Stan Davis, Drew Swaine, Anthony Rosselli, Hi Border, Tom Kane (voz)

GÊNERO: Horror teológico

SINOPSE: O anjo Zophael, inimigo declarado da raça humana,

desce dos céus com o objetivo de eliminar Danyael, filho de um anjo com uma humana, que parece ser o escolhido para promover a redenção da humanidade. Zophael providencia a morte de Danyael, mas o rapaz acaba ressuscitando com a ajuda do arcanjo Gabriel, agora vivendo como um ser humano comum. Convencido de sua missão, Danyael vai para uma remota reserva indígena, onde deverá surgir o anjo Pyriel, encarregado de exterminar a humanidade. Porém, Zophael quer acabar sua tarefa e persegue o rapaz, na companhia de Maggie, a namorada dele. Num acidente, Maggie fica agonizante, enquanto Zophael e Danyael se enfrentam numa monumental batalha.

COMENTÁRIOS: Embora interessante, esta continuação da saga dos anjos pro e contra os seres humanos é pouco inteligível para quem não viu os outros episódios.

AVALIAÇÃO: ***

PROWL

A ARMADILHA

DIRETOR: Patrik Syversen

PAÍS: Inglaterra / Bulgária

COMPANHIA PRODUTORA: Midsummer Films / Four Films

ANO DE PRODUÇÃO: 2010

DURAÇÃO: 81'

IDIOMA ORIGINAL: Inglês

PRODUÇÃO: Chris Hilburn, Borislav Rangheloy, Lucy Hukerjee, Michael Klein, Christopher D'Elia, Zachery Bryan

ARGUMENTO: Tim Tori

ROTEIRO: Tim Tori

FOTOGRAFIA: Havard André Byrkjeland [cor]

MONTAGEM: Celia Haining

MÚSICA: Theo Green

ELENCO: Ruta Gedmintas, Joshua Bowman, Courtney Hope, Perdita Weeks, Jamie Blackley, Oliver Hawes, Laurel Lefkow, Bruce Payne, Saxon Trainor, Atanas Srebrev, Michael Johnson, George Oliver, Georgi Zlatarev, Anton Trendafilov, Alexandra Spasova, Radoslav Ignatov, Dimitar Doichinov, Elitsa Rajeva, Velizar Peev

GÊNERO: Horror

SINOPSE: Amber é uma jovem que não suporta mais a vidinha sem perspectivas de sua pequena cidade, alimentando o sonho de ir morar na metrópole mais próxima, Chicago. Finalmente, surge a oportunidade de a garota realizar o seu sonho quando ela encontra um apartamento barato na cidade grande. Porém, o proprietário exige um depósito imediato, em dinheiro vivo, e Amber precisa viajar com urgência para Chicago, que não é nada perto. Em desespero de causa, ela pede a ajuda dos amigos, que acabam decidindo viajar com ela, em busca de alguma diversão. Mas o carro no qual eles viajam enguiça logo no início do caminho e os seis jovens ficam desconsolados. Por sorte, surge um amável motorista de caminhão que, embora muito relutante, decide lhes dar uma carona. É o início de uma jornada que mudará a vida de todos, principalmente de Amber.

COMENTÁRIOS: Curiosa coprodução rodada na Bulgária, com uma história um tanto boba e previsível.

AVALIAÇÃO: ***

Psicose III

DIRETOR: Anthony Perkins

PAÍS: Estados Unidos

COMPANHIA PRODUTORA: Universal Pictures

ANO DE PRODUÇÃO: 1986

DURAÇÃO: 93'

IDIOMA ORIGINAL: Inglês

PRODUÇÃO: Hilton A. Green

ARGUMENTO: Robert Bloch

ROTEIRO: Charles Edward Pogue

FOTOGRAFIA: Bruce Surtees [cor]

MONTAGEM: David Blewitt

MÚSICA: Carter Burwell

ELENCO: Anthony Perkins, Diana Scarwid, Jeff Fahey, Roberta Maxwell, Hugh Gillin, Lee Garlington, Robert Alan Browne, Gary Bayer, Patience Cleveland, Juliette Cummins, Steve Guevara, Kay Heberle, Donovan Scott, Karen Hensel, Jack Murdock, Katt Shea Ruben, Hugo L. Stanger, Lisa Ives, Angele Ritter, Diane Rodriguez

GÊNERO: Horror

SINOPSE: Após assassinar a mulher que se apresentava como sua mãe verdadeira, no episódio anterior, Norman Bates continua a administrar seu motel, sem ser perturbado por nenhuma autoridade. Ele emprega como assistente o jovem Duane, um desocupado que só pensa em se tornar cantor. Com pouco movimento, o motel recebe como hóspede a jovem Maureen, uma freira que entrou em crise de fé e abandonou seu convento. Instigado por sua "mãe", Norman logo parte para matar a moça, mas a encontra na banheira, onde ela tentava se suicidar. Salvando Maureen, Norman apaixona-se por ela, mas a jornalista Tracy, em busca de reportagens sensacionalistas, chega à cidade e começa a investigar as atividades do ex-louco.

COMENTÁRIOS: Segunda continuação do clássico de Alfred Hitchcock, desta vez dirigida pelo próprio Anthony Perkins (que também realizaria "Psicose IV", pouco antes de sua morte). Pouco imaginativo, o filme segue a mesma receita de seu modelo, inclusive com a repetição da antológica cena do chuveiro. Trata-se de uma produção sem maior interesse, apenas para os aficcionados mais entusiastas.

AVALIAÇÃO: **

PSYCHO COP 2 / PSYCHO COP RETURNS

PSYCHO COP 2: O RETORNO MALDITO

DIRETOR: Rif Coogan [Adam Rifkin]

PAÍS: Estados Unidos

COMPANHIA PRODUTORA: Film Nouveau / Penn Eden West Pictures

ANO DE PRODUÇÃO: 1992

DURAÇÃO: 85'

IDIOMA ORIGINAL: Inglês

PRODUÇÃO: David Andriole

ARGUMENTO: Wallace Potts

ROTEIRO: Dan Povenmire

FOTOGRAFIA: Enak Mada [Adam Kane] [cor]

MONTAGEM: William G. Bernard

MÚSICA: Marc David Decker

ELENCO: Bobby Ray Shafer, Barbara Lee Alexander, Julie Strain, Nick Vallelonga, Roderick Darin. Dave Bean, Alexandria Lakewood, Priscilla Huckleberry, John Paxton, Justin Carroll, Kimberly Spies, Al Schuermann, Miles David Dougal, David Andriole, Adam Rifkin, Alisa Wilson, Michael Karp, Brittany Ashland, Sara Lee Froton

GÊNERO: Horror em tom de comédia

SINOPSE: Ex-policial, que agora está trabalhando na milícia de Satanás e exerce o ofício de *serial killer*, resolve punir exemplarmente um grupo de executivos que vai promover uma animada orgia de despedida de solteiro nas instalações da sua própria empresa, no final do expediente. Mal começa a festa, Joe penetra no prédio e começa a caçar os perigosos delinquentes.

COMENTÁRIOS: Segunda e última "aventura" do tira satânico Joe Vickers, mais um psicopata imortal para se juntar à estirpe dos Jason e dos Michael Myers. Se o primeiro exemplar ainda se propunha a ter alguma seriedade, esta continuação mergulha fundo no aspecto de humor negro da trama, o que não traz nenhum benefício para o filme (e muito menos para os seus espectadores).

AVALIAÇÃO: **

PSYCHO COP RETURNS

(Cf. Psycho cop 2)

PSYCHOCOP – NINGUÉM ESTÁ EM SEGURANÇA

DIRETOR: Wallace Potts

PAÍS: Estados Unidos

COMPANHIA PRODUTORA: Smoking Gun

ANO DE PRODUÇÃO: 1989

DURAÇÃO: 87'

IDIOMA ORIGINAL: Inglês

PRODUÇÃO: Jessica Rains (coprodução: Marc Tocker)

ARGUMENTO: Wallace Potts

ROTEIRO: Wallace Potts

FOTOGRAFIA: Mark Walton [cor]

MONTAGEM: Ian McVey

MÚSICA: Alex Parker, Keyth Pisani

ELENCO: Bobby Ray Shafer, Jeff Quale, Palmer Lee Todd, Dan Campbell, Cynthia Guyer, Linda West, Greg Joujon-Roche, Bruce Melena, Glenn Steelman, Julie Araskog, Denise Hartman, David L. Zeisler

GÊNERO: Horror

SINOPSE: Três casais de jovens universitários vão passar uma temporada em uma luxuosa mansão, no local mais remoto e despovoado que seja possível imaginar. Porém, para azar do sexteto, eles não estarão propriamente sozinhos, já que terão a companhia de um policial psicopata e satanista que se dedica a exterminar cidadãos incautos.

COMENTÁRIOS: Mais um filme de psicopata assassino imortal, misturando a trama básica da série *Sexta-feira 13* com a do filme "Maniac cop" (William Lustig, 1988). Sem qualquer novidade e sem nenhuma criatividade, este é um filme apenas para fãs incondicionais do gênero *slasher*.

AVALIAÇÃO: **

THE PSYCHOPATH

As bonecas da morte

DIRETOR: Freddie Francis

PAÍS: Inglaterra

COMPANHIA PRODUTORA: Amicus Productions

ANO DE PRODUÇÃO: 1965

DURAÇÃO: 79'

IDIOMA ORIGINAL: Inglês

PRODUÇÃO: Mark J. Rosenberg, Milton Subotsky

ARGUMENTO: Robert Bloch

ROTEIRO: Robert Bloch

FOTOGRAFIA: John Wilcox [cor]

MONTAGEM: Oswald Hafenrichter

MÚSICA: Elisabeth Lutyens (direção: Phillip Martell)

ELENCO: Patrick Wymark, Margaret Johnston, Alexander Knox, John Standing, Don Borisenko, Colin Gordon, Thorley Walters, Robert Crewdson, Harold Lang, Tim Barrett, Frank Forsyth, Olive Gregg, Gina Gianelli, Peter Diamond, John Harvey, Greta Farrer, Judy Huxtable

GÊNERO: Drama de horror

SINOPSE: Um advogado é barbaramente assassinado e, junto

ao seu corpo, o criminoso deixa um boneco com o seu rosto. Investigando o caso, um inspetor de polícia desconfia de três amigos da vítima, que formavam com ele um quarteto de cordas amador. Porém, aprofundando sua busca, o inspetor descobre que os quatro amigos formavam parte de uma comissão de inquérito que, logo após a 2ª Guerra, mandou para a cadeia um rico industrial, sob a acusação de utilizar trabalho escravo. Como a viúva e o filho do industrial – que se suicidou na prisão, sempre alegando inocência – vivem perto da vítima, em uma mansão repleta de bonecos fabricados pela mulher, ela logo passa a ser a principal suspeita, principalmente depois que mais um dos quatro é morto em circunstâncias semelhantes.

COMENTÁRIOS: Apesar de não ser nenhuma obra-prima, trata-se de um bom filme dentro da grande tradição inglesa no cinema de horror, valorizado pelo roteiro do mestre Robert Bloch.

AVALIAÇÃO: ***

PUMPKINHEAD II – BLOOD WINGS

PUMPKINHEAD 2 – O RETORNO

DIRETOR: Jeff Burr

PAÍS: Estados Unidos

COMPANHIA PRODUTORA: Motion Picture Corporation of America

ANO DE PRODUÇÃO: 1994

DURAÇÃO: 88'

IDIOMA ORIGINAL: Inglês

PRODUÇÃO: Brad Krevoy, Steve Stabler, Jed Weintrob

ROTEIRO: Ivan Chachornia, Constantine Chachornia

FOTOGRAFIA: William Dill [cor]

MONTAGEM: Lauren Schaffer

MÚSICA: Jim Manzie

ELENCO: Ami Dolenz, Andrew Robinson, Steve Kanaly, J. Trevor Edmond, Caren Kaye, Linnea Quigley, Lilyan Chauvin, Gloria Hendry, Hill Harper, Alexander Polinsky, Joe Unger, Roger Clinton, Soleil Moon Frye, Mark McCracken, Jean-Paul Manoux, John Gatins, R. A. Mihailoff, Kane Hodder, Will Huston, Chuck Aronberg, Barry Davis, Nicole Maggio, Michael J. Carra, Harri James, Michael Mandaville, Mike Johnson, Robert H. Harvey, Jason Sanford, Ed Anders, Monte R. Perlin, Lon Sunders, Chad Oman, Peter Lupus III, Peter Lupus, Cecile Kevroy, Tracie Graham

GÊNERO: Horror

SINOPSE: Cafundós dos Estados Unidos, anos 1950: Considerado uma ameaça, apesar de ser bastante pacato, adolescente monstruosamente deformado é linchado por um bando de arruaceiros. Como os assassinos são da elite local, o crime é encoberto e tudo fica por isso mesmo. Porém, passam-se algumas décadas e outro grupo de jovens (entre os quais está o filho de um dos assassinos, agora juiz da cidade) atropelam uma velha bruxa, que fôra a protetora – e mãe – do monstro. Dispostos a tirar uma onda, os jovens invadem a casa da bruxa e roubam uma poção, resolvendo brincar de ressuscitar cadáveres. Porém, eles desenterram justamente o corpo do monstro, sem saber que se trata do filho de Pumpkinhead, um demônio vingador.

COMENTÁRIOS: Filmete em vídeo contando mais uma história de espírito maligno que vem se vingar dos que causaram a sua destruição. Os efeitos especiais paupérrimos em nada contribuem para atenuar a fraqueza do elenco e a precariedade da trama.

AVALIAÇÃO: *

Bonecos da morte

DIRETOR: David Schmoeller

PAÍS: Estados Unidos

COMPANHIA PRODUTORA: Empire Pictures / Full Moon Entertainment

ANO DE PRODUÇÃO: 1989

DURAÇÃO: 89'

IDIOMA ORIGINAL: Inglês

PRODUÇÃO: Hope Perello

ARGUMENTO: Charles Band, Kenneth J. Hall

ROTEIRO: Joseph G. Collodi

FOTOGRAFIA: Sergio Salvati [cor]

MONTAGEM: Tom Meshelski

MÚSICA: Richard Band

ELENCO: Paul Le Mat, Irene Miracle, Matt Roe, Kathryn O'Reilly, Merrya Small, Jimmie F. Skaggs, Robin Frates, Barbara Crampton, William Hickey

GÊNERO: Horror

SINOPSE: André Toulon é uma mistura de alquimista e fabricante de bonecos que dá vida às suas criações utilizando uma velha magia egípcia. Quando ele é assassinado, no final dos anos 30, seus bonecos ficam escondidos, até que são encontrados pelo inescrupuloso Neil, que pretende utilizar seus poderes para conquistar a vida eterna. Para facilitar seus planos, ele forja sua própria morte e reúne no velório os seus antigos sócios – todos indivíduos com poderes psíquicos – a fim de poder eliminá-los com mais facilidade com a ajuda dos bonecos.

COMENTÁRIOS: Produção barata, que utiliza pouco os interessantes bonecos e economiza até nas cenas de matança. Apesar disso, o filme deu origem a uma longa série, que nunca ultrapassou a mediocridade. O destaque é para Le Mat, um dos mais ridículos canastrões já vistos na tela de um cinema.

AVALIAÇÃO: **

PUPPET MASTER II

O MESTRE DOS BRINQUEDOS

DIRETOR: David Allen

PAÍS: Estados Unidos

COMPANHIA PRODUTORA: Full Moon Entertainment

ANO DE PRODUÇÃO: 1990

DURAÇÃO: 88'

IDIOMA ORIGINAL: Inglês

PRODUÇÃO: David DeCoteau, John Schouweiler, Juliet Avola, King Wilder

ARGUMENTO: Charles Band

ROTEIRO: David Pabian

FOTOGRAFIA: Thomas F. Denove [cor]

MONTAGEM: Bert Glatstein, Peter Teschner

MÚSICA: Richard Band

ELENCO: Elizabeth MacLellan, Collin Bernsen, Gregory Webb, Charlie Spradling, Steve Welles, Jeff Weston, Ivan J. Rado, Sage Allen, George 'Buck' Flower, Nita Talbot, Sean B. Ryan, Michael Todd, Julianne Mazziotti, Taryn Band, Alex Band

GÊNERO: Horror

SINOPSE: Cinquenta anos depois da sua morte, o bonequeiro do mal André Toulon é trazido de volta à vida pelos seus próprios bonecos, já que o soro mágico que lhes dá vitalidade está quase no fim. Sob ordens do satânico André, eles iniciam uma coleta de cérebros humanos, matéria-prima da sua fórmula. Porém, enquanto isso, o hotel em ruínas onde vive esta simpática turminha está sendo investigado por uma equipe de pesquisadores do governo norte-americano, chefiada pela bela Carolyn. Como a moça é uma perfeita sósia da falecida esposa de Toulon, ele decide incorporá-la em uma boneca, dando-lhe também a imortalidade relativa de que dispõe.

COMENTÁRIOS: Esta continuação consegue ser ainda mais inepta que o filme inicial, repetindo muito e acrescentando pouco.

AVALIAÇÃO: **

PYEGA / THE HAUNTED HOUSE PROJECT

CASA ABANDONADA

DIRETOR: Lee Cheol-ha

PAÍS: Coreia do Sul

COMPANHIA PRODUTORA: Daisy Entertainment

ANO DE PRODUÇÃO: 2010

DURAÇÃO: 84'

IDIOMA ORIGINAL: Coreano

ROTEIRO: Kim Eun-Kyeong

FOTOGRAFIA: Kim Min [cor]

MONTAGEM: Mun In-dae

MÚSICA: Choi Yongrock

ELENCO: Hyun Tae-Ho, Jun In-Kul, Lee Hwa-Jung, Shin Kyung-Sun, Shin So-Yul, Yoon Yi-Na

GÊNERO: Horror *found footage*

SINOPSE: Uma equipe de TV está realizando um documentário em uma fábrica abandonada que ganhou fama de mal-assombrada, depois que o proprietário e sua família foram barbaramente chacinados no local – sem que os responsáveis pelo crime tenham sido identificados. O filme será protagonizado por três jovens, membros de um clube de caçadores de fantasmas, que deverão passar a noite explorando as ruínas. Porém, a inocente excursão vai assumir um rumo inesperado e assustador.

COMENTÁRIOS: Esta produção mistura a história de "O grito" com o estilo narrativo de "A bruxa de Blair" (conhecido como *found footage*). O filme segue à risca os seus modelos, valorizado pelo excelente cenário, mas se compromete ao desprezar os mais básicos princípios do bom senso: todos os personagens têm telefones celulares, mas ninguém sequer pensa em pedir ajuda à polícia.

AVALIAÇÃO: ***

PYTHON

PYTHON – A COBRA ASSASSINA

DIRETOR: Richard Clabaugh

PAÍS: Estados Unidos

COMPANHIA PRODUTORA: UFO – Unified Film Organization

AÑO DE PRODUÇÃO: 2000

DURAÇÃO: 99'

IDIOMA ORIGINAL: Inglês

PRODUÇÃO: Kenneth Olandt, Jeffery Beach, Philip Roth

ARGUMENTO: Philip Roth

ROTEIRO: Chris Neal, Gary Hershberger, Paul J. M. Bogh

FOTOGRAFIA: Patrick Rousseau [cor]

MONTAGEM: Christian McIntire

MÚSICA: Daniel J. Nielsen, "Mad Bus"

ELENCO: Frayne Rosanoff, William Zabka, Dana Barron, Sara Mornell, Wil Wheaton, Chris Owens, Sean Whalen, Gary Grubbs, Theo Pagones, Scott Williamson, David Bowe, Keith Coogan, John Franklin, Casper Van Dien, Robert Englund, Jenny McCarthy, Loridawn Messuri, Kathleen Lambert, Bob Lepucki [Robert Lepucki], Ed Lauter, Marc McClure, Natasha Roth, Trevor Baer, cobra Greta

GÊNERO: Horror com elementos de comédia

SINOPSE: Uma imensa cobra píton, desenvolvida por um cientista louco para uso militar, escapa enquanto estava sendo transportada em um avião de carga. O avião cai, mas a cobra sobrevive, passando a atacar a população de uma pequena cidade. Como, além do seu tamanho gigantesco, a cobra ainda dispõe de uma enorme força e de um suco gástrico altamente corrosivo, que ela expele sobre as suas vítimas, os pobres habitantes da cidadezinha terão que contar com alguns abnegados e heróicos concidadãos para livrá-los da total aniquilação.

COMENTÁRIOS: Telefilme que junta uma produção paupérrima com alguns dos clichês mais surrados do gênero.

AVALIAÇÃO: **

Terror que mata

DIRETOR: Val Guest

PAÍS: Inglaterra

COMPANHIA PRODUTORA: Exclusive Films

ANO DE PRODUÇÃO: 1955

DURAÇÃO: 82'/78'

IDIOMA ORIGINAL: Inglês

PRODUÇÃO: Anthony Hinds

ARGUMENTO: Nigel Kneale

ROTEIRO: Richard Landau, Val Guest

FOTOGRAFIA: Walter Harvey [p&b]

MONTAGEM: James Needs

MÚSICA: James Bernard

ELENCO: Brian Donlevy, Jack Warner, Margia Dean, Thora Hird, Gordon Jackson, David King-Wood, Harold Lang, Lionel Jeffries, Sam Kydd, Richard Wordsworth

GÊNERO: Horror e ficção científica

SINOPSE: Um misterioso artefato cai em território britânico e as autoridades, convocadas ao local da queda, descobrem tratar-se de uma nave espacial nacional, que estava realizando uma viagem experimental. O responsável pelo projeto, o gênio da física dr. Quatermass, não consegue entender a causa da queda e se surpreende ao descobrir que apenas um dos três astronautas — Victor Carroon — está vivo. Porém, sua surpresa maior, ao entrar na nave, é constatar o completo desaparecimento dos outros dois tripulantes. Em estado de choque, Carroon é recolhido ao laboratório de Quatermass, apresentando graves anomalias físicas. A esposa do astronauta, Judith, convence Quatermass a mandá-lo para um hospital, já que seu estado está se agravando, mas logo depois o cientista descobre que Carroon está tomado por uma força alienígena, que vampiriza os outros seres sugando sua energia vital.

COMENTÁRIOS: Adaptado de uma telepeça, o filme se ressente da falta de cenas dramáticas e da precariedade da trama. Primeira produção de horror da Hammer, que não aparece nos créditos

AVALIAÇÃO: ***

QUATERMASS 2

QUATERMASS 2

DIRETOR: Val Guest

PAÍS: Inglaterra

COMPANHIA PRODUTORA: Hammer

ANO DE PRODUÇÃO: 1957

DURAÇÃO: 85'

IDIOMA ORIGINAL: Inglês

PRODUÇÃO: Anthony Hinds

ARGUMENTO: Nigel Kneale

ROTEIRO: Nigel Kneale, Val Guest

FOTOGRAFIA: Gerald Gibbs [p&b]

MONTAGEM: James Needs

MÚSICA: James Bernard

ELENCO: Brian Donlevy, John Longdon, Sydney James, Bryan Forbes, William Franklyn, Vera Day, Charles Lloyd Pack, Tom Chatto, John Van Eyssen, Percy Herbert, Michael Ripper, John Rae, Marianne Stone, Ronald Wilson, Jane Aird, Betty Impey, Lloyd Lamble, John Stuart, Gilbert Davis, Joyce Adams, Edwin Richfield, Howard Williams, Philip Baird, Robert Raikes, John Fabian, George Merritt, Arthur Blake, Michael Balfour

GÊNERO: Horror e ficção científica

SINOPSE: Dirigindo à noite por uma estrada deserta, o professor Quatermass quase se choca com outro veículo, no qual viaja um casal de jovens. Ao verificar o que houve, ele constata que o rapaz está com uma grave queimadura e sua namorada estava levando-o para um hospital. Segundo a moça, a queimadura teria sido causada por uma rocha, que eles encontraram nas proximidades de uma antiga aldeia, destruída pelo governo para a construção de uma grande instalação industrial. Ao descobrir que a tal rocha é um meteorito, Quatermass resolve visitar o local onde ela foi encontrada e tem uma incrível surpresa: a tal instalação é uma cópia exata do seu projeto para uma base espacial que permitiria que os humanos colonizassem a Lua. Quatermass e seu acompanhante, que também sofre uma queimadura com as rochas, são detidos pela segurança do local. Expulso de maneira violenta, o cientista apura os fatos e fica sabendo que a tal instalação é uma fábrica experimental de alimentos, que desenvolve experiências ultra-secretas. Porém, insatisfeito com a versão oficial, ele aprofunda as investigações e se vê às voltas com uma terrível conspiração.

COMENTÁRIOS: Segunda aventura do dr. Quatermass, que ainda voltaria em um terceiro filme, em 1967. Como sempre, o abnegado cientista se vê às voltas com ameaças alienígenas que só ele é capaz de combater.

AVALIAÇÃO: ***

UMA SEPULTURA NA ETERNIDADE

DIRETOR: Roy Ward Baker

PAÍS: Inglaterra

COMPANHIA PRODUTORA: Hammer Film Productions

ANO DE PRODUÇÃO: 1967

DURAÇÃO: 97'

IDIOMA ORIGINAL: Inglês

PRODUÇÃO: Anthony Nelson Keys

ARGUMENTO: Nigel Kneale

ROTEIRO: Nigel Kneale

FOTOGRAFIA: Arthur Grant [cor]

MONTAGEM: Spencer Reeve (supervisão: James Needs)

MÚSICA: Tristram Cary (supervisão: Philip Martell)

ELENCO: James Donald, Andrew Keir, Barbara Shelley, Julian Glover, Duncan Lamont, Bryan Marshall, Peter Copley, Edwin Richfield, Grant Taylor, Maurice Good, Robert Morris, Sheila Steafel, Hugh Futcher, Hugh Morton, Thomas Heathcote, Noel Howlett, Hugh Manning, June Ellis, Keith Marsh, James Culliford, Bee Duffell, Roger Avon, Brian Peck, John Graham, Charles Lamb

GÊNERO: Horror e ficção científica

SINOPSE: Durante as escavações para a ampliação do metrô de Londres, operários descobrem alguns ossos estranhos, que logo se revelam fósseis de um remoto antepassado do ser humano. Cientistas chegam para examinar o local e iniciam uma pesquisa arqueológica. Subitamente, no mesmo sítio onde foram achados os ossos, é encontrado também um grande artefato de metal, que todos pensam tratar-se de uma das bombas lançadas sobre a cidade pelos alemães, na 2ª Guerra. Porém, o professor Quatermass e seu colega, o dr. Roney, examinam o artefato e acreditam que possa se tratar de uma espaçonave alienígena. Esse ponto de vista é confirmado pela descoberta, dentro da nave, dos corpos fossilizados de estranhos seres, de origem marciana. Quatermass chega à conclusão de que os marcianos são contemporâneos do hominídio fossilizado, que deve ter alguns milhões de anos, e que este último deveria estar viajando junto com os ETs. Porém, mais aterradora do que esta descoberta é a suspeita de que os corpos dos marcianos ainda possam conter alguma sutil força psíquica capaz de interferir no comportamento dos humanos modernos.

COMENTÁRIOS: Última – e melhor – parte da trilogia *Quatermass*, com uma história bastante inteligente e original.

AVALIAÇÃO: ***

QUEEN OF BLOOD

Planeta sangrento

DIRETOR: Curtis Harrington

PAÍS: Estados Unidos

COMPANHIA PRODUTORA: American International Pictures

ANO DE PRODUÇÃO: 1966

DURAÇÃO: 81'

IDIOMA ORIGINAL: Inglês

PRODUÇÃO: George Edwards

ARGUMENTO: Curtis Harrington

ROTEIRO: Curtis Harrington

FOTOGRAFIA: Vilis Lapenieks [cor]

MONTAGEM: Leo Shreve

MÚSICA: Leonard Morand

ELENCO: John Saxon, Basil Rathbone, Judi Meredith, Dennis Hopper, Florence Marly, Robert Boon, Don Eitner, Virgil Frye, Robert Porter, Terry Lee, Forrest Ackerman

GÊNERO: Ficção científica

SINOPSE: Terra, 1990: pela primeira vez os cientistas conseguem se comunicar com um outro planeta, que envia uma nave para nos visitar. Porém, a nave sofre um acidente e cai em Marte. Uma equipe de astronautas é enviada para fazer o resgate e só encontra um sobrevivente: uma mulher muito estranha. A alienígena é levada para a Terra, mas, durante a longa viagem, vai revelar hábitos um tanto incômodos para a segurança dos bravos astronautas e de toda a humanidade em geral.

COMENTÁRIOS: Produção de baixo orçamento (quase toda a trama se passa dentro de uma frugalíssima nave espacial), com a curiosidade de utilizar os sofisticados (para a época) efeitos especiais extraídos de algumas produções soviéticas (tal como o cinema americano também fazia com os filmes japoneses).

AVALIAÇÃO: ***

QUELLA VILLA ACCANTO AL CIMITERO / THE HOUSE BY THE CEMETERY

A CASA DOS MORTOS VIVOS

DIRETOR: Lucio Fulci

PAÍS: Itália

COMPANHIA PRODUTORA: Fulvia Film

ANO DE PRODUÇÃO: 1981

DURAÇÃO: 83'

IDIOMA ORIGINAL: Inglês (dub)

PRODUÇÃO: Fabrizio de Angelis

ARGUMENTO: Elisa Livia Briganti

ROTEIRO: Dardano Sacchetti, Giorgio Mariuzzo, Lucio Fulci

FOTOGRAFIA: Sergio Salvati [cor]

MONTAGEM: Vincenzo Tomassi

MÚSICA: Walter Rizzati

ELENCO: Katherine MacColl [Catriona MacColl], Paolo Malco, Ania Pieroni, Giovanni Frezza, Silvia Collatina, Dagmar Lassander, Giovanni de Nava, Daniela Doria, Gianpaolo Saccarola, Carlo de Mejo, John Olson, Elmer Johnson, Ranieri Ferrara, Teresa Rossi Passante

GÊNERO: Drama de horror

SINOPSE: Norman Boyle é um pesquisador novaiorquino que aceita a missão de assumir o trabalho de um colega famoso, o dr. Eric Peterson, que assassinou sua amante e se enforcou enquanto fazia pesquisas sobre o suicídio. Norman leva a esposa e o filho pequeno para Boston, onde o falecido trabalhava, e se instala em uma casa de campo. Porém, ele ignora que o local é habitado secretamente por um velho cientista louco, o dr. Freudstein, que descobriu o segredo da imortalidade regenerando suas células com as das vítimas que ele mata.

COMENTÁRIOS: Mistura de Frankenstein e zumbis, sem a menor originalidade.

AVALIAÇÃO: **

A MALDIÇÃO DE QUICKSILVER

DIRETOR: Mick Garris

PAÍS: Estados Unidos

COMPANHIA PRODUTORA: Twentieth Century Fox

ANO DE PRODUÇÃO: 1997

DURAÇÃO: 90'

IDIOMA ORIGINAL: Inglês

PRODUÇÃO: Mick Garris, Ron Mitchell

ARGUMENTO: Stephen King, Clive Barker

ROTEIRO: Mick Garris

FOTOGRAFIA: Shelly Johnson [cor]

MONTAGEM: Norman Hollyn

MÚSICA: Mark Mothersbaugh

ELENCO: Christopher Lloyd, Matt Frewer, Raphael Sbarge, Missy Crider, Silas Weir Mitchell, Bill Nunn, Veronica Cartwright, Bill Bolender, Amelia Heinle, Clive Barker, Cynthia Garris, Kevin Grevioux, Christopher Hart, William Knight, John Landis, Shawn Nelson, Sherry O'Keefe, Dana Waters, Constance Zimmer

GÊNERO: Horror para adolescentes

SINOPSE: Em dois episódios (ou quatro, conforme o ponto de vista): 1) CHATTERY TEETH – Jovens recém-casados têm o carro enguiçado em pleno deserto. Enquanto o marido vai procurar ajuda, a mulher recebe a visita do misterioso Quicksilver, personagem que vaga pelas estradas em busca de histórias interessantes para ver e contar. Quicksilver conta para a moça a história de um vendedor que, em pleno deserto, dá uma carona para um desconhecido. O desconhecido revela-se um salteador de estrada, mas o vendedor é salvo por um estranho brinquedo mecânico; 2) THE BODY POLITIC – Num parque de diversões, um punguista está fugindo da polícia e entra na tenda de um quiromante. que é o próprio Quicksilver. Este lhe conta a história de um famoso cirurgião plástico, cujas mãos se cansaram da ditadura do corpo e resolveram se rebelar, passando a agir por conta própria.

COMENTÁRIOS: Mais uma coletânea de contos de horror feita para a TV (provavelmente como piloto para alguma série frustrada). Apesar de alguma ironia e criatividade (especialmente no segundo episódio), o resultado não consegue despertar qualquer entusiasmo.

AVALIAÇÃO: ***

O 5º PODER / O QUINTO PODER

O 5º PODER

DIRETOR: Alberto Pieralisi

PAÍS: Brasil

COMPANHIA PRODUTORA: Pedregal Films

ANO DE PRODUÇÃO: 1961-1963

DURAÇÃO: 100'

IDIOMA ORIGINAL: Português

PRODUÇÃO: Carlos Pedregal

ARGUMENTO: Carlos Pedregal

ROTEIRO: Carlos Pedregal (decupagem: Alberto Pieralisi) (diálogos: Léo Victor, Carlos Pedregal)

FOTOGRAFIA: Ozen Sermet [p&b]

MONTAGEM: Ismar Porto

MÚSICA: Remo Usai

ELENCO: Eva Wilma, Oswaldo Loureiro, Augusto César [Augusto César Vanucci], Sebastião Vasconcellos, Dary Reis, Leonides Bayer, Renato Coutinho, Nildo Parente, Roberto Maya, Alfredo Murphy, Jurema Magalhães, Roberto de Cleto, Fábio Sabag, Antonio Cirilo Costa, Oswaldo Loreiro [Oswaldo Loureiro Pai], Luiz Mazzei, Orlando Guy, Oscar Cardona, Rodolfo Del Rio, Dirceu Fuchs, Pedro Faria Veiga, Emilvano Ribeiro, Orlando Villar, Adhemar Gonzaga

GÊNERO: Drama de suspense com elementos de ficção científica

SINOPSE: Com a finalidade de apoderar-se dos recursos naturais brasileiros, uma misteriosa potência estrangeira tenta dominar o país por intermédio de um sofisticado processo de condicionamento e de lavagem cerebral, encarregando seus agentes de divulgarem secretamente – principalmente através da televisão e do rádio – mensagens subliminares de conteúdo ideológico que influenciam o comportamento de toda a população, gerando o pânico, o caos social e a desorganização política. Porém, devido ao seu horror pela mídia, o jornalista Carlos Marques escapa do controle mental e percebe o que está ocorrendo, passando a lutar com todas as forças para impedir que o país mergulhe em uma sangrenta guerra civil.

COMENTÁRIOS: O filme aborda – com rara penetração – os perigos potenciais do crescente poder da mídia e da propaganda, em plena época da Guerra Fria.

AVALIAÇÃO: ***

ENRAIVECIDA NA FÚRIA DO SEXO

DIRETOR: David Cronenberg

PAÍS: Canadá

COMPANHIA PRODUTORA: Dunning / Link / Reitman

ANO DE PRODUÇÃO: 1976

DURAÇÃO: 91'

IDIOMA ORIGINAL: Inglês

PRODUÇÃO: John Dunning

ARGUMENTO: David Cronenberg

ROTEIRO: David Cronenberg

FOTOGRAFIA: René Verzier [cor]

MONTAGEM: Jean Lafleur

MÚSICA: Ivan Reitman (supervisor)

ELENCO: Marilyn Chambers, Frank Moore, Joe Silver, Howard Ryshpan, Patricia Cage, Susan Roman, J. Roger Periard, Lynne Deragon, Terry Schonblum, Victor Désy, Julie Anna, Gary McKeehan, Terrence G. Ross, Miguel Fernandes, Robert O'Ree, Greg Van Riel, Jerome Tiberghien, Allan Moyle, Richard Farrell, Jeannette Casenave, Carl Wasserman, John Boylan, Malcolm Nelthorpe, Vlasta Vrana, Kirk McColl, Jack Messinger, Yvon Lecompte, Grant Lowe, John Gilbert, Tony Angelo, Peter McNeill, Una Kay, Madeline Pageau, Mark Walker, Bob Silverman, Monique Belisle, Ron Mlodzik, Isabelle Lajeunesse, Terry Donald, Louis Negin, Bob Girolami, Harry Hill, Kathy Keefler, Marcel Fournier, Valda Dalton, Murray Smith, Riva Spier, Denis Lacroix, Sherman Maness, Basil Fitzgibbon

GÊNERO: Horror

SINOPSE: Enquanto viaja de motocicleta por um local remoto, na garupa de seu namorado Hart, Rose sofre um grave acidente e corre um sério risco de vida. Por sorte, tudo acontece nas proximidades da clínica de cirurgia plástica do dr. Keloid, que decide operar Rose usando uma técnica experimental de enxertos de pele. Porém, a operação tem uma consequência totalmente inesperada, já que a pele enxertada adquire a estranha propriedade de sugar sangue humano, transformando Rose em uma espécie de vampira epidérmica. Como se não bastasse, as vítimas da moça se transformam em zumbis sanguinários, provocando uma epidemia que pode ameaçar o mundo.

COMENTÁRIOS: Produção da fase canadense do diretor Cronenberg, quando seus filmes eram muito mais baratos e muito mais criativos. Trata-se, na verdade, de uma produção bastante interessante, reciclando um tema que o diretor já havia utilizado em um filme anterior ("Shivers"). Além do talento de Cronenberg, o filme é valorizado pela presença da belíssima Marilyn Chambers, uma das divas supremas do cinema pornô norte-americano.

AVALIAÇÃO: ***

RAISING CAIN

SÍNDROME DE CAIM

DIRETOR: Brian De Palma

PAÍS: Estados Unidos

COMPANHIA PRODUTORA: Pacific Western

ANO DE PRODUÇÃO: 1992

DURAÇÃO: 91'

IDIOMA ORIGINAL: Inglês

PRODUÇÃO: Gale Anne Hurd, Michael R. Joyce

ARGUMENTO: Brian De Palma

ROTEIRO: Brian De Palma

FOTOGRAFIA: Stephen H. Burum [cor]

MONTAGEM: Paul Hirsch, Bonnie Koehler, Robert Dalva

MÚSICA: Pino Donaggio

ELENCO: John Lithgow, Lolita Davidovich, Steven Bauer, Francis Sternhagen, Gregg Henry, Tom Bower, Mel Harris, Teri Austin, Gabrielle Carteris, Barton Heyman, Amanda Pombo, Kathleen Callan, Ed Hooks, Jim Johnson, Karen Kahn, Noé Montoya, Riq Boogie Espinoza, Carolyn Morrell, W. Allen Taylor, Scott Townley, Mary Uhland, Steve Schill, James Van Harper

GÊNERO: Drama de suspense e horror

SINOPSE: Carter é um psicólogo de crianças que dedica boa parte do seu tempo aos cuidados com a filha pequena, que ele utiliza para estudar o comportamento infantil. Porém, por trás de sua aparência pacata e respeitável, ele é um perigoso psicopata com múltiplas personalidades. Tal como agora faz com sua filha, ele fôra usado como cobaia por seu pai, o dr. Nix, um pesquisador norueguês que conseguira criar intencionalmente no filho outras três personalidades. Ao ser acusado pelo rapto de crianças, Nix fugira para a Noruega e se suicidara, há 20 anos. A mais perigosa das personalidades de Carter é Cain, um assassino frio que mata mulheres para raptar seus filhos e que aflora quando Carter está em situações dramáticas. Quando o psicólogo descobre que está sendo traído por sua esposa, Cain aparece e planeja uma vingança sádica.

COMENTÁRIOS: Mais uma paródia hitchcockiana de Brian De Palma (sem dúvida, o mais habilitado imitador do mestre do suspense), com algumas semelhanças com "Vestida para matar".

Apesar dos seus inevitáveis exageros e da falta de suspense (o mistério das personalidades múltiplas é desvendado logo no início), trata-se de um espetáculo bastante interessante.

AVALIAÇÃO: ***

RAMMBOCK / SIEGE OF THE DEAD

DIRETOR: Marvin Kren

PAÍS: Alemanha

COMPANHIA PRODUTORA: Moneypenny Filmproduktion / ZDF – Das Kleine Fernsehspiel

ANO DE PRODUÇÃO: 2010

DURAÇÃO: 62'

IDIOMA ORIGINAL: Alemão

PRODUÇÃO: Sigrid Hoerner

ROTEIRO: Benjamin Hessler

FOTOGRAFIA: Moritz Schultheiss [cor]

MONTAGEM: Silke Olthoff

MÚSICA: Marco Dreckkötter, Stefan Will

ELENCO: Michael Fuith, Anka Graczyk, Theo Trebs, Emily Cox, Steffen Münster, Katelijne Philips-Lebon, Sebastian Achilles, Brigitte Kren, Andreas Schröders, Jörn Hentschel, Katharina Rivilis, Harald Geil, Arno Kölker, Carsten Behrendt, Glen Curtis, Margrit Traupe, Manuel Völlink, Florentine Schara, Nenad Lucic, Matthew Hashemian Thomas, Birgit Smolka, coelho Polly, Mila Gach, Ingrid Beerbaum, Johannes Wilms

GÊNERO: Horror de zumbis

SINOPSE: Após alguns meses de afastamento, Michael volta a

Berlim, a fim de tentar a reconciliação com sua ex-namorada Gabi. Porém, a chegada de Michael coincide justamente com a eclosão de uma epidemia de raiva humana, que está transformando as pessoas em zumbis ultraviolentos. Enquanto luta para salvar sua vida, com a ajuda de um jovem ajudante de encanador, Michael tenta descobrir o que aconteceu com sua amada.

COMENTÁRIOS: Os habituais clichês de filmes de zumbis em versão germânica e em uma perspectiva romântica.

AVALIAÇÃO: ***

RAP NAWNG SAYAWNG KHWAN / SCARED

O PORTAL

DIRETOR: Pakphum Wongjinda

PAÍS: Tailândia

COMPANHIA PRODUTORA: Baa-Ram-Ewe

ANO DE PRODUÇÃO: 2005

DURAÇÃO: 81'

IDIOMA ORIGINAL: Tailandês

PRODUÇÃO: Prachya Pinkaew, Sukanya Vongsthapat

ARGUMENTO: Prachya Pinkaew, Pakphum Wongjinda

ROTEIRO: Pakphum Wongjinda

FOTOGRAFIA: Nradech Samneangsanor [cor]

MONTAGEM: Thawat Siripong

MÚSICA: Pathai Phuangjeen

ELENCO: Borvornpoch Jaikunta, Napapa Tantragul, Chitjun

Rujiphan, Amonphan Gongtragan, Sumonrat Wattanaselarat, Thanothai Auramornrat, Wongtep Kunrattanawat, Sudprach Aungtrakul, Park Wannasiri, Chatchawan Sida, Worarat Niyomdaj, Kunya Rattanapetch, Kobkullaya Chingprasertsri, Phantila Fooklin, Kenta Tsuchiya, Ittinan Onnhteparuk, Adchara Sawangwai, Sutha Kalamitr, Boonsong Narkphoo, Amporn Warasith, Duangjai Hathaikarn, Pantaree Teasuwan, Wanicha Sangthong, Ratchaneewan Maneerat, Tanachai Woramejakanon, Usuma Mongkontham, Siriratana Chotimaporn, Pisut Teanswat, Pakasit Deenang, Thongchai Srikong

GÊNERO: Horror *slasher*

SINOPSE: Para comemorar sua entrada na escola, um grupo de estudantes secundaristas participa de uma excursão de ônibus, para irem visitar uma floresta distante. Porém, sua viagem parece destinada ao fracasso, já que a tal floresta está fechada para turistas. Inconformados, os veteranos responsáveis pela excursão aceitam o oferecimento de um morador da região, que se dispõe a levá-los por um outro caminho. Ao passarem por uma velha ponte, o ônibus despenca, causando a morte do motorista e de alguns jovens. Os sobreviventes, desesperados, vagam pela floresta em busca de ajuda, mas não encontram ninguém. Por fim, eles chegam a um posto de gasolina isolado, onde encontram comida e abrigo. Mas é tudo um grande engano, já que o posto está deserto, a não ser pela presença de um misterioso psicopata, que passa a caçar os adolescentes.

COMENTÁRIOS: Um completo desastre, que tenta – da maneira mais amadorística – copiar os filmes norte-americanos de psicopatas assassinos. No entanto, essa salada de clichês nunca consegue chegar a lugar nenhum, com um roteiro ridículo e personagens estúpidos que realmente merecem cada golpe que recebem (para não falar do final tosco).

AVALIAÇÃO: *

SANTO CONTRA LOS ASESINOS DE OTROS MUNDOS

(Cf. Asesinos de otros mundos)

SCARED

(Cf. Rap nawng sayawng khwan)

SIEGE OF THE DEAD

(Cf. Rammbock)

SLAUGHTER HIGH

DIRETOR: George Dugdale, Mark Ezra, Peter Litten

PAÍS: Inglaterra / Estados Unidos

COMPANHIA PRODUTORA: Spectacular Trading Co.

ANO DE PRODUÇÃO: 1985

DURAÇÃO: 90'

IDIOMA ORIGINAL: Inglês

PRODUÇÃO: Steve Minasian, Dick Randall

ARGUMENTO: George Dugdale, Mark Ezra, Peter Litten

ROTEIRO: George Dugdale, Mark Ezra, Peter Litten

FOTOGRAFIA: Alan Pudney [cor]

MONTAGEM: Jim Connock

MÚSICA: Harry Manfredini

ELENCO: Caroline Munro, Simon Scuddamore, Carmine Iannaccone, Donna Yeager, Gary Martin, Billy Hartman, Michael Saffran, John Segal, Kelly Baker, Sally Cross, Marc Smith, Dick Randall, Jon Clark

GÊNERO: Horror

SINOPSE: Em uma escola secundária, o nerd Marty é vítima constante do abuso de seus colegas sádicos, que não gostam do seu jeito esquisitão e querem que todo mundo seja igual a eles. Em mais uma brincadeira violenta, ele sofre um terrível acidente e fica bastante desfigurado, tendo que abandonar os estudos. Dez anos depois, oito ex-alunos são convidados para um encontro de confraternização no colégio, que está fechado e será demolido. Quando chegam ao estabelecimento, eles logo descobrem que foram atraídos para a vingança de Marty.

COMENTÁRIOS: Mais uma história de alguma vítima de bullying que se torna psicopata e volta, muitos anos depois, para promover uma vingança sangrenta e bizarra. Este filme não foge absolutamente aos clichês do gênero, embora peque pelo elenco sem carisma (e totalmente fora da faixa etária adequada). Como curiosidade, esta é a única atuação de Simon Scuddamore (o vilão Marty), que se suicidou logo após o término das filmagens. Estritamente indicado para os apreciadores do subgênero *slasher*.

AVALIAÇÃO: ***

STARMAN

(Cf. Attack from space)

SWARMED

O ATAQUE DAS VESPAS MUTANTES

DIRETOR: Paul Ziller

PAÍS: Canadá

COMPANHIA PRODUTORA: S. V. Scary Films 2 / Outrage Productions 4

ANO DE PRODUÇÃO: 2005

DURAÇÃO: 88'

IDIOMA ORIGINAL: Inglês

PRODUÇÃO: Neil Bregman, Stefan Wodoslawsky

ROTEIRO: Miguel Tejada-Flores

FOTOGRAFIA: Robert Saad [cor]

MONTAGEM: Robert E. Newton

MÚSICA: James Gelfand

ELENCO: Michael Shanks, Carol Alt, Richard Chevolleau, Booth Savage, Christopher Bondy, Tim Thomerson, Jonathan Malen, Maria Brooks, Balázs Koós, Ellen Dubin, David Eisner, Samantha Weinstein, Scott Wickware, Lorry Ayers, Bill Lake, John Baktis, Claudio Masciulli, Mazin Elsadig

GÊNERO: Horror e ficção científica

SINOPSE: Cientista que pesquisa venenos mais eficientes para exterminar vespas descobre, por mero acaso, que sua mais recente invenção não só torna as vespas mais violentas, mas potencializa bastante o poder do seu veneno. Com a ajuda de uma bela entomologista, o desastrado cientista vai tentar evitar que o povo da sua cidadezinha seja devorado pelos insetos mutantes, que obviamente fugiram do seu laboratório de segurança mínima.

COMENTÁRIOS: Telefilme canadense com uma trama totalmente previsível e personagens estereotipados.

AVALIAÇÃO: **

SWIMMING POOL – DER TOD FEIERT MIT / THE POOL

UM GRITO EMBAIXO D'ÁGUA

DIRETOR: Boris von Sychowski

PAÍS: Alemanha

COMPANHIA PRODUTORA: Calypso Film / Senator Film

ANO DE PRODUÇÃO: 2001

DURAÇÃO: 91'

IDIOMA ORIGINAL: Inglês

PRODUÇÃO: Werner Possardt, Benjamin Herrmann

ARGUMENTO: Andreas Bütow

ROTEIRO: Lorenz Stassen, Boris von Sychowski

FOTOGRAFIA: Notker Mahr [cor]

MONTAGEM: Sabine Mahr-Haigis

MÚSICA: Johannes Kobilke

ELENCO: Kristen Miller, Elena Uhlig, Thorsten Grasshoff, John Hopkins, Isla Fisher, Jason Liggett, Cordelia Bugeja, James McAvoy, Jonah Lotan, Maximilian Grill, Bryan Carney, Linda Rybová, Anna Geislerová, Jan Vlasák, Daniel Wurm, Marek Libert, Karel Belohradaký, Josef Pejchl

GÊNERO: Horror para adolescentes

SINOPSE: Para comemorar sua formatura, um bando de

playboys mauricinhos filhinhos de papai querem dar uma grande festa. Como não têm muita grana, já que gastaram a mesada com roupas de grife e drogas sintéticas, eles resolvem penetrar clandestinamente em um luxuoso parque aquático, depois do fechamento do local, para comemorarem em grande estilo. Porém, eles logo vão descobrir que estão na companhia de um bizarro *serial killer*, que começa a fazer suas vítimas.

COMENTÁRIOS: Totalmente rodado na República Tcheca, este filme alemão disfarçado de produção hollywoodiana é um festival de clichês sem nenhuma imaginação.

AVALIAÇÃO: **

TAEKOESU YONGGARY / YONGARY – MONSTER FROM THE DEEP

YONGARY, O MONSTRO DAS PROFUNDEZAS

DIRETOR: Kim Ki-Duk

PAÍS: Coreia do Sul

COMPANHIA PRODUTORA: Keukdong Entertainment

ANO DE PRODUÇÃO: 1967

DURAÇÃO: 80'

IDIOMA ORIGINAL: Inglês (dub)

PRODUÇÃO: Cha Tae-Jin

ROTEIRO: Kim Ki-Duk

FOTOGRAFIA: Byon In-Zip [Byeon In-Jib] [cor]

MÚSICA: Chun Jung-Kun

ELENCO: Oh Young Il, Nam Ching-Im

GÊNERO: Horror e ficção científica

SINOPSE: Ao ficarem sabendo que um país vizinho pretende fazer um teste nuclear, as autoridades coreanas enviam uma nave espacial para espionar tudo. O teste é executado, mas a explosão atômica desperta Yongari, um monstro que vive nas profundezas da terra. Yongari, então, dirige-se para o centro da Coreia, viajando por baixo da terra e provocando tremores que causam muitas mortes e destruição. Desesperadas, as autoridades providenciam recursos militares para combater o monstro, enquanto um jovem gênio da ciência tenta usar seus conhecimentos para destrui-lo.

COMENTÁRIOS: Imitação paupérrima da série *Godzilla*, com produção sulcoreana e efeitos especiais japoneses. O resultado é lastimável em todos os aspectos, com uma história nula e efeitos inferiores aos filmes japoneses da década anterior. Existem diversas versões, com durações bastante diferentes. Nossa ficha foi realizada a partir da versão norte-americana, dublada em inglês e apresentada apenas na TV. Segundo o IMDB, a versão original coreana, com cerca de 100 minutos, está perdida.

AVALIAÇÃO: *

THE TALE OF SWEENEY TODD

O BARBEIRO DE LONDRES

DIRETOR: John Schlesinger

PAÍS: Estados Unidos

COMPANHIA PRODUTORA: Signboard Hill Productions

ANO DE PRODUÇÃO: 1997

DURAÇÃO: 92'

IDIOMA ORIGINAL: Inglês

PRODUÇÃO: Ted Swanson, Morgan O'Sullivan

ARGUMENTO: Peter Shaw

ROTEIRO: Peter Buckman

FOTOGRAFIA: Martin Fuhrer [cor]

MONTAGEM: Mark Day

MÚSICA: Richard Rodney Bennett

ELENCO: Ben Kingsley, Joanna Lumley, Campbell Scott, Selina Boyack, John Kavanagh, Katharine Schlesinger, David Wilmot, Peter Woodthorpe, Séan Ó'Flanagaín, Joe Savino, Niall Buggy, Peter Jeffrey, Bosco Hogan, Birdy Sweeney, Des Braiden, Gerard Walsh, David Heap, Sandy Kennedy, Toby Bradford, Frankie McCafferty, Simon Mulholland, John Olohan, Ronan Wilmot, Joe Keenan, Gerry O'Brien, Christopher Lawlor, Luke Hayden, Jonathan White, Martin Dunne, Don Wycherley, Vincent Walsh, Alan Barry, Flora Montgomery, Dermot Martin, Darren Lawless

GÊNERO: Horror com algumas doses de humor negro

SINOPSE: Na Londres das guerras napoleônicas, o mestre barbeiro Sweeney Todd dedica-se a praticar os ofícios que aprendera na África, quando era militar. Além de aprender a matar, Sweeney também pegara um refinado gosto pelo paladar da carne humana, passando a combinar suas habilidades num negócio bastante rendoso: assassinando seus fregueses para roubar, Sweeney ainda se livra dos cadáveres utilizando-os como recheio das apreciadas empadas da sra. Lovett, sua amante e sócia. Uma das vítimas de Sweeney é Mannheim, dono de uma oficina de lapidação de pedras preciosas. Porém, sem que o barbeiro desconfie, sua vítima levava consigo as chaves do cofre de sua empresa, onde está depositada uma imensa fortuna em pedras de um de seus clientes. Este, sem ter notícias durante muitas semanas, envia um agente – o americano Benjamin Carlyle – para esclarecer o caso. Enquanto investiga, Carlyle acaba envolvendo-se com Lucy, garçonete de sua estalagem e – coincidentemente – protegida de Sweeney (já que seu pai fôra seu companheiro de farda).

COMENTÁRIOS: Telefilme no qual, sob o pretexto de contar a história de um célebre assassino londrino do princípio do século 19, o diretor Schlesinger empreende um notável exercício de humor negro, abordando com ácida ironia as peculiaridades da vida urbana da capital inglesa daquele período.

AVALIAÇÃO: ***

TALE OF THE MUMMY / TALOS THE MUMMY

O ENIGMA DE TALOS

DIRETOR: Russell Mulcahy

PAÍS: Estados Unidos / Inglaterra / Luxemburgo

COMPANHIA PRODUTORA: Muraglia-Sladek Productions / 7th Voyage / Imperial Entertainment Group / KNB EFX Group / Carousel Picture Company

ANO DE PRODUÇÃO: 1998

DURAÇÃO: 88'

IDIOMA ORIGINAL: Inglês

PRODUÇÃO: Jeffrey White, Silvio Muraglia, Daniel Sladek (coprodutores: Russell Mulcahy, Lance Reynolds)

ARGUMENTO: Keith Williams, Russell Mulcahy

ROTEIRO: John Esposito, Russell Mulcahy

FOTOGRAFIA: Gabriel Beristain [cor]

MONTAGEM: Armen Minasian

MÚSICA: Stefano Mainetti

ELENCO: Jason Scott Lee, Louise Lombard, Sean Pertwee, Lysette Anthony, Michael Lerner, Jack Davenport, Honor Blackman, Christopher Lee, Shelly Duvall [Shelley Duvall], Gerard Butler, Jon Polito, Ronan Vibert, Bill Treacher, Elizabeth Power, Cyril Nri, Roger Morrissey, Edward Tudor Pole, Craig Stoutt, Anthony Beselle, Jamie Treacher, Ann Overstall, Enzo, Waris, Alex Torino, David Sterne, David Henry, Les Woodhall, Tim Hope-Frost, Mike West, Nicholas Hume, Alison Bullivent, Cairan Mulhern, Luke De Lacey

GÊNERO: Horror

SINOPSE: Egito, 1948: O dr. Turkel, veterano arqueólogo inglês, consegue encontrar a tumba de Talos, um grego que havia sido importante personagem na corte egípcia. Porém, ao perceber que a tumba contém uma terrível maldição, real e ainda ativa, Turkel explode as escavações, morrendo junto com seus companheiros. Décadas depois, a escavação é retomada por uma nova equipe, da qual faz parte Samantha, neta de Turkel. O túmulo de Talos é redescoberto e as peças da tumba são transportadas para Londres. Porém, confirma-se o poder da maldição, já que o noivo de Samantha morre na escavação e um dos arqueólogos, Brad, fica mentalmente perturbado. De volta à sua vida normal, Samantha passa a ser assediada por Brad, que a adverte de um perigo que a ameaça. Ao mesmo tempo, uma série de crimes bárbaros aterroriza a cidade, com cadáveres terrivelmente mutilados.

COMENTÁRIOS: Como as múmias não podem remover suas faixas, colocar um calção e ir tomar água de coco na beira da praia, é irremediável que os filmes protagonizados por elas sejam extremamente repetitivos. Essa fatalidade, no entanto, não nos ajuda a tolerar melhor mais uma história de maldição da tumba da múmia ressuscitada que se apaixona por uma reencarnação do seu grande amor. Rodado em Luxemburgo.

AVALIAÇÃO: ***

Contos do além-túmulo: Os demônios da noite

DIRETOR: Ernest Dickerson

PAÍS: Estados Unidos

COMPANHIA PRODUTORA: Universal

ANO DE PRODUÇÃO: 1995

DURAÇÃO: 93'

IDIOMA ORIGINAL: Inglês

PRODUÇÃO: Gilbert Adler (coprodutores: Alan Katz, Scott Nimerfro, Wendy Wanderman)

ROTEIRO: Ethan Reiff, Cyrus Voris, Mark Bishop

FOTOGRAFIA: Rick Bota [cor]

MONTAGEM: Stephen Lovejoy

MÚSICA: Ed Shearmur

ELENCO: Billy Zane, William Sadler, Jada Pinkett, Brenda Bakke, CCH Pounder, Dick Miller, Thomas Haden Church, John Schuck, Gary Farmer, Charles Fleischer, Tim deZarn, Sherrie Rose, Ryan Sean O'Donohue, Tony Salome, Ken Baldwin, Dale Swann, Mark D. Kennerly, John Kassir (voz), Tiffany Anne [Chasey Lain], Reda Beebe, Te-See Bender, Traci Bingham, Ponti Butler, Veronica Culver, Tina Hollimon, Elaine Marks, Mim Parker, Peggy Trentini, Kathy Barbour, Tina New, Stephanie Sain (voz), John Larroquette

GÊNERO: Horror para adolescentes

SINOPSE: No início dos tempos, quando Deus separou as trevas da luz, os demônios perderam seu poder, que foi dividido em seis chaves, espalhadas pelo universo. Porém, aos poucos, os demônios foram recuperando as chaves e agora só lhes falta uma. Esta, escondida aqui na Terra, foi enchida com o sangue de Cristo e entregue a um guardião, com a missão de impedir a volta do reino das trevas. Brayker, guardião da chave há 80 anos, está sendo perseguido por um preposto do Diabo e vai esconder-se numa pensão. Pensando que Brayker é um criminoso foragido, Irene — a dona da pensão — o denuncia às autoridades, que logo chegam acompanhadas pelo demônio (que se faz passar por agente federal). Brayker é preso, mas ao saber que não poderá levar a chave, o demônio se revela e ordena a entrega, cercando a casa com um exército de abominações.

COMENTÁRIOS: Algumas soluções visuais interessantes dão algum interesse a este filme, baseado em uma revista em quadrinhos.

AVALIAÇÃO: ***

TALES FROM THE CRYPT PRESENTS: BORDELLO OF BLOOD

CONTOS DO ALÉM-TÚMULO: O BORDEL DE SANGUE

DIRETOR: Gilbert Adler

PAÍS: Estados Unidos

COMPANHIA PRODUTORA: Universal

ANO DE PRODUÇÃO: 1996

DURAÇÃO: 87'

IDIOMA ORIGINAL: Inglês

PRODUÇÃO: Gilbert Adler (coprodutores: A. L. Katz, Alexander Collett)

ARGUMENTO: Bob Gale, Robert Zemeckis

ROTEIRO: A. L. Katz, Gilbert Adler

FOTOGRAFIA: Tom Priestley [cor]

MONTAGEM: Stephen Lovejoy

MÚSICA: Chris Boardman

ELENCO: Dennis Miller, Erika Eleniak, Angie Everhart, Chris Sarandon, Corey Feldman, William Sadler, Aubrey Morris, Phil Fondacaro, Ciara Hunter, Leslie Ann Phillips, Juliet Reagh, Eli Gabay, Matt Hill, Eric Keenleyside, Kim Kondrashoff, John Kassir (voz), Robert Paul Munic, Gary Starr, Robin Douglas, Dorian 'Joe' Clark, Ravinder Toor, Robert Rozen, Jen Jasey, Heather Hanson, Sibel Thrasher, Tom Pickett, Topaz Hasfal, Lovie Eli, Korrine St. Onge, Claire Marie Harvey, Lyne Hachey, Sheena Galloway, Kikka Ferguson, Melody Cherpaw, Sheila Mills, Natalie Ross, Angela Nesbitt-Dufort, Gloria Roy, Maria Marhoffer-Bains, Whoopi Goldberg

GÊNERO: Horror para adolescentes

SINOPSE: Ansioso por libertar o mundo dos pecadores impenitentes, o missionário Current — líder de uma tele-seita pentecostalista — envia um emissário para encontrar a tumba de Lilith, um demônio-vampiro que se alimenta de devassos. Ele consegue ressuscitar Lilith, que — mantida sob controle por um amuleto mágico — abre um bordel clandestino de vampiras e começa a atrair safados para a matança. Uma das vítimas é Caleb, irmão de Katherine, que é assessora do próprio Current. Sem saber o que houve com o irmão, Katherine vai à polícia, que não lhe dá a mínima. Em desespero de causa, ela decide contratar o detetive particular Rafe Guttman, que se oferece para procurar Caleb em troca de uma módica quantia.

COMENTÁRIOS: Mais uma versão cinematográfica dos *Contos da cripta* (série de horror baseada numa revista em quadrinhos e conhecida pelo seu célebre apresentador esquelético). Como todos os filmes deste tipo, existe muito mais preocupação em fazer humor do que em causar horror.

AVALIAÇÃO: ***

TALOS THE MUMMY

(Cf. Tale of the mummy)

TAMARA

Tamara

DIRETOR: Jeremy Haft

PAÍS: Estados Unidos

COMPANHIA PRODUTORA: City Lights Pictures / Armada Pictures / Lions Gate Films

ANO DE PRODUÇÃO: 2005

DURAÇÃO: 98'

IDIOMA ORIGINAL: Inglês

PRODUÇÃO: Danny Fisher, Chris Sievernich, Matt Milich, Martin Wiley

ARGUMENTO: Jeffrey Reddick

ROTEIRO: Jeffrey Reddick

FOTOGRAFIA: Scott Kevan [cor]

MONTAGEM: Eric Strand

MÚSICA: Michael Suby

ELENCO: Jenna Dewan, Matthew Marsden, Chad Faust, Claudette Mink, Katie Stuart, Brian Clark, Gil Hacohen, Melissa Elias, Mark Devigne, Chris Sigurdson, Sarah Blondin, Magally Zelaya, Ernesto Griffith, Brian Davisson, Brandy Jaques, Jeffrey Reddick

GÊNERO: Horror para adolescentes

SINOPSE: Tamara Riley é uma jovem estudante secundarista que a timidez crônica, o jeito esquizo e a mania de bruxaria transformaram no patinho feio da escola, vítima de brincadeiras maldosas e de frequentes humilhações. Porém, ou por isso mesmo, a moça também é inteligente e desperta a simpatia do professor Bill Natolly, que envia um dos artigos escritos por ela para o jornal local. Isso, no entanto, só agrava os problemas da garota, já que o artigo é publicado e – como trata do consumo de anabolizantes pelos jogadores de futebol da escola – desperta a fúria dos seus colegas bombados. Dois deles resolvem se vingar e, ao saberem que Tamara é secretamente apaixonada por Bill, passam-se por ele – com a cumplicidade de alguns colegas – para atraírem a garota até um motel, onde pretendem filmá-la em situações humilhantes. Alguns estudantes desavisados comparecem ao encontro e, ao perceber o que está havendo, Tamara perde o controle e começa a agredir a todos. Na reação de um colega, ela leva uma forte pancada na cabeça e morre. Sabendo que o ocorrido vai arruinar as suas vidas, os estudantes resolvem enterrar o cadáver na floresta. No entanto, os secundaristas não desconfiam de que a bruxaria de Tamara é poderosa. Dias depois, ela está de volta à escola, transformada em uma mulher linda, sensual, desinibida e, sobretudo, cruelmente vingativa.

COMENTÁRIOS: Mistura de "Carrie a estranha" com Cinderella, sem maiores qualidades.

AVALIAÇÃO: ***

TARÂNTULA

DIRETOR: Jack Arnold

PAÍS: Estados Unidos

COMPANHIA PRODUTORA: Universal International

ANO DE PRODUÇÃO: 1955

DURAÇÃO: 80'

IDIOMA ORIGINAL: Inglês

PRODUÇÃO: William Alland

ARGUMENTO: Jack Arnold, Robert M. Fresco

ROTEIRO: Robert M. Fresco, Martin Berkeley

FOTOGRAFIA: George Robinson [p&b]

MONTAGEM: William M. Morgan

MÚSICA: Joseph Gershenson

ELENCO: John Agar, Mara Corday, Leo G. Carroll, Nestor Paiva, Ross Elliott, Edwin Rand, Raymond Bailey, Hank Patterson, Bert Holland, Steve Darrell

GÊNERO: Horror de animais gigantes

SINOPSE: Matt Hastings é o jovem e inteligente médico de uma pequena cidade, em pleno deserto do Arizona. Um dia, ele se surpreende ao examinar o cadáver de uma vítima aparente da acromegalia (doença degenerativa mortal). Sua surpresa é porque a doença é rara e de desenvolvimento lento, embora a vítima – o cientista Eric Jacobs – estivesse em perfeita saúde alguns dias antes. Como Jacobs trabalhava junto com o famoso cientista Gerald Deemer, em pesquisas secretas sobre nutrição, Matt vai consultá-lo e é recebido friamente. Mais tarde, Matt vai visitar o laboratório de Deemer e aproveita para dar uma carona à nova assistente do cientista, a bela Stephanie Clayton. Porém, Deemer está às voltas com um incêndio, que destruiu parte do laboratório e matou todas as suas cobaias. A verdade é que Deemer realizava pesquisas para a criação de um super nutriente, capaz de acelerar e multiplicar o crescimento dos animais. Ao usar a si mesmo como cobaia, Jacobs havia sido acometido por uma acromegalia galopante, efeito colateral da droga. O incêndio fôra causado pelo próprio Jacobs, que enlouquecera e, antes de morrer, se vingara injetando a droga em Deemer. Mas isso não é tudo, já que uma das cobaias — uma tarântula — escapou do incêndio e agora vaga pelo deserto, crescendo sem parar e causando uma enorme destruição.

COMENTÁRIOS: Apesar da direção do habilidoso Jack Arnold (responsável pelo clássico "O monstro da lagoa negra"), trata-se de um filme sem maiores qualidades.

AVALIAÇÃO: **

TARGET EARTH

INVASÃO DO MUNDO

DIRETOR: Sherman A. Rose

PAÍS: Estados Unidos

COMPANHIA PRODUTORA: Abtcon Pictures

ANO DE PRODUÇÃO: 1954

DURAÇÃO: 75'

IDIOMA ORIGINAL: Inglês

PRODUÇÃO: Herman Cohen

ARGUMENTO: James Nicholson, Wyott Ordung (or: Paul W. Fairman)

ROTEIRO: Bill Raymor

FOTOGRAFIA: Guy Roe [p&b]

MONTAGEM: Sherman A. Rose

MÚSICA: Paul Dunlap

ELENCO: Richard Denning, Kathleen Crowley, Virginia Grey, Richard Reeves, Robert Roark, Mort Marshall, Arthur Space, Whit Bissell, Jim Drake, Steve Pendleton, House Peters Jr.

GÊNERO: Ficção científica

SINOPSE: Uma cidade norte-americana é invadida por robôs alienígenas, provavelmente originários de Vênus. A cidade é evacuada, mas algumas pessoas – por diversos motivos – ficam presas à mercê dos implacáveis monstros cibernéticos. Enquanto o exército e os cientistas lutam para descobrir um modo de combater as criaturas (que parecem indestrutíveis), dois casais lutam para escapar da cidade.

COMENTÁRIOS: Filme de baixíssimo orçamento, com efeitos especiais quase nulos, que consegue a proeza de promover uma invasão alienígena com apenas um ator fantasiado de robô.

AVALIAÇÃO: **

UBICE DOLAZE IZ GROBA

(Cf. L'etrusco uccide ancora)

LA VENGANZA DE LA LLORONA

DIRETOR: Miguel M. Delgado

PAÍS: México

COMPANHIA PRODUTORA: Cinematografica Calderón

ANO DE PRODUÇÃO: 1974

DURAÇÃO: 88'

IDIOMA ORIGINAL: Espanhol

PRODUÇÃO: Guillermo Calderón

ARGUMENTO: Francisco Cavazos

ROTEIRO: Francisco Cavazos

FOTOGRAFIA: Jorge Stahl [cor]

MONTAGEM: Jorge Bustos, José W. Bustos

MÚSICA: Gustavo C. Carrion

ELENCO: Santo, Mantequilla Napoles, Kiki Herrera Calles, Alfonso Castaño, Ana Lilia Tovar, Sonia Cavazos, Carlos Suarez, Marcia Montes, Jorge Guzman, Alejandra Murga, Octavio Menduet, Sonia Fuentes, Roberto Palacios, Marco Antonio Arzate, Raul Martinez, Alfonso Romero, René Cardona Sr., El Greco, Tony Salazar, José Rosas, Enrique Llanes (voz), Ismael Ramirez, Esteban Vilchis, Armando Estrada, Angel Aguilar, Memo Rubio, Reyes Oliva, Roberto Vazquez

GÊNERO: Ação e horror com lutadores mascarados

SINOPSE: Santo, misto de astro da luta livre e super-herói, é procurado pelo professor Esteban, que deseja sua ajuda para abrir uma tumba do século 17, dentro da qual se encontra um medalhão que contém o mapa de um fabuloso tesouro. Embora não aprove a profanação de sepulturas, o Santo aceita a proposta, já que o dinheiro será usado em benefício das criancinhas desamparadas. Segundo Esteban, a tal tumba pertence a Eugenia Esparza, uma mulher que se suicidou após assassinar seus filhos para se vingar de seu amante infiel. Este episódio deu origem à lenda da "Chorona", que seria o fantasma de Eugenia em busca de completar seu plano maléfico. Com a ajuda de um grande amigo, o pugilista Mantequilla Napoles, o Santo encontra a tumba e se apodera do medalhão. Porém, logo surgem dois problemas: em primeiro lugar, o tesouro desperta o interesse de Severo Segovia, o chefe de uma quadrilha de bandidos; em segundo lugar, a retirada do medalhão desperta a múmia da Chorona, que sai de sua tumba em busca de vingança.

COMENTÁRIOS: Mais uma incursão de El Santo pelo cinema de horror, com a participação especial do campeão de boxe cubano Mantequilla Napoles (que atuava no México). De resto, nada muito diferente dos outros filmes de lutadores mascarados, com bandidos ineptos que não usam armas de fogo e lutadores campeões que penam para bater neles.

AVALIAÇÃO: ***

LA VENGANZA DEL SEXO / THE CURIOUS DR. HUMPP

DIRETOR: Emilio Vieyra

PAÍS: Argentina

COMPANHIA PRODUTORA: Productores Argentinos Asociados

ANO DE PRODUÇÃO: 1967

DURAÇÃO: 87'

IDIOMA ORIGINAL: Espanhol / Inglês (dub)

PRODUÇÃO: Orestes Trucco

ARGUMENTO: Raul Zorrilla

ROTEIRO: Emil Vieyra [Emilio Vieyra]

FOTOGRAFIA: Anibal Paz [Anibal Gonzalez Paz] [p&b]

MONTAGEM: Jacinto Cascales

MÚSICA: Victor Buchino

ELENCO: Richard Bauleo [Ricardo Bauleo], Gloria Prat, Aldo Barbero, Susan Beltran [Susana Beltrán], Justin Martin, Michel Angel, Mary Albano, Al Bigatti, Héctor Biuchet, Greta Williams, Alex Klapp, Norbert Nelson

GÊNERO: Horror, ficção científica e erotismo

SINOPSE: A polícia está às voltas com uma misteriosa onda de desaparecimentos, sem que surja nenhuma pista para esclarecer o caso. Porém, Georges Poran, um repórter investigativo, atribui os raptos à ação de um cientista louco de origem italiana, o dr. Contenero, que há anos fôra acusado de realizar bizarras experiências sexuais com seres humanos, a fim de criar uma nova raça de supertarados. Apesar da polícia não levar suas denúncias a sério, o jornalista tem alguma razão, já que o responsável pelos raptos é um discípulo de Contenero, o dr. Humpp, que é orientado pelo cérebro de seu mestre (que vive em uma redoma de vidro). No entanto, as experiências de Humpp não têm apenas um caráter humanitário, já que ele necessita alimentar-se com a libido alheia para conservar sua vitalidade eterna. Na pista de Humpp, Poran acaba capturado e se torna mais uma cobaia do cientista, sofrendo atrozmente nas mãos de uma voluptuosa stripper.

COMENTÁRIOS: A cópia consultada, dublada em inglês, recebeu dos distribuidores norte-americanos uma grande quantidade de cenas de sexo implícito, tornando-se quase um pornô softcore. Apesar de alguns absurdos e da pobreza generalizada, é um filme bastante interessante pelo seu aspecto bizarro.

AVALIAÇÃO: ***

V/H/S

V/H/S

DIRETOR: Adam Wingard [1], David Bruckner [2], Ti West

[3], Glenn McQuaid [4], Joe Swanberg [5], "Radio Silence" [Matt Bettinelli-Olpin, Tyler Gillett, Justin Martinez, Chad Villella] [6]

PAÍS: Estados Unidos

COMPANHIA PRODUTORA: 8383 Productions / The Collective / Alphacine / Bloody Disgusting / Wasteland Pictures [2] / Landing Site [4]

ANO DE PRODUÇÃO: 2012

DURAÇÃO: 116'

IDIOMA ORIGINAL: Inglês

PRODUÇÃO: Gary Binkow, Brad Miska, Roxanne Benjamin

ROTEIRO: Simon Barrett [1, 5], David Bruckner [2], Nicholas Tecosky [2], Ti West [3], Glenn McQuaid [4], "Radio Silence" [Matt Bettinelli-Olpin, Tyler Gillett, Justin Martinez, Chad Villella] [6] (conceito: Brad Miska)

FOTOGRAFIA: Adam Wingard [1, 5], Andrew Droz Palermo [1], Michael J. Wilson [1], Victoria K. Warren [2], Tyler Gillett [6], Justin Martinez [6] [cor]

MONTAGEM: Adam Wingard [1], David Bruckner [2], Ti West [3], Glenn McQuaid [4], Joe Swanberg [5], Matt Bettinelli-Olpin [6], Tyler Gillett [6]

MÚSICA: Dan Dixon [2], Hilary Yarbrough [2], "Gameday Regulars" [4]

1) TAPE 56 – ELENCO: Calvin Reeder, Lane Hughes, Kentucker Audley, Adam Wingard, Frank Stack, Sarah Byrne, Melissa Boatright, Simon Barrett, Andrew Droz Palermo

2) AMATEUR NIGHT – ELENCO: Hannah Fierman, Mike Donlan, Joe Sykes, Drew Sawyer, Jas Sams, Nicholas Tecosky, Rob Mosca, Lisa Marie Thomas, "Sunita Patel & Family", Elizabeth Davidovich, Kat Slatery

3) SECOND HONEYMOON – ELENCO: Joe Swanberg, Sophia Takal, Kate Lyn Sheil, Graham Reznick

4) TUESDAY THE 17TH – ELENCO: Norma C. Quinones, Drew Moerlein, Jeannine Yoder, Jason Yachanin, Bryce Burke, Jennifer Sacks, Glenn McQuaid

5) THE SICK THING THAT HAPPENED TO EMILY WHEN SHE WAS YOUNGER – ELENCO: Helen Rogers, Daniel Kaufman, Liz Harvey, Isaiah Hillman, Corrie Lynne Fitzpatrick, Taliyah Hillman

6) 10/31/98 – ELENCO: Chad Villella, Matt Bettinelli-Olpin, Tyler Gillett, Paul Natonek, Nicole Erb, John Walcutt, Bilal Mir, Damion Stephens, Koz McCrae, Eric Curtis, Nicole Boccumini, Melinda Fleming, Joshua 'Bueno' Carey, Justin Martinez

GÊNERO: Drama de horror

SINOPSE: Filme em episódios: 1) Grupo de vândalos desordeiros, que gostam de filmar as suas façanhas para colocar na internet, recebem a encomenda de invadir uma casa e roubar uma fita VHS. Quando entram na casa, eles descobrem o cadáver do proprietário, mas mesmo assim continuam procurando a fita. Os episódios correspondem ao conteúdo das fitas que eles encontram; 2) Três rapazes compram um par de óculos com uma microcâmera embutida e decidem sair atrás de algumas garotas, para filmarem secretamente as suas transas. Num bar, eles encontram duas moças que vão para um motel com eles. Porém, as coisas não saem como o trio planejava: enquanto uma das garotas apaga, por causa do excesso de bebida, a outra exagera bastante na sua fome de sexo; 3) Um jovem casal, Sam e Stephanie, vai passar uma segunda lua de mel fazendo turismo pelo Oeste. Porém, sem que eles percebam, uma figura misteriosa está vigiando os dois, com alguma intenção tenebrosa; 4) Wendy leva três colegas da escola para conhecerem um bosque nas proximidades da sua cidade. Porém, longe de querer apenas fazer turismo, Wendy tem uma intenção sinistra: usar os seus colegas como iscas, a fim de se vingar de um psicopata sobrenatural que matou alguns de seus amigos naquele mesmo local; 5) Emily acaba de mudar para o seu novo apartamento e conversa com James, o seu namorado, pela internet. Emily se queixa de que ouve ruídos estranhos e acha que seu apartamento é assombrado. James não acredita nisso, até que, durante uma conversa, ele tem a impressão de ver o vulto de uma criança...; 6) É noite de Halloween e quatro rapazes estão indo para uma grande festa. Porém, por engano, eles entram em uma casa que parece desabitada, sem saberem que lá dentro está se realizando um exorcismo.

COMENTÁRIOS: A maior curiosidade desta coletânea é que todos os episódios apelam para a câmera subjetiva, copiando o estilo de "A bruxa de Blair". Infelizmente, o uso das cópias não para por aí, já que todas as histórias usam e abusam dos mais batidos clichês.

AVALIAÇÃO: ***

THE VIDEO DEAD

DIRETOR: Robert Scott

PAÍS: Estados Unidos

COMPANHIA PRODUTORA: Interstate 5

ANO DE PRODUÇÃO: 1987

DURAÇÃO: 91'

IDIOMA ORIGINAL: Inglês

PRODUÇÃO: Robert Scott

ARGUMENTO: Robert Scott

ROTEIRO: Robert Scott

FOTOGRAFIA: Greg Becker [cor]

MONTAGEM: Bob Sarles

MÚSICA: Stuart Rabinowitsh, Leonard Marcel, Kevin McMahon

ELENCO: Roxanna Augesen, Rocky Duvall, Vickie Bastel, Sam David McClelland, Michael St. Michaels, Jennifer Miro, Thaddeus Golas, Cliff Watts, Al Millan, Patrick Treadway, Douglas Bell, Lory Ringuette, George Kernan, Libby Russler, Garrett Dressler, Melissa Martin, Muffie Greco, Walter Garrett, Jo Ann Peterson, Don Clelland, Carl Salomon, cão Bachelor, Jack Stellman, Diane Hadley

GÊNERO: Comédia de horror zumbinífero

SINOPSE: Um escritor recebe uma estranha encomenda, que ele absolutamente não esperava. Ele descobre que se trata de um velho aparelho de TV. Porém, o tal aparelho não é um televisor comum, já que abre uma passagem para uma dimensão satânica e infernal, e estava destinado a uma organização de estudos ocultistas. Logo, alguns zumbis saem da tela e matam o escritor. Meses depois, a casa é vendida e passa a ser ocupada por dois irmãos, Jeff e Zoe, que não desconfiam de nada do que aconteceu no seu novo lar. Porém, os zumbis continuam morando no bosque que fica atrás da casa e começam a fazer mais vítimas.

COMENTÁRIOS: Produção bastante medíocre, com efeitos fracos e uma história que não consegue ser nem engraçada e nem assustadora.

AVALIAÇÃO: *

VIGASIO SEXPLOITATION 2

DIRETOR: Sebastiano Montresor

PAÍS: Itália

COMPANHIA PRODUTORA: Mon3sor

ANO DE PRODUÇÃO: 2010

DURAÇÃO: 52'

IDIOMA ORIGINAL: Italiano

PRODUÇÃO: Sebastiano Montresor

ARGUMENTO: Sebastiano Montresor

ROTEIRO: Sebastiano Montresor, Stefano Sartori

FOTOGRAFIA: Daniele Trani [cor]

MONTAGEM: Sebastiano Montresor

MÚSICA: "Home", Jenny Ferro, "Airbag Killex", "Sylicon Funk", "Pippo & Gas", Cristina Guardini

ELENCO: Gino Versetti, Eveline, Chiara Pavoni, Marco Tizianel, Matteo Lucchi

GÊNERO: Comédia de ficção científica

SINOPSE: Para salvar o planeta Terra, que está ameaçado pela desertificação, o cientista dr. Moreau entra em contato com os alienígenas que habitam Arret, um planeta que é um duplo do nosso. Em troca da ajuda, os alienígenas exigem que Moreau lhes forneça uma mulher, para ser fecundada pelos aliens e dar origem a uma nova raça híbrida. A escolhida é a assistente de Moreau, que não se entusiasma com a ideia, mas acaba aceitando se submeter à experiência. Porém, logo depois de ser fecundada, a assistente é sequestrada por sua amante, Osso, a líder de um grupo de motoqueiros invisíveis.

COMENTÁRIOS: Trash movie realizado no interior da Itália (em Vigasio, cidade que dá título ao filme). O filme se assume inteiramente como uma brincadeira, com uma mistura de erotismo leve e efeitos especiais bastante primários.

AVALIAÇÃO: **

O ATAQUE DAS VÍBORAS

DIRETOR: Bill Corcoran

PAÍS: Canadá

COMPANHIA PRODUTORA: Reunion Pictures / VP Productions

ANO DE PRODUÇÃO: 2007

DURAÇÃO: 95'

IDIOMA ORIGINAL: Inglês

PRODUÇÃO: Mary Anne Waterhouse

ARGUMENTO: Brian Katkin

ROTEIRO: Brian Katkin

FOTOGRAFIA: Thomas Burstyn [cor]

MONTAGEM: Lisa Binkley

MÚSICA: Lawrence Shragge

ELENCO: Tara Reid, Jonathan Scarfe, Jessica Steen, Genevieve Buechner, Stephen E. Miller, Don S. Davis, Mark Humphrey, Mercedes McNab, Corbin Bernsen, Aaron Perl, Claire Rankin, Michael Kopsa, Anwar Hasan, Edwina Cheer, Cedric de Souza, Conrad Coates, Gillian Bennett, Connor Levins, Clint Carleton, Dan Shea, Mike Mitchell, Rikki Gagné

GÊNERO: Horror de animais mutantes

SINOPSE: Um megalaboratório farmacêutico faz pesquisas para curar o câncer utilizando o veneno das víboras cornudas, uma espécie particularmente violenta e peçonhenta. Como uma parte totalmente inútil da pesquisa, os cientistas desenvolvem serpentes mutantes muito mais fortes, agressivas e venenosas que as normais. Como as tais serpentes saem do controle e matam alguns pesquisadores, os donos do laboratório ordenam que elas sejam destruídas. Porém, alguns malandros tentam se apoderar das cobras, que evidentemente acabam fugindo. Por sorte, as pesquisas se realizavam num atol do Pacífico, mas essa sorte não se estende aos moradores de uma pequena comunidade, que se tornam guloseimas para as cobras malvadas. A única esperança dos pobres ilhéus é um médico recém-chegado, que foi herói de guerra, e uma arruaceira local, que aprendeu tudo sobre cobras na TV a cabo.

COMENTÁRIOS: Situações clichê, orçamento baixo (embora, segundo o IMDB, tenha custado 9 milhões de dólares) e elenco fuleiro garantem a total falta de interesse e de diversão deste telefilme.

AVALIAÇÃO: **

VIRUS / HELL OF THE LIVING DEAD

Os predadores da noite

DIRETOR: Vincent Dawn [Bruno Mattei]

PAÍS: Itália / Espanha

COMPANHIA PRODUTORA: Beatrice Film / Films Dara

ANO DE PRODUÇÃO: 1980

DURAÇÃO: 101'

IDIOMA ORIGINAL: Italiano / Inglês (dub)

ARGUMENTO: Claudio Fragasso, J. M. Cunilles

ROTEIRO: Claudio Fragasso, J. M. Cunilles

FOTOGRAFIA: John Cabrera [cor]

MONTAGEM: Claudio Borroni

MÚSICA: "Goblin"

ELENCO: Margit Evelyn Newton, Frank Garfield [Franco Garofalo], Selan Karay, Robert O'Neil [José Gras], Gaby Renom, Luis Fonoll, Piero Fumelli, Bruno Boni, Patrizia Costa, Cesare di Vito, Sergio Pislar, Bernard Seray, Victor Israel, Pep Ballenster, Joaquin Blanco, Esther Mesina

GÊNERO: Horror

SINOPSE: Os países ricos descobrem finalmente como resolver, ao mesmo tempo, o problema da fome, da pobreza e da superpopulação do nosso planeta. A solução mais prática é fazer com que os pobres comam uns aos outros, usando um gás que os transforma em violentos zumbis canibais. Porém, um acidente faz com que o gás escape do laboratório e contamine o interior da Nova Guiné, onde eram realizadas as experiências. Alguns soldados, seguidos por um casal de jornalistas, vão até lá para investigar os fatos e serem devorados.

COMENTÁRIOS: Canibais e zumbis em uma produção amadorística.

AVALIAÇÃO: **

VIRUS

Vírus

DIRETOR: John Bruno

PAÍS: Estados Unidos / Alemanha / França / Inglaterra / Japão

COMPANHIA PRODUTORA: Dark Horse / Valhalla Motion Pictures / Tele-München / UGC PH / BBC / Marubeni / Toho-Towa

ANO DE PRODUÇÃO: 1998

DURAÇÃO: 99'

IDIOMA ORIGINAL: Inglês

PRODUÇÃO: Gale Anne Hurd (coprodutores: Todd Moyer, Dennis E. Jones, Bud Smith)

ARGUMENTO: Chuck Pfarrer

ROTEIRO: Chuck Pfarrer, Dennis Feldman

FOTOGRAFIA: David Eggby [cor]

MONTAGEM: Scott Smith

MÚSICA: Joel McNeely

ELENCO: Jamie Lee Curtis, William Baldwin, Donald Sutherland, Joanna Pacula, Marshall Bell, Sherman Augustus, Cliff Curtis, Julio Oscar Mechoso, Yuri Chervotkin, Keith Flippen, Olga Rzhepetskaya-Retchin, Levani, David Eggby

GÊNERO: Horror e ficção científica

SINOPSE: Investindo todo o seu patrimônio numa carga sem seguro, com a qual pretende garantir sua aposentadoria, o capitão Everton leva seu navio para o meio de uma violenta tempestade, perdendo tudo por conta da fúria da natureza. Subitamente, ele e seus marinheiros encontram um gigantesco navio de pesquisas soviético, vagando à deriva e aparentemente sem tripulantes. Como, de acordo com as leis pirato-marítimas, um navio abandonado pode ser saqueado livremente, Everton se entusiasma com a possibilidade de enriquecer, já que a embarcação é tão grande quanto tecnologicamente sofisticada. Porém, alguns tripulantes desconfiados conseguem encontrar uma sobrevivente, que faz uma revelação assombrosa: o navio, que era uma base de comunicações com a estação espacial Mir, fôra subitamente atacado por uma força alienígena, que usou os seus laboratórios para construir mutantes humanos biônicos com os quais pretende escravizar a humanidade.

COMENTÁRIOS: Baseado em uma história em quadrinhos, este filme certamente vai agradar aqueles que gostam de muita ação e de bons efeitos especiais.

AVALIAÇÃO: ***

WAR OF THE COLOSSAL BEAST

DIRETOR: Bert I. Gordon

PAÍS: Estados Unidos

COMPANHIA PRODUTORA: Carmel Productions

ANO DE PRODUÇÃO: 1958

DURAÇÃO: 69'

IDIOMA ORIGINAL: Inglês

PRODUÇÃO: Bert I. Gordon

ARGUMENTO: Bert I. Gordon

ROTEIRO: George Worthing Yates

FOTOGRAFIA: Jack Marta [p&b/cor]

MONTAGEM: Ronald Sinclair (supervisão)

MÚSICA: Albert Glasser

ELENCO: Sally Fraser, Roger Pace, Dean Parkin, Russ Bender, Rico Alaniz, George Becwar, Robert Hernandez, Charles Stewart, June Jocelyn, John McNamara, Loretta Nicholson, Raymond Winston, Jack Kosslyn, George Navarro

GÊNERO: Horror e ficção científica

SINOPSE: Não acreditando que seu irmão Glenn – que se transformou em um tresloucado gigante careca, após ser atingido por uma explosão nuclear – foi realmente morto pelos militares, Joyce Manning busca sinais de que ele está vivo. Ao saber de um estranho incidente ocorrido no México – o desaparecimento de um caminhão de carga – Joyce viaja para lá e encontra Glenn, que está escondido nas montanhas. Logo, chegam os militares americanos e conseguem capturar o gigante, que é levado de volta para os Estados Unidos. Porém, nem as autoridades e nem os cientistas sabem o que fazer com o monstruoso biruta, que parece ter perdido completamente a memória e o discernimento.

COMENTÁRIOS: Sequência de "The amazing colossal man", realizado pelo mesmo diretor no ano anterior. Não é difícil imaginar que a sequência de um filme B seja ainda mais pobre e sem imaginação que o original, e é o que ocorre com este filme. Apesar de tudo, o diretor Bert Gordon – o rei do gigantismo hollywoodiano – consegue dar um destino satisfatório a um de seus mais bizarros personagens. Se a história se passasse nos dias de hoje, Glenn teria ficado riquíssimo, processando o governo norte-americano por cárcere privado e por "gigantofobia".

AVALIAÇÃO: ***

WARGAMES

JOGOS DE GUERRA

DIRETOR: John Badham

PAÍS: Estados Unidos

COMPANHIA PRODUTORA: Metro Goldwyn Mayer / United Artists / Leonard Goldberg

ANO DE PRODUÇÃO: 1983

DURAÇÃO: 114'

IDIOMA ORIGINAL: Inglês

PRODUÇÃO: Harold Schneider

ARGUMENTO: Lawrence Lasker, Walter F. Parkes

ROTEIRO: Lawrence Lasker, Walter F. Parkes

FOTOGRAFIA: William A. Fraker [cor]

MONTAGEM: Tom Rolf

MÚSICA: Arthur B. Rubinstein

ELENCO: Matthew Broderick, Dabney Coleman, John Wood, Ally Sheedy, Barry Corbin, Juanin Clay, Kent Williams, Dennis Lipscomb, Joe Dorsey, Irving Metzman, Michael Ensign, Drew Snyder, William Bogert, John Garber, Susan Davis, Duncan Wilmore, James Tolkan, Billy Ray Sharkey, David Clover, John Spencer, Michael Madsen, Jesse Goins, Erik Stern, Alan Blumenfeld, Gary Bisig, Len Lawson, Gary Sexton, Maury Chaykin, Jason Bernard, Eddie Deezen, Frankie Hill, Stephen Lee, Lucinda Crosby, Stack Pierce, Art LaFleur, Brad David Berwick, Martha Shaw, Howie Allen, Mike Adams, James Ackerman, Jim Harriott, Tom Lawrence, Frances Nealy, Charles Akins, Glenn Standifer, Edward Jahnke, Paul V. Picerni Jr.

GÊNERO: Ficção científica e aventura

SINOPSE: David Lightman é um adolescente fascinado por jogos de computador que resolve usar seus conhecimentos de hacker para penetrar no sistema de uma empresa que faz alguns joguinhos que ele quer experimentar sem ter que pagar nada para isso. Porém, sem saber, David erra de endereço e se conecta acidentalmente com o supercomputador do sistema de defesa do governo norte-americano, criado para simular jogos de guerra e recentemente promovido a gestor de todo o aparato nuclear do país. Pesquisando a vida do falecido criador do computador, o gênio científico Stephen Falken, David consegue penetrar no sistema e se diverte desafiando a máquina para um jogo de guerra. Mas, para sua surpresa, ele ouve a notícia de que aconteceu um alerta no sistema de defesa e fica apavorado, percebendo que seu jogo foi real. O rapaz tenta logo apagar todos os traços do que houve, mas o computador o procura e ele constata, apavorado, que a máquina deseja continuar jogando.

COMENTÁRIOS: Este filme explora, ainda em seus primórdios, um tema que se tornaria extremamente popular: a importância cada vez maior dos computadores no controle de aspectos fundamentais da vida humana e, ao mesmo tempo, sua fragilidade na condição de simples máquinas. Com ecos de "Dr. Strangelove", o filme tem uma história interessante e a desenvolve com bastante eficiência, apesar da falta de críticas mais sérias às questões que levanta.

AVALIAÇÃO: ***

WHITE CANNIBAL QUEEN

(Cf. Les cannibales)

WITCHBOARD

Espírito assassino

DIRETOR: Kevin S. Tenney

PAÍS: Estados Unidos

COMPANHIA PRODUTORA: Paragon Arts International

ANO DE PRODUÇÃO: 1986

DURAÇÃO: 98'

IDIOMA ORIGINAL: Inglês

PRODUÇÃO: Gerald Geoffray

ARGUMENTO: Kevin S. Tenney

ROTEIRO: Kevin S. Tenney

FOTOGRAFIA: Roy H. Wagner [cor]

MONTAGEM: Daniel Duncan, Stephen J. Waller

MÚSICA: Dennis Michael Tenney

ELENCO: Todd Allen, Tawny Kitaen, Stephen Nichols, Kathleen Wilhoite, Burke Byrnes, James W. Quinn, Rose Marie, Judy Tatum, Gloria Hayes, J. P. Luebsen, Susan Nickerson, Ryan Carroll, Kenny Rhodes, Clare Bristol

GÊNERO: Horror

SINOPSE: Durante uma festa, na casa de Linda, a anfitriã é apresentada a uma tábua ouija, que pertence ao seu ex-namorado Brandon. Quando Brandon esquece a tábua em sua casa, Linda experimenta utilizá-la e, sem querer, entra em contato com um espírito maligno, que finge ajudá-la e começa a apoderar-se de sua alma. Percebendo que há algo errado, Brandon vai procurar a ajuda de Jim, atual namorado de Linda, apesar de ele ser seu desafeto. Jim aceita fazer uma sessão espírita em sua casa e tudo parece ficar resolvido, até que a médium que dirigiu a sessão é brutalmente assassinada e Brandon descobre que Linda ainda está com a tábua. Quando a situação fica realmente séria, Brandon e Jim resolvem viajar para o interior, a fim de identificar o espírito que está agindo em Linda. Eles descobrem que se trata de um assassino chamado Malfeitor, que está prestes a reencarnar no corpo da moça.

COMENTÁRIOS: Apesar da crônica falta de originalidade, pode ser um passatempo digerível.

AVALIAÇÃO: **

WITCHBOARD – ENTRADA PARA O INFERNO

DIRETOR: Kevin S. Tenney

PAÍS: Estados Unidos

COMPANHIA PRODUTORA: Blue Rider Pictures

ANO DE PRODUÇÃO: 1993

DURAÇÃO: 98'

IDIOMA ORIGINAL: Inglês

PRODUÇÃO: Walter Josten, Jeff Geoffray

ARGUMENTO: Kevin S. Tenney

ROTEIRO: Kevin S. Tenney

FOTOGRAFIA: David Lewis [cor]

MONTAGEM: Daniel Duncan

MÚSICA: Dennis Michael Tenney

ELENCO: Amy Dolenz, Timothy Gibbs, John Gatins, Julie Michaels, Christopher Michael Moore, Marvin Kaplan, Laraine Newman, Sarah Kaite Coughlan, Jefrf Feringa, cão Foster, Todd Allen, Kenny Rhodes

GÊNERO: Horror e suspense

SINOPSE: Paige é uma jovem candidata à artista plástica que se muda para um novo apartamento, com tamanho suficiente para dar vazão aos seus talentos ainda não reconhecidos. Durante a mudança, ela descobre uma tábua ouija e, como é muito imaginativa, logo inicia seus contatos com o além-mundo, fazendo amizade com o espírito da antiga moradora do apartamento. Porém, as coisas vão se complicar quando ela descobrir que o tal espírito não deveria estar morto.

COMENTÁRIOS: Uma grande bobagem, sem nada original ou criativo.

AVALIAÇÃO: **

THE WITCHES

Bruxa – A face do demônio

DIRETOR: Cyril Frankel

PAÍS: Inglaterra

COMPANHIA PRODUTORA: Seven Arts – Hammer Film

ANO DE PRODUÇÃO: 1966

DURAÇÃO: 90'

IDIOMA ORIGINAL: Inglês

PRODUÇÃO: Anthony Nelson Keys

ARGUMENTO: Peter Curtis

ROTEIRO: Nigel Kneale

FOTOGRAFIA: Arthur Grant [cor]

MONTAGEM: Chris Barnes (supervisão: James Needs)

MÚSICA: Richard Rodney Bennett (supervisão: Philip Martell)

ELENCO: Joan Fontaine, Kay Walsh, Alec McCowen, Duncan Lamont, Gwen Ffrangcon-Davies, John Collin, Ingrid Brett, Leonard Rossiter, Michele Dotrice, Carmel McSharry, Martin Stephens, Ann Bell, Viola Keats. Shelagh Fraser, Bryan Marshall

GÊNERO: Horror

SINOPSE: Gwen, uma professora de meia-idade traumatizada pelo ataque de uma seita de vuduzeiros, quando lecionava na

África, é contratada para ensinar crianças em um colégio numa cidadezinha do interior da Inglaterra. Lá, ela descobre uma estranha atividade ligada à bruxaria, o que vai despertar seus horrores do passado.

COMENTÁRIOS: Produção de 2ª linha da Hammer, com pouca ação e uma ridícula cena de ritual satanista.

AVALIAÇÃO: ***

YONGARY – MONSTER FROM THE DEEP

(Cf. Taekoesu Yonggary)